LA VIE
DE
MAHOMED.

PAR

M. le Comte de BOULAINVILLIERS, Auteur de l'ETAT de la FRANCE, & des MEMOIRES HISTORIQUES qui l'accompagnent.

A LONDRES:

M.DCC.XXX.

Et se trouve à AMSTERDAM chez P. HUMBERT.

AVERTISSEMENT.

VOICI en deux mots ce dont je crois devoir avertir le Lecteur à l'égard de cette Edition.

Il y a environ un an qu'on publia un *plan* de cet ouvrage, par lequel on s'engageoit de donner une *Vie* de *Mahomed* in *Quarto*, beaucoup plus étendue que celle qui paroit aujourd'hui. On y avertissoit le Public, que cet ouvrage n'avoit pas été entierement achevé par le Comte de BOULAINVILLIERS, puisque ce GRAND-HOMME mourut comme il travailloit aux dernieres années de la Vie du faux Prophète ; mais on s'engageoit en même temps de le faire continuer par une personne capable, & de donner une *Vie de Mahomed* bien complette & très differente de celles qui ont paru jusqu'ici. Le Libraire vouloit encore, quoiqu'il ne s'y fût pas engagé, ajouter une *Vie* de l'*Auteur*, & orner son Livre de quelques tailles douces. Enfin il vouloit se piquer d'honneur, & ne rien épargner pour donner une Edition, digne de l'ouvrage même, & qui surpassât l'attente du Public.

On se flatoit de trouver en Angleterre assez de souscriptions pour fournir à une partie de ces frais, d'autant plus que les Ouvrages de nôtre Auteur y avoient été très bien reçus : mais le succès répondit si mal à nôtre attente, que nous aurions entierement abandonné le dessein d'imprimer celui-ci, si quelques personnes génereuses ne nous eussent encouragé à le suivre. Cependant, comme elles se trouverent d'abord en petit nombre, on les pria de se contenter d'une Edition en *Octavo*, dans laquelle on donneroit au Public l'Ouvrage entier de M. de BOULAINVILLIERS, sans la moindre alteration, & un Abrégé de ce qui s'est passé de plus remarquable dans les années de la Vie de l'imposteur, que M. de BOULAINVILLIERS n'a pas écrites. C'est ce qu'on a fait, & on a lieu de se flater que le Public en sera content.

A
List of the Subscribers.

HIS GRACE the Duke of ARGYLE and GREENWICH.
Monsieur *Armand*.
John Arnand Esq;
Monsieur *d'Arregber*, Capitaine d'une Compagnie Suisse au Service de S. M. C.
Monsieur *d'Arregber*, Lieutenant aux Gardes Suisses, au Service de S. M. T. C.
Monsieur *Artieres*.
Peter Barbar, Stationer.
Monsieur *Barbut*.
Monsieur le Baron de BEAUFAÏN.
Monsieur de *Beaufort*.
Monsieur de *Billerbeck*.
John Bland Esq;
Monsieur *Bouchet*.
Monsieur B. Libraire à Paris, 20 *Exemplaires*.
John Brindley, Book-Binder to HER MAJESTY, and to HIS ROYAL HIGHNESS the PRINCE of WALES, Seven Books.
Paul Brouilhet.
Son Excellence, Monseigneur le Comte de BROGLIO, Ambassadeur Extraordinaire de S. M. T. C.
The Right Honourable the Earl of BURLINGTON, Three Books.
Henry Burrard Esq;
----- *Callingwood* Esq;
The Honourable General CARLE, Lieutenant General in the Service of His *Portughese* MAJESTY.
The Honourable Colonel CAVALIER.

Stephen

A List of the Subscribers.

Stephen Cazalet.
Monsieur de la *Chaumette*.
Monsieur *Chevalier*.
The Reverend Dr. *Clagett*, Dean of *Rochester*.
John Clapcott, Esq;
James Cockburn Esq;
Monsieur *Combecrose*.
Monsieur *Corvon*.
Sir CLEMENT COTTERELL.
Monsieur *Dadiki*, Interprète des Langues Orientales pour S. M. B.
Monsieur *Daudé*.
Henry Davenant Esq;
John Debarry Esq;
Monsieur *Deboringe*, Major d'un Régiment Suisse, au Service de S. M. C.
Monsieur *Delenge*.
Monsieur *Dezmaizeaux* Membre de la Société Royale.
John Deshons.
The Honourable Major General DORMER.
Monsieur *Doxat*, Major au Service de la S. R. de Venise.
Monsieur *Dubisson*.
M. *Dunoyer* Bookseller, Seven Books.
Monsieur *Durand*, Ministre, & M. de la Société Royale.
Monsieur *Duval* Ministre.
Monsieur *Duval* Docteur en Médecine.
Sir JOHN EYLES.
MARTIN FOLKES Esq;
John de Fonvive Esq;
Monsieur le Major *Foubert*.
Monsieur *Gaillard*.
Monsieur *Gambarini*, Major au Service du Roi de Pologne.
Monsieur *Gely*, Ministre.
Monsieur *Girard*.

THOMAS

A List of the Subscribers.

Thomas Goodman, Physician to His *Britannick* Majesty.
James Gordon Esq;
Francis Gordon Esq;
The Right Honourable the Lord Gower.
Honourable Bapt. Leweson Gower.
Honourable W. Leweson Gower.
Charles Guy Esq;
Edward Harisson Esq;
Jacob Harvey Esq;
Son Excellence Monsieur de Hattorf.
Maximilian d'Hervart Esq;
Thomas Hill Esq;
Pierre Humbert, Libraire d'Amsterdam, 100 Exemplaires.
The Reverend Dr. *Hund*.
M. Jackson, Bookseller in *Pallmall*, Seven Books.
Monsieur *Lang*.
Captain *Laurent*, Brigadier in the King's Horse Guards.
M. Lewis, Bookseller in *Covent Garden*.
John Liron.
M. Lockman.
Sir *Bartholomew Lucy*.
The Right Honourable the Earl of Macclesfield.
Monsieur *Malvieux*.
Richard Mead, M.D. Physician to Her Majesty.
Philip Mercier, Library-Keeper to His Royal Highness the Prince of Wales.
Monsieur de *Montbrun*.
Monsieur de Nidrist, Colonel d'un Regiment Suisse, au Service de S. M. C.
The Right Honourable the Earl of Oxford.
The Right Honourable the Earl of Pembroke.
D. Pellet M. D.   Ho-

A List of the Subscribers.

Honourable Lady CAROLINA PIERRE-PONT
Honourable Lady FRANCES PIERRE-PONT.
M. Prevost, Bookseller in the *Strand*, Seven Books.
Monsieur *Prevost*.
----- *Prideaux* Esq;
Monsieur *Porte*.
His GRACE the Duke of QUEENSBURY and DOVER.
Monsieur de *Reich*, Private Secretary to HIS MAJESTY. 2 Books.
W. Roberts, Printer.
Monsieur *Rondeau*.
Cyprian Roundeau.
His GRACE the Duke of RUTLAND.
George Sale Esq;
The Right Honourable the Earl of SCARBOROUGH.
Sir LUC SHAUB.
Sir HANS SLOANE, President to the Royal Society.
Son Excellence, Monsieur de SOLLENDHALL, Envoyé Extraordinaire de S. M. D.
Sir ROBERT SUTTON, Knight of the *Bath*.
André Soleirol.
Elizabeth Soleirol.
GEORGE TEISSIER, Physician to the Houshold of His *Britannick* MAJESTY.
Monsieur *Teron*.
Mrs. TOLHURST.
Monsieur *Tomas le fils.*
The Right Honourable the Lord TRAWLEY.
Edward Turner Esq;
Monsieur *Vatas*, Docteur en Médecine.
Edward Weston Esq;
Peter Villepontoux.
----- *Wrey* Esq;
John Paul Tvonet Esq:

L A

LA VIE
DE
MAMOMED:

LIVRE PREMIER;

CONTENANT *la description de l'Arabie; celle des moeurs des Arabes; des villes de la Mecque & de Médine; l'Histoire ancienne du Païs, avec des Réflexions sur la Religion Mahométane; & sur les Coûtumes qui sont établies chez les* MUZULMANS.

LA Terre est un vaste théatre, sur lequel il se passe de siècle en siècle quelque tragédie singuliere sous la direction d'une Puissance superieure qui partage à chaque Peuple des biens ou des maux; des châtimens & des récompenses, selon son bon plaisir ou selon sa justice. Mais si dans le nombre de ces divers spectacles il en est plusieurs que l'on peut dire particuliers,

B   parce

parce qu'ils ne sont représentez qu'à petit bruit & dans des lieux obscurs, ou qu'ils ne touchent que des Villes, des Contrées, des Royaumes séparez; il s'en voit aussi de grands & de si généraux qu'ils interessent tous les hommes, & presque la Nature entiere.

TELLE a été l'étonnante scène que les Arabes ont donnée au Monde, & dans nôtre propre Continent, au commencement du VII. Siècle de JESUS CHRIST; de laquelle les suites funestes ont englouti la Chrétienté de l'Orient, détruit les Empires les plus anciens & les plus solidement fondez, renversé une innombrable quantité de Villes illustres, & fait perir sur la face de la Terre tout ce que les hommes précédents avoient acquis de connoissances, d'arts & de sciences; ruinant les monuments, brulant les bibliothèques, & faisant une profession déclarée d'abolir le passé avec la mémoire que l'on s'étoit efforcé d'en conserver.

LES Destructeurs de l'Empire Romain, tout Barbares qu'ils étoient, n'avoient point causé tant de ravages, de désolation & de ténèbres. Ils étoient venus profiter de la situation favorable des lieux où la fortune les avoit conduits. En quitant leur patrie glacée,
incul-

inculte & sterile, ils y trouverent des richesses qu'ils ne connoissoient point : mais, moins touchez de cet objet que du desir d'acquerir des connoissances, ils prirent la Religion & les mœurs des Nations qu'ils avoient subjuguées ; de sorte que s'ils avoient eu le temps de se polir dans les lieux qu'ils avoient occupez, on ne se seroit peut-être que foiblement apperçu de leur invasion. Mais l'arrivée d'autres Barbares, qui chassoient les premiers venus, fit que pendant une durée de trois siècles, l'Occident ne fut soumis qu'à des Conquerans passagers, lesquels se trouvoient forcez à faire plus de mal au Pays qu'ils quittoient, que leur inclination ne les portoit à en faire à celui où ils arrivoient. Les Arabes, au contraire, spirituels, génereux, desinteressez, braves, prudents, & exempts de ces passions indomptables que l'inégalité des saisons produit dans les temperaments des hommes du Nord, ont apporté plus de malheurs au monde, y ont répandu plus de paresse & d'ignorance, que la grande capacité des Grecs & des Romains n'en avoit dissipé pendant quinze ou vingt siècles. Ce fut un fanatisme de Religion qui les porta tous à-la-fois, comme par enchantement, à une conduite si cruelle: fanatisme soutenu par l'estime qu'ils ont faite du Livre où leur Religion est contenuë, qu'ils disent être le plus sublime ouvrage de la sagesse de DIEU, parcequ'il contient les véritez éternelles qu'il a voulu faire connoitre aux hommes; non telles que l'imagination des créatures les plus excellentes le peut concevoir ou exprimer, mais telles qu'elles existent réellement, & que cette suprème SAGESSE a voulu les énoncer, pour la conviction de tout être intelligent. C'est cette opinion qui a été le principe du mépris qu'ils ont fait des sciences étrangeres.

QUANT à cette révolution, considerée en elle-même, indépendamment de ses effets, on y remarque singuliérement deux circonstances. La premiere, qu'elle a été la moins prévûë, parce qu'elle étoit la moins imaginable qui se puisse concevoir: la seconde, qu'elle a été la plus étenduë dont on aît connoissance, & dont la mémoire des Hommes aît conservé le souvenir: caractères particuliers, & qui meritoient bien que parmi tant de sçavants dont l'Europe est remplie, quelqu'un gratifiât le Public d'une Histoire si rare.

Nous n'en avons cependant presque aucune notion: Admirateurs & curieux
de

de ce qui s'est passé dans la Grèce & dans l'Italie, quoique dans un temps bien plus éloigné, à-peine sçaurions nous que MAHOMED à été le Fondateur d'un Empire plus vaste & plus redoutable que ceux des Macédoniens & des Romains, si le premier Monarque des Arabes ne nous eût interessez du côté de la Religion par l'établissement d'un Culte nouveau. A la vérité nous n'en jugeons aujourd'hui que comme d'un mensonge grossier, appuyé par la force des armes chez des Nations peu belliqueuses, & par l'ignorance, aussi-bien que par le préjugé de ceux qui s'y sont soumis; desorte que, ne considerant cet objet qu'avec une sorte de mépris, parceque la Terreur ne marche plus avec l'idée du *Mahométisme*, la curiosité ne se trouve point excitée à son occasion. Il est pourtant vrai de dire qu'aucune Histoire ne contient des événements plus sensibles à l'imagination, ni plus surprenants en eux-mêmes que ceux qui sont rapportez dans la vie des premiers Musulmans; soit que l'on considere le Chef & les Ministres dont il s'est servi, qui sont devenus les plus illustres hommes de la Terre; soit que l'on passe au détail des mœurs des Peuples dont ils firent la conquête; soit enfin

enfin que l'on examine le courage, la vertu, les sentiments qui ont également animé les Géneraux & les Soldats. C'est ce qui fit dire autrefois à un Auteur illustre, que l'Histoire Grecque & la Latine ne peuvent emporter la préférence à aucun de ces égards sur celle des Arabes. Cependant comme cette préference est effective & réellement pratiquée parmi nous, il y a bien de l'apparence que c'est moins au défaut de goût qu'on doit l'attribuer, qu'au peu d'usage que nous faisons des Langues Orientales, quoique vivantes, pendant que nous cultivons avec ardeur les Langues qui ont perpétué la mémoire des anciens Grecs & Romains.

Cette observation ne tend pas néantmoins à condamner une coutume à laquelle seule on peut attribuer le retour de la politesse & du bon goût après une si longue barbarie : mais il semble qu'il ne seroit pas impossible de concilier l'une & l'autre érudition, & que l'on pourroit faire un excellent usage des grands exemples que l'Histoire Arabe nous propose, (sans parler à présent de ces traits d'éloquence vifs & perçants au dessus de ce que *Rome* & la *Grece* ont exprimé le plus pompeusement) lesquels nous peignent des caractères de génegénérosité & de hauteur dont il est rare que les Occidentaux ayent approché.

C'est donc avec justice que l'on se plaint qu'il y ait un si petit nombre de sçavants qui s'appliquent à l'intelligence de l'Arabe, & de la rareté de ceux qui, dans ce petit nombre, portent leur étude à l'instruction publique par la traduction de quelques-uns des Manuscrits dont la Bibliothèque du Roi contient le trésor le plus abondant qui soit au monde. Feu Monsieur *Herbelot* a fait voir cy-devant dans un livre, qui par malheur n'a été rendu public que depuis sa mort, combien l'on pourroit augmenter nos connoissances, & donner d'aiguillons à la paresse de nos sentiments par la traduction fidèle de tant de monuments qui nous restent de la vertu de ces Arabes, que l'éloignement & la difference de Religion nous font regarder comme des Barbares. Je ne sçai point l'Arabe ; & par conséquent je suis fort éloigné de pouvoir puiser dans les sources faute d'une telle connoissance. Mais je suis néantmoins si touché des merveilles de cette Histoire que je n'ai pu me refuser la satisfaction de ramasser en un Corps ce que j'en ai appris par les voyes les plus communes,

& par des traductions de differents de ses morceaux détachez. L'idée de l'instruction publique n'est point l'objet que je me propose. Je ne pense qu'à m'occuper & à m'exciter moi-même au travail, dont la vieillesse a besoin à mesure que la vivacité du sang & la force nous abandonnent.

Il y a peu de gens qui ne sçachent aujourd'hui que l'Arabie est une grande Peninsule de l'Asie; bornée au Septentrion par la Turquie en Asie : à *l'Orient*, par le Golfe ou la Mer de Perse : au *Midy* par l'Océan Indien : au *Couchant* par la Mer Rouge & par l'Istme de Suez. On sçait aussi, par les relations d'une infinité de Voyageurs, que l'espace de terre qui joint l'Arabie au Continent est un Pays affreux par ses vastes deserts, inhabité & inhabitable à cause du sable profond qui le couvre, & du manque d'eau qui se rencontre si généralement dans cette étenduë, qu'un puits y est regardé comme la richesse essentielle d'un Canton de 15. lieues à la ronde. Il ne faut donc pas s'étonner si les Arabes, quoique Peuples très anciens & si renommés dans la Tradition, ont été réellement si peu & si mal connus des Grecs & des Romains. Ceux-cy sçavoient en général que les

épi-

épiceries & les aromates venoient de l'Arabie par le moyen de l'Egypte, qui en est très voisine; n'en étant séparée que par la *Mer rouge*. Mais parce que les Egyptiens, attentifs au gain qui se fait par le commerce, avoient la précaution de tenir leurs Ports fermez aux Etrangers, & de faire un grand mystère de la navigation de la *Mer rouge*, il étoit impossible de pénétrer en Arabie par ce canal: ainsi l'on dévinoit plûtôt que l'on ne sçavoit au vrai qu'il y eût un Païs de ce nom, & qu'il étoit abondant en or & en pierres prétieuses, en perles, en parfums, & en diverses autres raretez naturelles. Quoi qu'à parler exactement, la plûpart de ces richesses lui viennent des Indes & de la Côte d'Afrique. Mais comme l'idée des choses inconnues se grossit facilement dans nôtre imagination, on donna librement à cette Contrée le nom *d'Arabie heureuse*, pour exprimer une fertilité & une abondance fort au dessus de celle de l'Egypte même; outre que la Nature l'avoit mise à couvert de l'avidité des autres hommes par les Deserts impénétrables qui la séparoient du reste du Monde. Il est certain toutefois que cette épithète, ou attribut, est peu convenable à la nature de ce Païs; lequel,

étant

étant situé sous le Climat le plus chaud, n'est cultivé, ni pleinement habité que dans les lieux où l'ombrage des montagnes, & les eaux qui en sortent en quelques endroits, procurent quelque soulagement à l'intempérie génerale. Ainsi l'on peut dire avec assurance que cette partie de l'Arabie n'a pu être nommée *Heureuse* que par comparaison aux deux autres parties du même Païs, que les Anciens ont connuës sous le nom d'*Arabie déserte*, & d'*Arabie Pétrée*: dans lesquelles la chaleur du Climat n'est adoucie d'aucune façon, & où la Terre, toujours aride & brulée, ne présente que des sables ou des rochers. C'est suivant cette notion que les anciens Géographes avoient divisé l'Arabie en trois principales parties, & qu'ils leur avoient imposé les noms de *Deserte*, de *Petrée*, & d'*Heureuse* ; mais ce partage étoit en même temps si inégal qu'ils donnoient à la premiere seule plus d'étenduë qu'aux deux autres ensemble, & que la seconde ne contenoit pas la sixiéme partie de l'étenduë de la derniere.

L'Arabie *deserte* commençoit, selon cette division, aux bords de l'Euphrate vers le *Nord* & l'*Orient*, d'où après avoir cottoyé la Chaldée, elle s'étendoit

le

le long de la Mer jusqu'à Darhem, où l'on pêche des perles, & jusqu'à la Mer d'Oman, qui se trouve à la pointe orientale de la Peninsule; pendant que, du côté de l'*Occident*, elle cottoyoit la Sourie, la Valée de Damas jusques aux Montagnes de Seïr, enfermant dans cet espace les vastes solitudes de Palmire, (autrement dites de Tadmor,) & les villes anciennes d'Ana, de Gassan, & de Rahabah; la grande voye Romaine, construite par Trajan, laquelle conduisoit à Ctésiphon; & toutes les villes bâties depuis l'établissement du Musulmanisme, entre lesquelles Coufah tient le premier rang.

L'Arabie que l'on nommoit *Pétrée*, & qui étoit autrefois mieux connûë par le nom de *Madianite*, étoit extrêmement petite en comparaison de la précédente, puisqu'elle ne contenoit que les montagnes d'Oreb & de Sinaï entre les deux pointes de la Mer Rouge, avec l'étenduë des rochers contigus à ces montagnes. Enfin l'Arabie *Heureuse* contenoit indéfiniment tout le reste de la Peninsule, & ses bornes étoient tout à fait ignorées.

L'on auroit évidemment pû faire une meilleure division de ce vaste Païs, & en prendre une connoissance bien plus exacte

exacte en la considerant selon l'idée qu'en donne l'Ecriture Sainte au X. Chapitre de la Genèse ; comme partagée entre des Peuples d'origine & de caractères tout différents. Car elle nous apprend ; Que ceux qui habitent les rivages de l'Euphrate & du Golfe Persique étoient sortis de Cam, fils de Noé, par Chuz ainé de ses enfans ; Que ceux qui occupent les parties méridionales, les montagnes qui remplissent le milieu de la Péninsule, ainsi que la plûpart de ceux qui sont établis sur la côte de la Mer Rouge, sont sortis de Sem, autre fils de Noé, par Jochtan & sa nombreuse posterité, rapportée au même Chapitre ; Qu'enfin ceux de l'Arabie Pétrée sont sortis d'Abraham, par Ismaël son premier né, & par les enfans qu'il eut de Ketura sa seconde femme.

DE ces differents Peuples il n'y a eu que les enfans de Joctan qui aïent singularisé le nom d'Arabes, lequel ils ont tiré de Jarab ainé des fils de ce Patriarche ; & qui ayent été considerez comme Arabes purs & naturels ; tous les autres, sans excepter les Ismaelites, ayant été regardez comme étrangers, & pour cette raison surnommez *Most-arabes* ou *Mac-arabes* ; termes qui signifient à la lettre des Arabes d'une race & d'un sang different

ferent des autres. Mais malgré cette diſtinction, on a toujours fait en Arabie une grande eſtime de la filiation ou poſtérité d'Abraham ; lequel, étant regardé, ſuivant une tradition génerale des Orientaux, comme l'inſigne ami du Tout Puissant, & comme le premier Docteur d'un Culte parfait, n'a pu manquer de communiquer à ſes véritables enfans, avec la connoiſſance du vrai Dieu, quelque partie des avantages qu'il a poſſédez par ſa faveur. C'eſt donc ſur ce fondement que l'on préſume encore aujourd'hui que les Arabes du *Deſert*, (que l'on diſtingue plus proprement par le nom de *Béduins*, & qui ſe ſont répandus en Syrie, en Egypte, & ſur toute la Côte d'Afrique,) ſont la poſterité de Chuz, parcequ'ils ſont tous ſortis de la Province qui porte encore à préſent le nom de *Chuziſtan*, laquelle eſt ſituée vers l'embouchure de l'Euphrate & ſur le Golfe Perſique.

Il me ſemble néantmoins qu'il eſt preſque incroyable que ces trois Nations, quelques différentes qu'on les ſuppoſe de mœurs & d'origine, ayent vécu tant de Siècles dans une même contrée, laquelle, quoique fort étendue, ſe trouve a-peu-près de même nature & qualité, ſans s'être bientôt confonduës : premiérement

rement par la néceſſité de vivre, a-peu-près de la même façon ; & enſuite par le moyen des alliances qui ſe font faites preſque néceſſairement d'un Peuple avec l'autre. Et c'eſt probablement de ce principe qu'eſt venuë l'idée commune à tous les Arabes de s'écrire & de ſe dire enfans d'ABRAHAM: Opinion dans laquelle ils ſe maintiennent par le ſecours des généalogies, ou vrayes ou imaginées, que chaque famille conſerve, avec toutes les précautions poſſibles, comme un titre eſſentiel à eux-mêmes & à leur poſterité. Ils conviennent néantmoins que les premiers Arabes ont été moins exacts & moins réguliers ſur cette obſervation qu'ils ne le ſont aujourd'hui, & depuis environ XXXV. ſiècles : & ils reconnoiſſent que ce fut en l'âge d'un certain Adnan, huitième deſcendant depuis Iſmael, que la certitude des filiations s'établit comme une loi, ou un uſage néceſſaire : mais qu'au deſſus de ce même âge on ne ſçait rien que conjecturalement. Cet Adnan eſt compté parmi les ancêtres de Mahomed, ce qui fait qu'au deſſus de lui ſa généalogie n'eſt pas plus certaine que celle des autres Arabes. Dans le fait, il eſt aſſez apparent qu'une Nation peu nombreuſe, & d'ailleurs ſéparée

rée du reste du monde, tant par sa situation que par sa maniere de vivre, a pu conserver la suite de ses générations avec une certitude superieure à celle qui est possible à des Peuples qui ont à la vérité des noms particuliers & distinctifs de famille, mais que les guerres, les invasions étrangeres, & une infinité de distractions & d'occupations exposent, malgré cette facilité, à oublier & à méconnoitre leur origine. C'est ce que nous voyons tant par nôtre propre exemple, que par celui des Juifs, desquels les généalogies n'ont commencé à se confondre & à s'oublier que depuis leur dispersion, parce qu'elle les a forcez de vivre à la maniere des autres Peuples.

Mais pour revenir à la description géographique de l'Arabie, nous devons dire que les Anciens, n'en ayant eû qu'une connoissance très imparfaite; & l'éfroi sans pareil que les Chrêtiens du moyen âge ont eu des Mahométans, Arabes, ou Sarazins, ayant toujours interrompu le commerce des Nations par le moyen desquelles on auroit pu, sinon pénétrer dans cette Contrée, du moins s'instruire des détails particuliers qui la pouvoient concerner; ce n'est que depuis un temps très moderne que

nous

nous avons appris que les Arabes continuent à se distinguer entr'eux, non par des divisions arbitraires de Provinces & de Jurisdictions, mais par les différentes professions que les uns font de vivre perpétuellement dans des deserts & sous des tentes; dans l'occupation d'y chercher sans cesse & de n'y rencontrer que très difficilement des paturages pour leurs troupeaux, & des eaux pour leurs propres besoins : & les autres de se rassembler dans des villes, bourgades & habitations, fort distantes les unes des autres, pour cultiver quelque terrain ingrat, & en retirer de legères recoltes pour leur nourriture : vivant d'ailleurs les uns & les autres dans une indépendance qui fait toute leur satisfaction, sans commerce avec les Etrangers, qu'ils méprisent, & sans curiosité d'apprendre ce qui se passe dans le reste du Monde. Il faut pourtant avouer que cette indépendance, si chere aux anciens Arabes, ne subsiste plus parmi les Musulmans, telle qu'elle étoit chez leurs Peres ; tant à raison de la nécessité où les *Béduins* sont de se soumettre à certains Chefs pour les conduire à l'espèce de guerre qu'ils pratiquent contre les caravanes & les autres voyageurs ; que parceque le Mahométisme les a accoutumez

mez à vivre dans des villes, & des lieux cultivez, sous la domination de certains Magistrats héréditaires qu'ils nomment *Emirs* ou *Cherifs*; lesquels tiennent la place des Gouverneurs que les Successeurs de MAHOMED leur donnoient auparavant. Et de plus, on remarque fort bien que la passion fatale des commoditez particulieres, qui a bientôt dégénéré en celle de l'usage des délices, a percé ces vastes solitudes. Le desir de s'enrichir a surmonté l'amour de la liberté; desorte qu'ils se sont laissez pénétrer par les Européens, qui y font actuellement le négoce du café: lesquels y ont abordé par la mer rouge, & par le célèbre Port de *Moka*; pendant que d'un autre côté plusieurs de ces mêmes Arabes se sont empressez, par le desir du gain, de porter la même marchandise dans les *Echelles* du Levant pour en retirer de l'argent, dont ils feront à la fin le même usage que nous, &, comme nous, au dépens de cette prétieuse liberté qui ne se paye point avec de l'or, ni par des délices.

C'est donc des Arabes eux mêmes que nous avons appris la confirmation des véritables divisions de la Contrée entiere, desquelles *Abul-feda Rassi-redin* & *Ulugh-bek* avoient donné quelque notion; à sçavoir que la Peninsule, commençant à *Ailah*, ou à *Calzum* sur la mer rouge d'une part; & à *Belsora* sur le Golphe Persique de l'autre; & se terminant à la Mer des Indes, est partagée en cinq grandes Provinces ou territoires, qui tirent leur nom de la nature de leur terrain. *Tahamah*, ou le grand desert, est ainsi appellé parceque le sol en est bas en comparaison du reste du Païs. Il ne s'y trouve ni Villes ni bourgades, mais bien quelques lieux distinguez à cause des eaux & des palmiers qui s'y rencontrent. Et tel est *Odail*, lieu célèbre sur le chemin de *Coufah* à la *Mecque*, dont le nom exprime *un assemblage d'eaux dans le desert*. Cette Province occupe le Nord de la Peninsule en tirant vers le Golphe Persique jusqu'à Eleahf. La seconde division se nomme le *Naged*, pour signifier un pais *élevé*, parce qu'on y monte du Desert, & que le commencement de la grande montagne, dite *Alhareb*, occupe sa partie Méridionale. Ce Canton confine à *l'Yemen*, ou Arabie heureuse, vers le Midy; à *l'Hegias* du côté du Sud-Est vers l'Orient; vers l'Occident à *Barhein*; & au Canal *d'Eleahf* vers l'Orient. Il y a beaucoup de deserts dans cette étenduë, & l'on n'y trouve pres-

presque point d'eau à raison de l'élévation du Païs. Il y a néantmoins quelques habitants dans les lieux où les montagnes procurent de l'abri, & la plûpart de ces endroits sont devenus fameux dans l'Histoire du Musulmanisme par des événements particuliers.

L'Hegias, qui est la troisiéme division, est aujourd'hui, & depuis Mahomed, la plus considerable partie de l'Arabie, eû égard au nombre des habitations qu'elle renferme, quoique le terroir en soit presque par-tout sterile à cause des sables & des rochers. Elle est outre cela devenuë le siége de l'Empire & de la Religion, ce qui l'a renduë considerable à tout l'Univers. On la subdivise en quatre differentes parties, desquelles il n'y en a qu'une qui ne confine pas à la Mer Rouge; à sçavoir le *Jamamah*, lequel, s'étendant dans le Desert, est borné au Nord & à l'Orient par le *Tahamah*; au Midi & au Sud-Est par le *Naged*. Cette Province a tiré son nom de la principale habitation qu'elle renferme: les eaux y sont rares, & elle ne contient gueres que des plaines arides convertes de sable. *L'Hage* est la partie la plus septentrionale de l'Hegias, & comprend exactement l'étenduë que les Anciens ont nommée la *Madianite* ou

l'Arabie

l'Arabie *Pétrée*. C'est le Païs où Agar, mere d'Ismael conduisit son fils, quand il fut obligé de se separer de son pere. C'est le Païs où il s'établit dans la suite, & duquel il passa dans *l'Hegias* proprement dite, où il se maria avec une fille de *Madad* de la Tribu des Jordahmides. Ce fut aussi le premier partage de ses enfans. Moïse, liberateur du Peuple Hébreu, se retira dans le même Païs, lorsque l'homicide qu'il commit l'obligea à sortir d'Egypte, & il s'y maria à la fille de Jethro, riche habitant de ce Canton, lequel les Arabes prétendent avoir été lui-même un grand Prophète & le Docteur de son gendre. Enfin c'est dans cette étenduë que les montagnes de *Sinaï* & *d'Oreb* sont situées, ce qui la fait regarder comme l'endroit de la Terre où il a plu au Tout-puissant de se manifester avec plus d'éclat & de gloire. Mais les Musulmans la considerent encore comme celle qui contient les plus évidentes marques de sa justice & de sa colère : d'autant qu'ayant été d'abord habitée par deux Tribus des premiers Arabes, descendus de Sem par Aram, (qui sont les *Adites* & les *Thamudites*,) lesquelles méprisant les instructions & les remontrances du Prophète *Saleh*, éprouverent la colère du
Tres

Tres-haut, qui détruisit entiérement ces deux Tribus: *de quoi les rochers & les cavernes, dont cette terre est remplie, sont les témoins durables à l'éternité*, ainsi que Mahomed le rapporte dans l'Alcoran sans expliquer autrement cette histoire. La plus considerable ville de cette Province, autrefois connuë sous le nom de *Pedra deserte*, porte à présent celuy de *Hagr*. On y trouve encore celle de *Hilab* & de *Colsum*, dont la derniere a communiqué son nom à la mer Rouge dans l'usage moderne des Arabes: Mais on n'y connoit plus celle de *Pharan*, autrefois si considerable, que la Sainte Ecriture, qui s'accomode toujours au langage vulgaire, en donne souvent le nom à la Montagne de Sinaï, au pied de laquelle elle étoit bâtie, sur le rivage de la Mer.

L'Hegias proprement ditte occupe le milieu de cette division, & renferme les villes de la *Mecque* & de *Medine*; siéges de la Réligion & de l'Empire des premiers Musulmans. On ne peut pas dire cependant qu'elle ait été choisie par préference à cause de la beauté & de la fertilité du climat. Son étenduë n'est remplie que de rochers ou de plaines arides: toutes les eaux y sont alterées par le sel mineral dont la terre est couverte, & si l'on y trouve quelques palmiers, c'est le soin & la culture qui les fait naitre, & qui les conserve, le Peuple y étant plus nombreux que dans le reste de l'Arabie. Mais si l'on recherche ce qui peut y avoir attiré ce grand nombre d'habitans, il sera difficile d'en découvrir d'autre raison que la persuasion où l'on est, depuis plus de XL. Siècles, que la Mecque a été le principal séjour du Prophète Ismael pendant sa vie, & qu'il est le lieu de son repos depuis sa mort: Que le Temple qui se voit en cette ville est honoré depuis la création du monde, comme un lieu de bénédiction, choisi dans l'éternité, & consacré plus particulierement par Abraham, qui y a bâti la Sainte maison, vers laquelle s'adressent les voeux de touts les Fidèles des extrémitez du monde: Que le puits qui se voit dans le parvis de cet édifice est la même fontaine que l'Ange découvrit à Agar mere d'Ismael pour sauver la vie de son fils. Il croyent enfin que c'est une contrée préferée à toutes les autres dans l'élection de Dieu, parceque le dernier & le plus excellent de touts les Prophètes y devoit naitre, & y faire connoitre aux hommes la voye certaine du Salut.

Voila

VOILA bien des titres pour rendre cette Contrée recommandable dans l'opinion des Peuples : aussi voyons-nous que les plus renommés d'entre les Arabes y sont venus demeurer, ou du moins y sont venus mourir. Il semble même que Moïse en a fait une mention particuliere dans la description qu'il a donnée de l'Arabie : Car il est certain qu'il parle d'une Ville de *Mesh* ou *Mesha*, dont la situation se rapporte beaucoup mieux à celle de la Mecque qu'au Port de *Maka*, qui se trouve à l'éxtrémité de la Mer rouge, & à l'égard duquel les montagnes de *Sephara* sont plûtôt au Nord-Est qu'à l'Orient. D'ailleurs cette Contrée (l'Hégias,) a été le Théatre particulier de la plûpart des actions de Mahomed & de ses premiers Successeurs : motif très considerable pour y attirer les personnes dont la pieté s'arrête plutôt à ce qu'il y a de charnel & de sensible dans la Religion, qu'aux idées purement spirituelles. La quatriéme & derniere division de l'Hégias porte encore le nom de *Tahamah*, pour exprimer que c'est une Région basse ; située entre la mer & la montagne. On y trouve les villes de *Thaïf*, *Serrain*, & *Haly*, dont les environs sont cultivez. Mais il faut remarquer par rapport à la montagne qui borne ce dernier canton, qu'elle porte en cet endroit le nom de *Gaſſouan* qui ſignifie la *large montagne* ; & qu'elle n'eſt toutes fois qu'une branche de celle que Moïſe a nommée *Sephara*, mais que les Arabes nomment *Albareth* : laquelle remplit le milieu de la Peninſule, & cauſe toute la fertilité que l'on attribue à l'Arabie heureuſe.

La quatriéme partie de l'Arabie, qui eſt nommée *Orude*, s'étend depuis le *Jamamah* & le *Naged* juſqu'à *Eleahf* & *Bahrein* ſur le ſein Perſique, & juſqu'à la Terre *d'Oman*. S'il ſe trouve quelques eaux & quelques palmiers dans cette grande étenduë on les regarde comme des biens prétieux, dont la propriété eſt toujours commune, *parceque tout le monde doit uſer de l'eau, qui donne un rafraichiſſement commun, & de dattes qui naiſſent ſur le cours des mêmes eaux.* Les Habitans de ce Païs d'Orude ne connoiſſent ni commodités ni délices, quoiqu'ils trouvent de la poudre d'or en pluſieurs endroits, & que la pêche des perles rende leur rivage très renommé.

Enfin l'Yemen, ou Arabie heureuſe, eſt la cinquiéme diviſion de la Peninſule. C'eſt auſſi la plus cultivée & la plus fertile, comme elle eſt la plus étenduë. Ses bornes ſont, au Nord, le

Naged

Naged & la partie de l'Hégias ditte *Tahamah*; à l'Orient, le Païs *d'Orude* & la terre *d'Oman*; au Midy la Mer des Indes; & à l'Occident le Détroit de *Babelmandel* avec une portion de la Mer Rouge. Cette partie a été, comme nous l'avons déja dit, très longtemps impénétrable aux Etrangers, & conséquemment inconnuë. Ce n'est que depuis les navigations faites à Moka, pour le café, que nous sçavons positivement que le milieu de cette contrée est un Païs de montagnes, où il se trouve des eaux fort saines, des ombrages fort verds, & où la terre répond au travail & à la culture. A la vérité nous sçavons aussi, par ces relations, que les plaines qui aboutissent à la mer ne sont couvertes que de sable & de sel mineral; que les eaux y sont par conséquent fort mauvaises: mais cela n'empêche pas qu'il ne s'y trouve de bonnes villes que le commerce soutient après les avoir faites bâtir. Telles sont *Mascate*, *Jartack*, & *Aden* sur la Mer des Indes, toutes trois cy devant capitales; desquelles il n'y a plus que celle de *Jartack* qui subsiste. *Moka* & *Gezora* sur la Mer Rouge font le commerce d'Egypte, ainsi que *Grodda* qui est proprement le port de la Mèque. Ces deux dernières Places,

Places, Moka & Gezora, ainsi qu'Aden & Mascate, sont aujourd'hui soumises au Roi de l'Yemen; qui fait son séjour à *Dhamar*, dans la montagne, où il a fait fortifier deux autres Places, *Morab*, pour la garde de ses trésors, & *Taghé* pour renfermer les prisoniers d'Etat. On voit encore dans cette Province *Sanaa*, autrefois Capitale de l'Yemen & rivale de la Mèque ; *Sadaa* & *Nageran* sur le plus haut de la montagne, *Betel, Fagny, Zibit, Rediah, Irame, Taphar, Gabala*, & diverses autres places dans la plaine ou dans la montagne. Mais ce qui doit aujourd'hui nous surprendre, c'est de trouver, par les relations qu'on nous donne de ces Païs, que tous ces trésors de parfums, d'or, & de richesses que l'Arabie heureuse possédoit autrefois, sont absolument disparus, pour faire place à une production toute nouvelle que les Anciens n'ont point connuë, sçavoir le caffé, qui fait entrer à présent dans l'Arabie beaucoup plus d'argent, que l'encens, la poudre d'or, & les perles n'y en ont apporté dans les Siècles passez, malgré leur grande reputation.

TELLE est la consistence totale de l'Arabie, & la plus exacte division suivant les rélations modernes, & telle

que

que les plus sçavants Géomètres Arabes
nous l'ont transmise par les Mémoires
qu'ils en ont laissé. On pourroit porter cette division & l'exactitude plus
loin, en cherchant les habitations des
premieres Tribus Arabes, & celles des
descendants d'Abraham, dont la plûpart
des noms se sont conservez jusqu'à présent dans le Païs, malgré le prodigieux intervalle qui se trouve entre leur
siècle & le nôtre. Mais comme ce
détail seroit inutile à l'histoire que nous
avons à traiter, il sufira de remarquer
que les noms des Païs de *Boulans*, de
Hadramant, de *Scheba*, de *Disklam*,
d'Uzal, de *Jarac* des Sabéens, de *Dedan*
& par corruption *d'Aden*, subsistent encore dans l'Yemen & dans son voisinage, pour confirmer le témoignage que
Moïse en a rendu il y a plus de 4000.
ans; dont il peut résulter une preuve
très authentique de la vérité des autres
peuplades que le même Moïse a marquées dans la Genèse, & sur laquelle
les Interprètes de l'Ecriture ne paroissent pas avoir appuyé autant qu'elle le
merite.

APRES ce peu de remarques géographiques sur la situation & la division
de l'Arabie, il est nécessaire de dire
quelque chose du caractère particulier
de

de la Nation qui l'habite. A l'égard de laquelle on peut remarquer d'abord, que comme le corps de la Nation eſt ſorti de *Jochtan*; frere puiſné de *Héber*, qui a été le Pere des Hébreux; & que cette alliance s'eſt encore renouvellée par les Colonies qu'Iſmael & les autres enfans d'Abraham & de ſa ſeconde femme ont conduites en Arabie, il ne faut pas s'étonner de trouver une grande conformité entre les Nations Juive & Arabe, tant dans les uſages particuliers que dans la langue & la forme de leur Gouvernement. A l'égard des uſages, nous ſçavons que les premiers Hébreux ayant renoncé au ſéjour des villes, où Nachor & Taré avoient autrefois vêcu, reprirent en la perſonne d'Abraham l'uſage de la vie nomade, qui fut continué par Iſac & par ſes enfans juſques au temps que Jacob fut appellé en Egypte. Pendant cet eſpace de temps, qui a duré plus de 200. ans, on voit que ces Patriarches vivoient ſous des tentes à la maniere des Arabes; qu'ils ne ſongeoient ni à ſemer ni à receuillir, conſiderant leurs familles & leurs beſtiaux comme leur unique bien, plus ou moins conſiderable à proportion de la commodité des paturages & de l'abondance d'eaux qui s'y rencontroient.

controient. C'étoit dans ces deserts qu'ils creusoient des puits dont la proprieté étoit ensuite disputée entr'eux & leurs voisins, comme un bien de la derniere importance. On voit aussi que, comme les enfans de Joctan avoient partagé entr'eux le Païs qu'ils avoient habité, & qu'ils s'étoient divisés en tribus ou familles distinctes ; de même Ismael, étant devenu maitre de la *Madianite* & peut-être de l'Hégias, divisa sa posterité en douze Tribus selon le nombre des enfans qu'il avoit eus, tant de l'Egyptienne que sa mere lui avoit fait d'abord épouser, que de la fille de Modad Jordhanite. Pareille condition à été suivie par Esaü à l'égard du partage de l'Idumée, que par Jacob dans sa disposition testamentaire, & par sa posterité après sa délivrance de l'Egypte. On voit encore que les Arabes, & après eux les Israelites, se sont de part & d'autre entêtés d'un même principe de Réligion, pour chercher querelle à ceux qu'ils vouloient dépouiller de leurs territoires, & les occuper à leur place. Ainsi Mahomed raconte lui-même dans l'Alcoran que differents Peuples qui habitoient l'Arabie avant les enfans de Joctan, furent exterminez par un chatiment divin. Mais au lieu d'en rap-

rapporter une cause éloignée, telle que la malédiction de Cham prononcée par Noé, il dit que leur punition vint de n'avoir pas voulu croire la vérité & l'unité de Dieu, que les Prophètes Hoad, c'est à dire Heber, & Saleth leur avoient enseignée. Ce fut par un même motif de Religion que les Hébreux se crurent appellez à la conquête de la Palestine, dont ils occuperent réellement une partie, mais où malheureusement pour eux, le Seigneur n'extermina pas tellement les anciens Habitants qu'il n'en restât assez pour les bien inquièter dans la suite.

Depuis la conquête de la Terre promise & le partage qui s'en fit entre les Tribus, nous voyons une imitation & une uniformité entiere entre le gouvernement des Hébreux & celui des Arabes: Exclusion de Roi, ou de Chefs absolus, capables de soumettre la liberté des autres hommes; Pouvoir paternel des Chefs de famille, qui se gouvernoient indépendamment les uns des autres; Déliberations communes, ou des tribus particulieres, ou de toutes ensemble selon les besoins publics; Persuasions égales chez l'un & l'autre peuple que Dieu leur avoit accordé une protection particuliere en faveur de leurs

Peres

Peres, en conséquence de laquelle ils croyoient que l'Être suprême soutenoit leurs Gouvernements, les protégeoit contre leurs ennemis, & que, dans les cas singuliers, il les conduisoit par le ministère des Prophètes, soit en les rappellant à la véritable connoissance de Dieu ; soit en renversant l'ordre naturel des choses par des miracles qui leur procuroient des victoires inopinées, & d'autres avantages prodigieux, contre leurs ennemis. Ismael fils d'Abraham & son ainé, nourri dans le Desert par un miracle, & préservé pendant le cours de sa vie de tous les dangers où sa naissance l'exposoit, & dont l'Ange l'avoit averti, n'avoit garde d'oublier le Culte duquel son pere avoit fait une profession si fidèle, & auquel il devoit lui même une protection toute miraculeuse. Aussi les Arabes le reconnoissent-ils pour le premier réparateur de cette Réligion simple & naturelle, qui, quoiqu'à la portée de tous les hommes, est toûjours défigurée par leurs passions. Les mêmes caprices ou la superstition, qui avoient combattu la Réligion, encore dans sa pureté & sa simplicité, n'ont pas laissé de la souiller après la mort de ce Patriarche malgré les efforts de tous les Prophètes ; desorte, disent les Muzulmans, qu'il a falu que Dieu

Dieu fufcitât Mahomed, à la fin des temps, pour rétablir ce culte fimple, & émané de Dieu même, premierement en Arabie & enfuite dans une grande partie du monde, fous le titre d'*Iflam* ou *Iflamifme*; nom que l'on dérive très probablement de celui d'Ifmael.

Les Ifraélites, de leur côté, ont eu pareillement leurs Peres pour premiers Docteurs & pour Prophètes, avec cette difference qu'étant tombez dans une fervitude tres longue, & qu'ayant oublié pendant plufieurs generations l'alliance de l'Eternel, il falut que Dieu fufcitât un nouveau Prophète, qu'il revêtit de fa toute puiffance pour les tirer du joug des Egyptiens, leur faire traverfer la mer à pied fec, les conduire pendant quarante années dans les Deferts où leur incrédulité les retenoit; d'où ils pafferent dans la Terre promife, où ils ont vécu fous le gouvernement des Juges; c'eft à dire, d'hommes infpirez qui fe font fuccedez, à des intervalles differents, jufqu'à l'établiffement de la Royauté.

Pendant ce temps-là, les Arabes jouiffoient plus tranquillement de la vérité & de la continuation du même don furnaturel de la Prophétie, toutefois affez differemment des Juifs: Car chez ces derniers, il fe trouvoit ordinairement

répan-

répandu sur des personnes qui s'y attendoient le moins ; au-lieu que chez les Arabes il paroit avoir été la recompense d'une vie modeste, retirée, & occupée à la méditation. Tels furent parmi eux *Schoaib*, que nous connoissons mieux sous le nom de *Jethro* ; & *Balaam* fils de *Beor* : lequel a non-seulement annoncé la destinée des Israelites & celle des grandes Monarchies, mais a encore prédit la venuë du Messie & l'apparition d'une étoile nouvelle qui devoit signaler sa naissance. Cependant, comme les Hébreux, descendus de Jacob, ont été nommez, par une préférence sur les autres enfans d'Abraham, le *Peuple d'Election*, les dépositaires des promesses, les gardiens de la foy, de la Loy, du *Temple*, de l'Arche, & de l'Ephod ; qu'enfin le *Messie* même est sorti de leur Race & de leur sang, il faudra toûjours convenir que, de quelques faveurs du Ciel que les Arabes se tiennent honorés, ils sont tout-à-fait inferieurs aux Israélites du côté des dons de la Grace ; mais en revanche il faut convenir aussi que les Arabes leur ont été tout-à-fait superieurs par les dons naturels & les avantages de l'humanité.

Les Hébreux, renfermez dans un coin de la terre, dont la fertilité singuliere

liere subvenoit à touts leurs besoins; attachez à cette terre, tant par l'abondance que par l'opinion de la destinée d'un Décret éternel qui l'avoit mise dans leurs mains: mais sans idée de navigation ni de commerce, sans connoissance d'Arts, de Science, des Politesse, ni de Mœurs, autres que ceux qui leur étoient prescrits par la Loy, dont la contrainte & la singularité les separoient nécessairement de tous les autres Peuples, & leur en attiroient la haine & le mépris: ces Hébreux, dis-je, vivant d'ailleurs sans Chefs, sans Politique, & dans une ignorance égale des moyens d'entretenir la paix, ou de soutenir la guerre: ne délibérant jamais que par le sort, ou par la consultation d'un Oracle dont l'interprétation étoit un mystère dépendant de l'organe de leurs Prêtres; ne paroissent véritablement s'être conservez que par l'effet d'un miracle dont nous sommes encore les témoins. Les Arabes, au contraire, ont été séparez du reste des hommes, moins par leur choix que par la nécessité conséquente de la situation de leur demeure. Ils ne se sont passez de la Société de leurs semblables que parcequ'il leur étoit impossible de se communiquer avec eux. Mais cette particularité n'a resserré ni leurs

con-

connoissances ni leurs lumieres: ils ont dans touts les temps cultivé les sciences les plus élevées & les plus dignement choisies; ils y ont fait de grands progrès sans y être aidez par les découvertes des autres Nations: la seule attention ayant produit chez eux ce que la longue experience a procuré aux autres Peuples. Mais en s'attachant aux hautes connoissances, ils n'ont point négligé celles qui pouvoient être d'un usage plus commun. Ils ont orné leur langage des beautés les plus délicates & les plus finies de l'éloquence & de la poësie; ayant toujours eû un goût extrème, & un talent admirable pour produire des pensées vives & ingénieuses, pour les exprimer en vers & en prose avec une précision, un choix de termes si exquis, & une dignité si singuliere, que leur éloquence n'est pas même à l'usage des autres Peuples: encore ce talent si merveilleux n'est-il point chez eux le fruit de l'Etude; c'est celui d'une éducation simple; prise dans leurs propres familles sous la direction du plus vieux, qui n'a puisé qu'auprès de ses Peres la politesse qu'il fait passer à ses enfans.

La constitution naturelle des Arabes est la plus robuste & la plus forte. Ils ne sont presque point sujets aux infir-

mitez des autres hommes: la sobriété & le travail, auxquels il s'accoutument dès l'énfance se joignant à la pureté de l'air dans lequel ils vivent, & à la chaleur du climat, qui cause toujours une transpiration suffisante, entretiennent leur santé jusqu'à une extrême vieillesse. En conséquence de cette disposition du corps, leur Jugement est ordinairement sain, net, & exact ; & comme ils ont peu de passions, il est aussi presque inébranlable. Ils sont graves & mélancoliques, mais sans caprice & mauvaise humeur : La simplicité de leurs moeurs est également éloignée de la bassesse & de l'orgueil. On trouve chez eux de l'humanité, mêlée d'une fierté bienséante, qu'on doit attribuer à la solidité de leurs sentiments. Ces qualités dominantes des Arabes peuvent avoir leur principe dans le temperament sec & bilieux, qui est chez eux le plus ordinaire ; mais je les rapporte plus volontiers à la solitude dans laquelle ils passent la plus-part de leur vie. Car elle les accoutume à se connoitre eux-mêmes, à se rendre dignes de leur propre estime, & pour ainsi dire, à se nourrir de leur propre imagination. Je ne parle point de la valeur, que le séjour des Deserts leur rend nécessaire, à proportion du peril
con-

continuel où ils font, eux & leurs familles, d'être devorez par les bêtes féroces.

La grande difference de nos moeurs, dont la dissipation fait le principal caractère, nous fait regarder cette grande solitude avec effroi, & le défaut d'amusements comme un vide qui retranche de leur vie toute espèce de volupté & de satisfaction. Mais nous jugeons mal de leurs sentiments en les rapportant aux nôtres. Ils reconnoissent qu'après la liberté, cette solitude est le premier de leurs biens; que c'est elle qui a maintenu chez eux la temperance, ce mépris des richesses & des plaisirs que l'on ne peut s'empêcher d'admirer dans leurs Histoires. C'est elle qui leur sert à dominer heureusement sur les passions impétueuses, qui parmi nous troublent trop souvent la Société. Mais elle ne leur sert pas moins à augmenter leurs connoissances, lesquelles ils étendent, selon leur génie particulier, aux sciences les plus difficiles. Il n'est point rare en effet de trouver chez eux des hommes qui se sont fait une étude, dans le loisir de cette solitude, du langage des oiseaux; de sorte que l'usage leur rend familiere la signification de certains cris: chose aisée à comprendre à l'égard d'une Contrée où le changement d'objets est si rare, qu'un oiseau, par exemple, ne peut appercevoir du haut des airs où il vole une troupe de Cavaliers dans une plaine éloignée sans faire un certain cry à cette occasion, qu'un homme appliqué peut remarquer & distinguer d'un autre, formé par rapport à un autre sujet. L'Histoire de l'Hégiage est fameuse en ce genre, & ne contient rien qui ne paroisse probable selon cette explication, quoiqu'il s'y trouve des circonstances extraordinaires. Il s'en faut beaucoup neantmoins que je voulusse conclure de cette Histoire que les animaux ont réellement un langage intelligible à des hommes qui en auroient fait une étude. Tout ce que je prétends se réduit à établir que certains objets peuvent exciter dans les bêtes certains mouvements, ou de certaines articulations, qu'un homme solitaire & attentif peut si bien observer, & se faire un tel usage de cette observation, qu'à l'occasion du même cry il reconnoîtra quel est l'objet dont l'animal est frappé. Et c'est ainsi que nous distinguons nous-mêmes, par la voix d'un chien, la passion qui l'agite, & à peu-près l'objet qui la cause.

CES réflexions sur la solitude des Arabes nous doivent encore faire juger combien ils sont naturellement spirituels: puisque nous voyons par experience, que ne produisant ordinairement parmi nos Moines, (qui sont les seuls qui la pratiquent,) que stupidité, ignorance, ou sensualité; elle est chez eux le principe de leurs plus recommandables qualitez. Ils ne sont ni honteux ni timides en conséquence de ce qu'ils vivent seuls, comme pareillement ils ne sont ni moins polis, ni moins adroits dans l'insinuation & la conduite des affaires, parcequ'ils ont peu de société. Au contraire, accoutumez à se posséder toujours eux-mêmes parfaitement, ils font aussi peu d'usage du mensonge ou de l'indiscrétion que de la colère ou de la joye immoderée. On remarque aussi qu'avant le trépas de Mahomed, avant que l'ambition & l'avarice les eussent corrompus, ils étoient si moderés, qu'au milieu des trésors immenses de tout l'Orient, les Conquerants qui s'en rendirent les maitres n'en prenoient précisément qu'une portion nécessaire à leur subsistance, sans se proposer d'autre usage de tant de biens que celui de les distribuer à ceux qu'ils croyoient les mériter. Car l'Histoire suivante nous fera voir que la pre-

miere

miere controverse, qui s'éleva parmi les Arabes fidèles, fut pour décider, *si dans la distribution des richesses il étoit aussi juste de recompenser la vertu que de soulager la nécessité*; & l'on verra que chacune de ces opinions eut d'illustres partisans.

La Nation Arabe, solitaire, repanduë dans les Deserts, & si long-temps inconnuë au reste du monde, n'a donc jamais été méprisable, puis qu'elle a toujours possédé des avantages naturels, & pratiqué des vertus dignes de la plus haute fortune. Cependant lorsqu'elle est sortie de cette profonde retraite, & que la Providence l'a appellée, à son tour, à gouverner l'Univers, on y a découvert des défauts extraordinaires, qui ont armé contr'elle tout ce qu'elle n'a point d'abord soumis ; qui ont rendu son nom odieux & détestable aussi bien que terrible ; & qui n'ont pas même permis que l'on aît fait attention à la moindre de ses vertus. Je ne parle pas des défauts que l'on peut attribuer à la constitution universelle des hommes : l'Insolence dans la prosperité, l'abus dans la fortune, la Cupidité, la division d'interêt, l'Orgueuil ; mais je veux parler de cette dureté de coeur qu'on leur attribue : suite nécessaire de leur temperament, & de la vie solitaire où ils

sont

sont accoutumez dès leur plus tendre jeunesse. Je parle de ce mépris barbare pour tout ce que les autres Peuples avoient aimé ou estimé; de cette préference donnée sans mesure & sans bornes à leurs opinions & à leurs usages; de cette cruauté qui les a portez à ôter au monde la moitié de ses habitants, & à priver ce qu'ils en ont laissé, de toutes les connoissances que le genre humain s'étoit procurées par une longue experience. Cette conduite revolte véritablement toutes nos puissances: on ne conçoit pas comment des Peuples polis, raisonnables, éloquents, connoisseurs délicats de la beauté & de la finesse, ont pû s'en rendre coupables; & ou ne sauroit l'attribuer qu'a une barbarie ignorante & indomptée. Ils ne sont pas toutefois sans excuse selon leurs Auteurs.

CAR, outre qu'ils n'ont pensé faire, & n'ont fait réellement que ce que fit le Peuple de DIEU quand il entra dans la Terre promise, ou dans leur guerre contre les Amalécites; il est assez évident que le moyen le plus convenable à un Peuple nouveau, tel que les Arabes; (qui ne connoissoient point les autres Païs de la terre & qui en méprisoient les habitants, leurs
mœurs

mœurs éfféminées, leurs opinions discordantes, & dont la perfidie leur étoit justement suspecte) étoit de faire marcher la terreur & la crainte devant eux, sous l'idée d'une Nation féroce qui ne connoissoit ni misericorde ni pitié. L'opinion qu'ils avoient de la guerre étoit encore bien differente de la nôtre. Ils ne pensoient point qu'elle dût se faire avec méthode, ni ménagement des Peuples. Ils vouloient conquerir, assujettir, & persuader. Ils regardoient cette derniere fin comme une conséquence des deux autres, & pour exécuter les deux premieres ils ne connoissoient que la violence & la terreur. Aussi voit-on que leurs premiers Capitaines ne proposoient jamais d'autres conditions aux Provinces où ils entroient, que celles d'embrasser la même Religion, & d'être, par ce moyen, admis à une véritable fraternité ; ou de recevoir des Maitres absolus, auxquels il n'étoit pas permis d'être à l'avenir impunément infidèles. Au refus de ces conditions on faisoit la guerre, & on employoit les moyens les plus capables de la terminer promptement, & non pas de l'entretenir au dommage des uns & des autres. D'ailleurs il est bien évident que dans la conduite de ces guerres, inévitables pour l'éxécution

tion des grandes entreprises qu'ils a-
voient formées, les Arabes ne se sont
non plus épargnez qu'ils épargnoient les
autres : marquant en général peu d'attachement à la vie, & peu d'estime pour
les moyens trop souvent employez pour
la conserver au dépens du devoir & de
l'honneur.

On ne doit pas confondre sous une
même idée, les sentimens qui s'expri-
ment par les termes de *dureté de cœur*,
inflexibilité de courage; ou par celui de
cruauté. Les passions vives & féminines,
si communes dans nos climats, sont bien
plus proches de la cruauté, qu'elles ne
le sont de cette espèce de dureté de
cœur, ou de *fermeté virile*, qui fait mépriser la vie à certain point, ou qui bouche
l'oreille aux plaintes, aux regrets, &
aux prieres de ceux qui craignent de la
perdre. En effet, à combien de barbarie, l'Ambition, l'Amour, la Jalousie,
la Politique n'ont-elles point porté les
hommes de nos Contrées septentrionales.
La Cruauté se joint même parmi nous à
l'exercice de la justice : au lieu que les
Arabes, accoutumez à considerer de
sang-froid les objets & à ne ménager
que rarement leurs vies, sacrifioient sans
scrupule & sans inquiétude celle d'au-
truy à des vûës & à des desseins qu'ils
imagi-

imaginoient être ceux de Dieu luy-même. Mais ils ne joignoient à cette violence ni les sentiments d'une basse vengeance, ni l'appareil des supplices, ni les tortures, plus cruelles mille fois que la mort: choses, peut-être nécessaires pour l'exemple, mais qui indiquent, au moins de loin, un principe plus condamnable que la simple dureté de cœur.

Il est encore aisé de juger que la naturelle disposition des Arabes vers la sévérité a été fortifiée par la constitution de leur gouvernement, toujours relatif à la Religion qu'ils ont établie par leurs conquêtes. Car toute son œconomie étant fondée sur une obéïssance aveugle & précise, qui doit être soutenuë par la croyance d'un destin inévitable, on ne sçauroit douter qu'ils n'ayent regardé l'usage de la pitié comme le plus grand obstacle qui se pût rencontrer à l'exactitude de la discipline civile & religieuse. Et véritablement de ce principe fondamental de leur Doctrine, qui pose, que l'obéïssance duë à Dieu n'est que conditionelle & relative à la foiblesse de l'homme ; & que celle qui est duë aux Princes est absoluë, ils ont conclu que les ordres des Princes obligent in-
dispen-

dispensablement les Sujets, & que la désobéïssance est toujours un crime capital & inexcusable s'il n'est soutenu par le succès d'une révolte. Car il suit de leurs mêmes principes, que comme il n'y a que Dieu qui puisse réunir la crainte & l'amour en qualité de Maitre, souverainement parfait, aussi clément & misericordieux qu'il est juste & puissant ; si les Princes ont l'avantage de pouvoir se faire obéïr dans toute l'étenduë de leurs commandements, sans gloze, interprétation, ni retardement, les Peuples ont par compensation la liberté de les haïr & de s'en faire justice quand leur patience est forcée. Ce qui jette les premiers dans la nécessité d'exercer une domination très exacte & très sévére, & les autres dans une disposition très prochaine de changer au hazard la forme de leur esclavage. C'est ainsi que leurs maximes les plus outrées pour l'obéïssance passive se combattent & se détruisent elles-mêmes, parcequ'il est impossible de forcer la nature.

L'on voit donc que tant par l'influence du temperament des Arabes que par les principes de la Religion qu'ils professent, & du Gouvernement qu'ils ont établi ; la pitié ne peut-être écoutée sans qu'il en coûte à l'autorité des Princes,

ces, à la juste deffense des Sujets, & aux usages pratiquez depuis 30 ou 40 Siècles parmi les Peuples. Mais il faut encore dire que si la dureté que nous leur reprochons étoit inflexible aux larmes des malheureux ou des coupables, elle l'étoit rarement aux expressions d'une véritable génerosité. Témoin l'histoire de ce redoutable *Hégiage* que j'ai déja cité ; lequel ayant pris des rebelles, les armes à la main, & les ayant condamnez à la mort, sans misericorde ; fut surpris que l'un d'eux prêt à mourir s'écriât ; *Il n'y a que Dieu qui soit juste parce qu'il n'y a que lui qui sçache tout:* & comme on lui demanda le sujet de cette moralité, qui le rendoit suspect de quelque autre crime, ou d'en sçavoir plus que les autres condamnez ; il répondit: *Je ne mourrois pas si l'Hégiage sçavoit que je défendis hier sa reputation au peril de ma vie contre le Commandant de cette malheureuse Troupe.* L'Hégiage présent, quoiqu'inconnu personnellement à cet Arabe, lui demanda s'il restoit quelque témoin de ce qu'il disoit. Le Soldat suivant répondit, *j'y étois.* Sur quoi l'Hégiage présumant aussi-tôt une intelligence entre ces deux hommes pour sauver leur vie, demanda au dernier si, comme son camarade, il n'avoit pas pris son parti.
Mais

MAHOMED.

Mais l'Arabe répondit gravement: *Je n'avois garde de le faire; je n'ai pris les armes contre vous que parceque j'en crois tout le mal que j'en ai ouï dire.* Ce sentiment adoucit l'*Hégiage*, que des prieres n'auroient pu attendrir. Il leur donna la vie à tout-deux, demandant au premier la continuation des sentiments qu'il avoit marquez pour lui sans le connoitre, & au second son estime, qu'il lui promit de meriter par une constante administration de la Justice.

TELLE étoit donc l'espèce de sévérité ou de dureté pratiquée par les premiers Arabes, non cruelle & dépouillée de tout sentiment de génerosité & d'humanité, mais judicieuse & mésurée par la consideration de la justice & de la sûreté publique, qu'ils faisoient marcher devant toute autre: étant d'ailleurs persuadez qu'un regret, un soupir pour la vie, ne méritoient l'attention d'un Capitaine, que pour le condamner comme une offense contre la soumission duë aux décrets & à la volonté de Dieu.

MAIS nous leur reprochons encore, & sans doute avec bien plus de raison, l'ignorance où ils ont replongé le monde par la destruction des Bibliotèques, & des monuments consacrez à la mémoire des actions des grands Hommes.

Hommes. On ne sauroit en effet penser, sans douleur, & sans ressentiment contre la barbarie des Arabes, au funeste incendie de la fameuse bibliotèque d'Alexandrie ; assemblée depuis tant de siècles par des Rois curieux & puissans ; & augmentée d'âge en âge par les plus sçavants hommes de leurs temps : desorte qu'elle contenoit le trésor universel de toute l'Histoire du monde, des opinions de tous les Philosophes, de toutes les recherches naturelles, & de toutes les connoissances où les hommes avoient pû s'avancer par l'étude & par l'expérience. Incendie, que l'on ne peut attribuer ni à la chaleur d'une action, ni à la vengeance du soldat fatigué d'un long siège, ni à la rigueur du Général qui avoit pris la ville, mais uniquement au caprice du vieux Omar, second Calife : lequel, après avoir pris la ville, consulté sur ce qu'il ordonneroit qu'on fit d'un si grand amas de livres, répondit *qu'il faloit les bruler, parceque l'Alcoran devoit tenir lieu de tous les autres.* En effet, cet ordre fut exécuté, & ces livres, amassez avec tant de soin & dépense, furent destinez à chaufer les bains de la ville durant près de huict mois. Perte irréparable ! & qui coute au monde plus que les carnages qu'ont fait en divers

vers temps tous les Barbares ensemble. Je ne sçai point de justification contre le reproche que l'on fait aux Arabes à cette occasion, si ce n'est de dire qu'on ne doit pas imputer à la Nation entiere la faute & l'erreur de jugement de son vieux Empereur; d'autant moins que cette même Nation a témoigné depuis autant & plus d'ardeur pour les Sciences que les Grecs & les Romains eux mêmes. On voit en effet que les Arabes ont eu soin de traduire en leur langue une grande partie des livres anciens que nous avons perdus, & desquels les nouvelles Traductions nous tiennent lieu d'originaux. A la vérité leur choix n'est pas de nôtre goût: Ils ont méprisé les Historiens, les Belles-Lettres, la Philosophie naturelle & expérimentale, aussi-bien que la Morale, & n'ont précisément choisi que les Livres de Médecine & de Mathématique, préferant ainsi l'utile à l'agréable, selon l'espèce de goût qui leur est propre. Mais c'est assez parlé des mœurs communes, & du caractère des Arabes, reprenons la description du Païs, ou plutôt ajoutons à celle que nous en avons donnée ce que les dernieres relations nous ont appris des célèbres villes de la

F.   Mecque

Mecque & de Medine, où Mahomed est né, & où il est mort & inhumé.

La Mecque située au 63 degré de longitude, & 23 de latitude Septentrionale, placée sur la riviere de *Chaïbar*, à 20 lieues de son embouchure, est regardée sans contestation comme la plus ancienne & la plus illustre ville de l'Arabie; parce-qu'avant & depuis Mahomed, elle a été également regardée comme un lieu sanctifié, & le siége d'un Culte éternel; & parcequ'elle est depuis long-temps la plus grande & la plus peuplée qui s'y trouve. Son antiquité est très grande, indépendamment de ce que les Arabes ajoutent à la vérité. Il-y-a même beaucoup d'apparence qu'elle est celle dont Moïse a parlé sous le nom de *Mesh* ou de *Mesha*, de laquelle il a désigné la situation par rapport à la grande montagne qu'il a nommée *Sephara*. Mais au moins il est bien certain qu'elle avoit dèja beaucoup de réputation au temps de Maad fils d'Adnan, vingtiéme Ayeul de Mahomed. Les plus anciens Auteurs ont parlé de la *maison quarrée* dite Kaaba, qui étoit le lieu d'Assemblées, de sacrifices & de prieres pour tous les Arabes. Ils en rapportent la construction à Abraham & à Ismaël; avec cette

cette circonstance ; qu'avant eux les Assemblées se tenoient auprès d'une petite montagne de sable rouge qui a été dissipée depuis. Ainsi il demeure certain que l'antiquité, & la célébrité du lieu ne sauroient être contestées, quoique l'on ne puisse pas dire que le Culte de l'unité de Dieu y ait toujours été pratiqué sans mélange ; puisque les anciens Arabes l'ont souvent profané par l'élévation de diverses Idoles, que Mahomed détruisit comme on le verra dans la suite.

La situation de la Ville de la Mecque se trouve dans un terrein mêlé de cailloutage & de petits rochers dispersez dans la campagne. La Ville est elle même fort inégale ; le côté du Nord étant beaucoup plus élevé que celui du Midi. Sa longueur est d'environ deux mille grands pas, & sa largeur de mille. Les montagnes qui renferment cette étendue sont, à *l'Orient*, celle qu'on nomme Abukabis, qui paroit une branche de celle d'Arafat dont nous parlerons incontinent : Celle de Kaicoam est à *l'Occident*, & le chemin qui la traverse conduit à Giodda, ville située sur la Mer Rouge, & qui est proprement le port & le magazin de celle de la Mecque pour les bleds, les toiles, & autres marchandises qu'elle est obligée de tirer de l'Egypte, te. Leur diſtance eſt de trois bonnes journées pour les caravanes ordinaires, ce qui fait ordinairement 30 lieues communes.

La montagne de Thaur, qui eſt au *Midi* de la Mècque, en eſt extrèmement proche & la domine, de façon que l'on en découvre tout ce qui ſe paſſe dans le lieu ſaint. C'eſt en cette montagne que ſe voit la célèbre caverne où Mahomed ſe retira avec le ſeul Abubeker ſon beau-pere, lors-qu'il fut contraint d'abandonner la ville par une fuite dont la datte ſert d'époque aux Muſulmans ſous le nom d'*Egire*. Enfin, au *Nord*, mais à trois lieues de la Ville ſe trouve la Montagne de Kara, près de laquelle eſt élevé le Chateau qui ſert de demeure aux Cherifs ou Princes du Païs. Il s'y trouve auſſi une autre caverne où le Prophète ſe retiroit ſouvent dans ſa jeuneſſe, pour ſe ſéparer du Monde, & s'occuper des idées qu'il avoit dèja conçues ſur la Religion, quoiqu'il ne fût pas encore alors appellé par une vocation ſpéciale. Toutes ces montagnes ſont des rochers nuds, ſur leſquels il ne croit que des brouſſailles, & qui renvoyent une chaleur brulante ſur la ville qu'elles environnent.

MAIS

MAIS ce qui en rend encore le séjour plus incommode est la disette d'eau. Car quoique plusieurs Califes ayent entrepris d'y en faire conduire d'une distance éloignée, les travaux n'en ont jamais été achevez. Ainsi l'on est réduit dans cette Ville à se contenter d'une mauvaise eau de puits qui est salée, ou du-moins alterée par la qualité du terrein. On est néanmoins dédomagé de cette privation, par l'abondance des autres choses nécessaires à la vie, & même à la volupté; qui n'y manquent jamais, en exécution d'une promesse que Dieu fit autrefois à Abraham, de laquelle l'accomplissement est compté entre les preuves que donnent les Musulmans de l'election spéciale de cette Ville & de son Temple. En effet, on ne sauroit assez s'étonner de ce que la prodigieuse quantité de Pelerins qui s'y rendent tous les ans de toutes les Contreés où la Religion de Mahomed est professée, & qui font au-moins la moitié de nôtre Continent; non seulement n'affament point une Ville située au milieu d'un affreux desert, mais encore y font une occasion perpétuelle d'abondance. L'Egypte & les Indes y fournissent à l'envi du bled, du ris, des toiles, & des volailles: l'Afrique y porte de l'or; & l'Yemen, ou plutôt la grande montagne ditte Caffouan, (*Alareth* ou *Alafchal* felon certaines diftinctions ufuelles dans le Païs,) lui envoye, quoiqu'elle en foit diftante aumoins de 8 journeés, du caffé, des dattes fraiches & féches, des raifins, des beftiaux, de l'huile, de la neige, & la plupart des autres commoditez.

Quant à la ville de la Mècque, elle eft divifée en deux parties; dont celle qui eft au Nord & qui fe trouve la plus élevée eft nommée *Bekka* dans l'Alcoran, à caufe de la multitude de fes Habitans: & la feconde, qui eft la plus enfoncée, eft dite *Haram*, par rapport à la fanctification du Temple qu'elle renferme, & du droit d'azyle qui lui a de tout temps appartenu : lequel n'ayant jamais été violé que par des impies, dont la punition eft encore mémorable, entre auffi dans le nombre des preuves furnaturelles de l'élection du lieu où le Temple eft bâti.

Nous devons à la recherche & aux foins d'un Eccléfiaftique Suédois, qui a voyagé long-temps en Egypte, la defcription particuliere de ce Temple fameux, dont aucun Chrétien n'avoit jamais approché; laquelle a été depuis quelques années renduë publique par le célèbre Reland, & traduite depuis en Fran-

François, avec un plan repréſentatif: par lequel on prétend que dans la partie Méridionale de la ville & preſque au pied de la montagne, il y a une étenduë conſiderable, renfermée par des portiques, leſquels ne paroiſſent au dehors que comme de ſimples murailles ſans aucun ornement, & dans une élévation de 15. à 20. pieds ſeulement. Cette muraille eſt de marble blanc; les pierres, qui en ſont taillées en quarré, ſont toutes égales & portent 2. coudées ſur châque face. Il y en a deux pour former l'épaiſſeur de la muraille, qui par ce moyen ſe trouve avoir quatre coudées de large. Le marbre eſt poli en dedans des portiques, & paroit brute au dehors, tant dans la ſtructure entiere de la muraille que dans l'entablement, qui n'eſt autre choſe qu'un quart de rond d'environ une coudée & demie d'épaiſſeur, ſur lequel ſont aſſiſes les coupoles dorées qui ſurmontent cette muraille, & qui couvrent toute l'étenduë des portiques au dedans. L'eſpace renfermé par cette muraille eſt un quarré parfait, qui porte 80. toiſes ou environ ſur châque face, & dont l'intérieur n'eſt pourtant préciſément que de 75. toiſes. Mais à châque angle du quarré exterieur, il ſe trouve un bâtiment élevé en forme de

minaret,

minaret, avec trois balcons en étages differens; où on est conduit par un escalier qui est pratiqué en dedans. L'usage de ces minarets est pour appeller le Peuple à la priere aux heures du jour & de la nuit destinées à cela.

Chacun de ces minarets est surmonté d'une aiguille d'environ 200. pieds de hauteur, laquelle est dorée à la pointe, & surmontée d'un croissant, qui fait à peu près l'effet de nos girouettes. Leurs balcons sont toujours ornez, pendant la nuit, de plusieurs lampions que l'on y tient allumez par une espèce de bienséance & de consideration pour les pélerin qui peuvent arriver pendant la nuit. Entre chacun de ces minarets, & au milieu de chàque façade de la muraille exterieure, se trouve un bassin quarré de 12. toises de face, revêtu de marbre, & profond de quelques pieds; dans lequel il y a de l'eau pour servir aux purifications légales, nécessaires avant les differentes prieres des Musulmans. L'eau, y est conduite de fort loin par un aqueduc, qui est l'ouvrage du Calife Moktader XVIII. Empereur de la Race des Abassides; & ne provient néantmoins que d'un réservoir pratiqué dans la montagne de Gassouan, qui est entretenu par la fonte des neiges;

desorte

desorte qu'elle n'est d'aucun usage pour la boisson. Mais comme elle est reputée eau courante on s'en sert pour les fréquentes ablutions auxquelles tout Musulman est obligé. Chaque face de la muraille a trois portes, construites en arc surbaissé, lesquelles donnent entrée dans le dedans du portique. Il y en a une précisément au milieu, & les deux autres aux extrémitez, & près de chaque minaret. Leurs battans sont de cuivre d'une pesanteur immense, sans autre ornement que des feuillages de diverses formes, qui ont servi à déterminer les noms de ces differentes portes. On les ouvre & on les ferme à certaines heures, mais en tout temps on observe toujours d'en laisser quatre ouvertes vers chaque partie du Monde, afin que l'on ne puisse pas dire qu'il y ait aucun temps où les pécheurs, de quelque Païs qu'ils soient, ne puissent parvenir à l'azile universel, ou, comme ils le nomment, au sein de la Misericorde. Quand on est entré sous les portiques on apperçoit d'abord un espace creux de 1200. toises de superficie, dans lequel on descend par 16. grandes marches de marbre, qui règnent dans toute la longueur des mêmes portiques, & environ le même espace. Ces marches sont peu élevées,

&

& la descente en a été rendue très aisée pour éviter les accidens que l'inattention, ou l'entousiasme des personnes transportées de devotion pourroit causer.

Au milieu de cet espace on découvre un bâtiment d'une structure toute particuliere. C'est un édifice quarré, un peu plus haut qu'il n'est long & large, où l'on ne voit qu'une étofe noire dont les murailles sont entierement couvertes, à l'éxception de la plate-forme, qui est d'or coulé en table, laquelle reçoit les eaux du Ciel qui n'en verse que très rarement en ce Païs là. C'est-là ce batiment célèbre, préferé à tous les édifices que les Maitres du Monde ont élevé avec tant de travaux & de dépenses; l'humble maison d'Abraham, l'ami de DIEU, construite dans le temps de ses persécutions: lors qu'étant Pélerin & errant sur la terre, DIEU lui revèla qu'il avoit choisi ce lieu de toute éternité, pour y placer sa bénédiction, & y recevoir les voeux & les prieres de ceux qui, rendant hommage à sa puissance & à la vérité de son ETRE, lui demanderoient les choses nécessaires pour le bonheur éternel. C'est le même bâtiment qu'Ismaël a reçu de son pere, comme son héritage & la portion duë à son ainesse; dans lequel il a habité jusqu'à sa mort,

&

& près duquel il a voulu reposer jusqu'à la Resurrection ; comme le témoigne son sépulchre, qu'on y voit encore, sans aucun changement depuis tant de siècles. Enfin c'est-là cette Sainte maison, connuë sous le nom de KAABA ou de *Maison quarrée*, vers laquelle les Arabes adressent non seulement leurs vœux les plus ardents, mais vers laquelle toutes les Nations du Monde, qui reconnoissent la vérité & l'unité d'un DIEU, tourment leur visage au temps de la priere, & dirigent leur intention en conséquence de ce choix éternel qu'en a fait le Divinité. Mais au reste cette *Kaaba* n'est construite que de pierres du Païs, assemblées & liées par un simple mortier de terre rouge, qui s'est endurci par le temps. Elle est posée assez exactement par rapport aux points cardinaux du Globe. Sa hauteur est de 24 coudées, non compris l'appui qui règne autour de la terrasse : sa longueur, Nord & Sud, est pareillement de 24 coudées ; mais sa largeur de l'Orient au Couchant n'est que de 23. & l'on compte la coudée sur le pied de quatre pour la hauteur d'un homme ordinaire. La terrasse de pierres plates, qui sert de couverture à cette maison, a été revétuë d'or : on y a joint une goutiere de même metail,

metail, qui rejette l'eau vers le Septentrior précisément sur la pierre qui couvre le tombeau d'Ismael. L'appui qui règne autour de cette terrasse, à la hauteur de trois coudées, est pareillement d'or massif; ce qui chargeroit prodigieusement une autre muraille moins solide que celle-cy.

Le côté oriental de cet édifice est une ouverture en forme de porte; & c'est le seul jour qu'il puisse recevoir du dehors. Cette ouverture est placée loin du milieu, & précisément à trois coudées de l'angle exposé au Sud-Est. Elle n'est point non plus au rez-de-chaussée du terrein, mais à la hauteur de 4. ou 5. coudées: ce qui paroit faire penser que le plancher inférieur renferme un espace vuide, s'il n'étoit plus naturel de croire qu'il est soutenu par un massif, qui, selon l'idée de l'ancienne structure des bâtiments, élevant le plancher fort haut au-dessus du niveau de la terre, le rend beaucoup plus sain pour l'habitation. Cette porte est fermée par deux batans d'or massif, attachez à la muraille par des gons & des pentures du même metal: mais le seuil n'est fait que d'une seule pierre naturelle, sur laquelle tous les Pélerins viennent humilier leurs fronts, & la baisent avec le

plus

plus grand respect. Les Monarques de l'Orient ne s'exemptoient point de cette véneration, & remplissoient avec zèle tous les autres devoirs des Pélerins ordinaires, avant qu'ils eussent pris la coûtume de s'aquiter de ce pélerinage par commission. Haron le *Justicier*, qui vivoit au temps de Charlemagne, est le dernier des Califes qui l'ait fait en personne : Il l'avoit fait huict fois pendant sa vie. Plusieurs autres grands Princes s'en sont néantmoins aquité depuis ce temps-là, & entr'eux on cite principalement Bajaseth, II. Empereur des Turcs, qui apprit dans le cours de son voyage la mort de son pere Mahomet II. en 1483. La porte de la Kaaba s'ouvre rarement, parcequ'il n'y a rien dans l'étenduë de la chambre qui puisse augmenter la devotion des Pélerins. On n'y voit que l'or dont les deux planchers d'enhaut & d'en bas, aussi-bien que les murailles, sont entierement couverts. Les Arabes avoient autrefois placé des idoles dans ce lieu saint : mais depuis que Mahomed les en a proscrites, quelque profanation que la guerre & les discordes civiles ayent attiré dans le Temple de la Mécque, on n'a point fait un pareil outrage à la sainteté de ce lieu.

A l'égard du dehors de l'édifice, il est caché aux yeux du Peuple par le moyen d'une tenture de soye noire qui la couvre en entier. On la renouvelle tous les ans à la fête de *Bairain*, qui est la Pâque des Musulmans ; & les plus puissans Princes de cette Religion se chargent tour-à-tour de cette dépense. Au surplus la tenture dont je parle laisse voir la balustrade qui s'élève autour de la platteforme superieure, vrai-semblablement pour fraper davantage les yeux des spectateurs. On pose encore au dessous de cette balustrade, à la descente de 6. pieds ou environ, une bande composée d'un tissu d'or, qui environne tout le bâtiment, & en relève la majesté par son extraordinaire richesse. Il ne faut pas oublier de dire icy que c'est de ce voile de couleur noire que Mahomed prit l'idée, après qu'il eût forcé la ville de la Mecque, de changer la couleur de ses étendarts, qui étoient blancs auparavant. C'est aussi par une imitation de ce même voile de la sainte maison, que les Califes, successeurs de Mahomed, prirent l'usage de faire couvrir la principale entrée de leur palais d'une pareille étofe : Elle étoit tenduë du faîte de la maison jusqu'à terre, & couvroit le seuil de la porte ; sur lequel tous les fidèles,

fidèles, sans en excepter les Rois, étoient obligez de s'humilier, en le touchant de leur front avant que d'approcher de la personne sacrée des Califes.

Quant aux autres circonstances qui accompagnent cette maison, la description de Réland nous apprend qu'elle est entourée d'un pavé de marbre fort étroit, & que vers l'angle du Sud-Est, mais proche du mur méridional, hors de l'enceinte du pavé, est posée une très grosse pierre, qui paroit être un bloc de marbre noir, non poli ni taillé, qui est nommée du nom absolu de Pierre Sainte, en Arabe *Brachtan*, mot qui signifie *luire*, *briller*, ou *être blanc*: parceque l'on suppose qu'elle n'a perdu son éclat qu'à cause des péchez des hommes. Il y a beaucoup d'apparence qu'elle est le reste de quelque ancien simulacre, conservé par la superstition des premiers Arabes: d'autant plus qu'il est prouvé, tant par la sainte Ecriture que par une infinité d'autoritez profanes, que ces sortes d'Idoles étoient informes, & ne représentoient aucune figure. Les uns croyent que celle-cy pouvoit être consacrée à Saturne, qui est apellé le Dieu *Remphan*, & honoré à cause du mal dont on le croyoit auteur.

D'autres

D'autres veulent que c'ait été un simulacre de Venus qui a toujours été l'une des principales divinitez de l'Orient: non celle que les Grecs ont honorée, & les Latins après eux; mais bien cette étoile brillante & lumineuse qui devance ou suit le soleil, & à laquelle nous appliquons le nom de Venus. Mais quoiqu'il en soit, Mahomed en détruisant les idoles qui profanoient ce lieu Saint, n'osa, par la crainte du peuple, toucher à celui-cy. Il se contenta de lui supposer une origine religieuse, capable de détourner les idées vulgaires à un autre objet: ce qu'il fit en persuadant à ses disciples, que les péchés des Hommes avoient privé cette pierre de sa blancheûr, & qu'elle ne la reprendroit qu'après le Jugement final qui doit purifier toute la Nature.

Du meme côté oriental, presque vis-à-vis le milieu, mais à trois coudées de distance, se voit un autre édifice quarré; dont les faces, qui sont à jour, ont chacune dix coudées, & à peu près autant d'élévation jusqu'au haut. Le toit est placé sur quatre colomnes qui sont aux quatre angles du bâtiment: il est plat, & néantmoins composé de trois étages, dont le dernier est surmonté d'une petite coupole terminée

par

par un croissant d'un argent doré & surdoré, qui a autant d'éclat que l'or pur, & a été donné par un Calife pour couvrir une fameuse pierre qui y est réverée. C'est celle qui conserve les vestiges miraculeux des pieds d'Abraham, laquelle s'amolit sous les pas du Patriarche pour en recevoir l'impression qui s'y voit encore. Cette pierre est encore comptée par les Interprètes de l'Alcoran, comme l'un des signes évidens que Dieu a donnez aux Fidèles pour marquer le choix qu'il a fait de ce Temple pour se rendre favorable à leurs vœux. Au-dessus de ce bâtiment, mais en tirant vers le Nord, on voit encore un édifice ancien, dans lequel on entre par une porte assez élevée. On y trouve à l'entrée un escalier de 18. marches qui conduit à une espèce de tribune couverte, & surmontée d'une Pyramide. C'est de cette Tribune que les *Imans*, ou Prêtres de ce Temple, ont coutume de faire leurs prédications au Peuple & aux Pélerins: fonction dans laquelle ils ont succédé aux premiers Héros de leur Réligion, & à Mahomed lui-même; qui a annoncé au Peuple de ce même endroit la plus considerable partie de son Alcoran. A peu de distance de cette tribune, & en tirant vers le Nord, se voit la fin de la belle colonnade qui forme l'enceinte interieure de la *Kaaba*, & de laquelle nous parlerons incontinent. Mais en ce même lieu commence un mur d'appui; construit de marbre comme tout le reste; lequel, formant une espèce de quarré long au dehors de la ligne de la colonnade, renferme la tribune dont il vient d'être parlé, le monument d'Abraham, & une espèce d'escalier de bois porté sur des roues, par lequel on approche de la porte de la *Kaaba*, lorsqu'on veut l'ouvrir pour la satisfaction de quelques pélerins zélés qui desirent en considerer l'interieur.

Au milieu de ce quarré, & en face de la partie Orientale de la *Kaaba*, s'élève une porte antique, appuyée sur deux jambages fort épais & massifs, élevez d'environ 15. coudées, & terminez par une voute qui en est soutenue : laquelle est construite en arc surbaissé, si mince au milieu, qu'il n'y demeure pas un quart de coudée d'épaisseur. Cette porte, qui est appellée la Vieille, étoit autrefois la seule entrée pour parvenir à la sainte Maison. C'est celle où Mahomed faisoit afficher ses ordonnances religieuses & civiles, & dont les clefs étoient confiées depuis plusieurs siècles à la tribu
des

des * Koreïshïtes. Elle avoit autrefois de gros batans d'airain, que le Calife *Moktadir* fit enlever pour en former son cercueil, & il donna à leur place l'argent doré qui couvre le monument d'Abraham.

A la gauche de cette porte, mais à la distance de 30. coudées, pendant lesquelles le mur d'appuy est continué, se trouve un gros bâtiment quarré, qui présente un de ses angles à celui de la *Kaaba* qui regarde le Sud-Est : il est orné de chaque côté de deux portes, & de deux fenêtres, qui dénotent une construction étrangere & imitée de l'architecture des Grecs. Elle n'a d'ailleurs rien de plus remarquable que son toit ; qui est doré, & orné de quatre étages, surmontez d'une coupole, & d'un croissant. Ce bâtiment couvre la principale ouverture du puits, nommé *Zemzem*, que la tradition & la doctrine des Mu-

---

* *Ces mêmes Koreïshites, de la Tribu desquels Mahomed descendoit, étant devenus les ennemis du Prophète & de sa doctrine, le contraignirent à quiter la ville de la Mèque, l'accusant de séduction & d'innovation dans le Culte Public. Mais Mahomed l'ayant ensuite reprise sur eux, il leur rendit génereusement les mêmes clefs, qu'il avoit refusées à son gendre, en lui disant que la Justice & la vérité devoient faire le soutien de sa famille, & non la violence & la force.*

sulmans supposent être le même que l'Ange découvrit à Agar, mere d'Ismael, lorsqu'ils furent chassez dans le Desert. Plus bas il y a encore deux bâtimens de même forme, qui présentent pareillement leurs angles sur une même ligne, lesquels donnent d'autres entrées pour arriver au même puits ; construits sans doute pour prévenir les inconvéniens que pourroit causer la foule des pélerins qui se rendent à ce même endroit. Chacun de ces bâtiments a des toits de structure semblable au premier, & à-peu-près de même élévation, & sont tous également bâtis de marbre blanc. Du côté du Nord, on trouve un mur de marbre, élevé de 6. coudées, & qui est tracé en demi-cercle, de telle façon que chacune de ses extrémités déborde la largeur de la *Kaaba* d'environ 3. coudées. Dans l'enceinte de ce mur est le sépulchre d'Ismael, qui n'est autre chose qu'une tombe de marbre à platte terre & sans inscription, laquelle est arrosée des eaux qui découlent de la platteforme de la *Kaaba*. C'est-là tout ce qui se voit à l'Orient, & au Nord de cette sainte Maison ; les côtés du Couchant & du Midi sont entierement vuides.

MAHOMED.

MAIS ce qui attire davantage la surprise & l'attention des spectateurs, c'est la magnifique colonnade, disposée en cercle autour de la *Kaaba*; de telle sorte néanmoins qu'elle n'en enferme qu'une partie : puisque commençant au Sud-Est, vis-à-vis la *pierre noire*, elle vient se terminer au Nord-Est auprès de l'ancienne tribune dont il a été parlé. Ainsi on peut estimer qu'elle ne remplit à peu près que les trois quarts du cercle : & toute-fois cette distance se trouve être de 780. coudées ou de 1365 pieds; Cet espace est orné de 52. colonnes de marbre blanc, de la hauteur de 20. coudées, construites sans proportion, & sans d'autres chapitaux qu'une espèce de turban qui les termine. Elles n'ont point aussi de bazes, mais elles sont jointes les unes aux autres par une balustrade, où elles sont enclavées. Sur cette balustrade règne une tablette qui sert à porter environ 2000. lampions d'argent, que l'on y fait bruler pendant la nuit. Ces mêmes colonnes sont jointes par le haut avec de grosses barres d'argent, sur chacune desquelles sont suspendues, avec des chaines d'or, des lampes que l'on allume pareillement & qui forment une illumination très considerable, sans parler de celle qui se voit autour du monument

nument d'Abraham & des autres bâtimens de ce sanctuaire.

Enfin, au dehors de la colonade sont encore placez trois autres bâtiments quarrés & ouverts, soutenus de colonnes & couverts de toits de differentes formes. Ils servent de Mosquées aux trois principales sectes ortodoxes du Mahométisme qui s'y rendent pour faire leurs devotions. Celui des Hambalites, qui est le plus simple dans sa structure, est placé du côté méridional à l'endroit où finit la colonnade : desorte qu'il laisse un espace vuide jusqu'au bâtiment qui couvre le *Zemzem* ou Puits d'Ismaël. Le second, qui est pour les Malekites, est placé à l'Occident & soutenu de 8. colonnes. Et le troisième, qui a un toit à deux étages, orné de colonnes en haut & en bas, est placé au Nord vis-à-vis le tombeau d'Ismaël : c'est celui des disciples de Kanifah. Le grand espace qui se trouve vuide au de-là de ce bâtiment est pavé de marbre, & ne sert qu'à recevoir ceux qui viennent y faire leur priere. Les esclaves portent des tapis pour la faire commodément ; on y entre toujours sans chaussure & sans ornemens exterieurs, & l'on y garde un silence & une propreté si exacte, que quoique les Musulmans soient toujours
réli-

réligieux dans leurs Temples, on s'apperçoit qu'ils distinguent celui-cy par dessus tous les autres, & qu'ils en font le principal objet de leur Foi.

En sortant du Temple, on repasse par les mêmes portiques qui y donnent entrée, & c'est-là qu'on est frapé de la magnifique structure de ce bâtiment On apperçoit d'abord les superbes degrés qui servent à y monter. Au dessus on voit des arcades formées par 55. colomnes sur chaque face ; distantes entr'elles d'environ 18. pieds, & de pareille hauteur jusqu'au commencement du centre de chaque arcade. La largeur des galeries est aussi de 18. pieds, mais la voute & les arcades mêmes sont trop surbaissées selon l'idée que nous avons de l'Architecture ordinaire : ce qui feroit paroitre ce batiment trop bas s'il n'étoit relevé par les Dômes qui en forment le toit. Ces Domes, qui ne sont que plomb doré, se trouvent au nombre de 27 sur chaque face, & renferment précisément deux arcades chacun. Ils sont terminez par un croissant de 3 pieds, lequel avec l'élévation propre de châque Dôme fait environ 22 pieds au dessus de l'entablement : de sorte que la hauteur totale de ces Portiques, prise au dessous des degrés, & sur le sol du temple, est environ de 12 toiſes. Ce point de vuë doit être d'autant plus beau que les arcades ſont traverſées par des barres de metail doré, ſur leſquelles ſont ſuſpendues des lampes de même, à pluſieurs méches, qui non ſeulement éclairent toute la galerie pendant la nuit, mais répondent à l'illumination qui ſe voit autour de la *Kaaba*. Toutes ces lampes s'allument réguliérement le ſoir, à l'apparition de la premiere étoile, & ne s'éteignent de même que quand le jour eſt aſſez grand pour en faire diſparoitre la lueur. Les colomnes qui ferment les arcades ſont en tout au nombre de 220. les Dômes au nombre de 108. non compris les 4 grandes aiguilles, ou minarets : & les arcades au nombre de 216. Telle eſt la deſcription que Reland nous a donnée d'un lieu duquel jamais aucun Chrétien n'a eu la hardieſſe de s'approcher : deſcription que les Arabes ni les Turcs ne ſont pas capables de faire eux mêmes, vû l'extrême négligence qu'ils profeſſent pour tous les Arts agréables, entr'autres pour la Peinture & le Deſſein ; mais qu'un Suédois habile a receuillie des entretiens qu'il a eus ſur ce ſujet avec differens Pélerins pendant un long ſéjour qu'il a fait en la ville du Caire.

A

MAHOMED. 73

À l'égard de l'antiquité de l'édifice en lui même, nous avons dèja raporté l'opinion commune sur celle qui étoit attribuée à la *Kaaba* & aux batimens qui l'accompagnent. Le Temple n'étoit renfermé que d'une muraille forte, mais peu spacieuse, laquelle ne donnoit qu'une seule entrée dans le lieu saint. Le Calife Omar I. fit augmenter cette cloture en consideration du grand nombre de Pélerins, dont la multitude augmentoit à proportion du progrès du Musulmanisme: mais il n'y mit aucun ornement nouveau, ne pensa à y appliquer aucune partie des immenses richesses qu'il possédoit: la simplicité de ses idées sur la Religion ne lui permettant pas de croire que DIEU pût être mieux honoré, par la décoration nouvelle d'un bâtiment si ancien, qu'en le laissant subsister dans la forme où il lui avoit toujours été agréable.

MAIS quand la souveraine puissance fut entrée dans la famille d'*Ommia*, les villes religieuses de la Mecque & de Médine, qui étoient aussi les chefs de l'Empire musulman, s'éleverent contre son gouvernement, & demanderent hautement la vengeance du sang injustement répandu. Cette plainte fut suivie
d'une

d'une souftraction d'obeïssance à *Jesid*, dèja fort décrié par son irréligion. Cette revolte le contraignit à envoyer une puissante armée dans l'Hégiaz sous la conduite de *Hoseim* fils de *Semeir*: mais ce Géneral ne put jamais se rendre le maitre de la Mecque, qui étoit deffenduë par le célèbre *Abdalah* fils de *Zobeir*, l'un des oncles du Prophète, & l'un des plus braves Musulmans de son temps, mais le seul d'entr'eux que l'Histoire taxe d'avarice. Cependant les efforts de Hoseim furent si grands que l'enceinte du temple en fut ruinée en plusieurs endroits, & l'on croit qu'elle auroit été à la fin forcée, si la nouvelle de la mort de *Jesid* n'avoit obligé *Hoseim* à lever le siége subitement.

ABDALAH ayant pris le titre de Calife aussi tôt après, & ayant été reconnu dans toute l'Arabie, il signala d'abord son zèle par le rétablissement du Temple. Il en forma un nouveau plan, lequel ne put néanmoins être éxécuté qu'en sa moindre partie, à cause des guerres qu'il eut à soutenir contre les enfans de *Jesid*. *Hégiage*, l'un des Géneraux du Calife *Abdelmalec*, l'assiégea de nouveau dans la ville de la Mecque, où il se défendit pendant 7. mois: il se re-

trancha

trancha à la fin dans le Temple même, & y soutint un assaut de trois jours & trois nuits, pendant lesquels les illuminations ne cesserent point, & il fut tué au matin du quatrième jour. Ainsi perit le dernier, non pas des compagnons du Prophète, mais de ceux qu'il avoit jugés dignes de lui succèder par les grandes esperances qu'il avoit conçues de sa fermeté, même dès sa plus tendre jeunesse. Cette profanation fut depuis expiée par Hégiage, qui en prit occasion de rétablir le Temple, de l'orner de Portiques, & de le mettre en l'état où il se voit aujourd'hui. L'ouvrage entier fut achevé l'an de l'Hégire 76. trois ans après la mort d'Abdalah. Mais les premiers Califes Abassides, dont la magnificence a beaucoup de réputation dans l'Histoire, voulurent entreprendre un édifice encore plus somptueux, dans l'idée d'augmenter la devotion populaire, & de signaler leur propre zèle.

Mais les Docteurs consultez sur cette entreprise, répondirent qu'à l'égard du Culte religieux, celui qui l'avoit établi dans ce lieu, l'avoit laissé plusieurs siècles dans sa pauvreté naturelle, sans le secours des Princes, qui auroient pû l'enrichir : Que le Prophète, interprète
de

de la volonté de Dieu, n'avoit prescrit qu'un respect & une décence convenables à ce lieu sanctifié, parceque l'or & les pierres sont également les créatures du même souverain : Que si les Maitres présents y faisoient les changements proposez, on pourroit croire que ce temple ne seroit plus qu'un objet d'amusement pour les Princes riches & fastueux : Que d'autres en pourroient conclure qu'il leur seroit permis de le dépouiller des richesses dont leurs prédécesseurs l'auroient rempli sans motif légitime : Enfin que la Piété indiscrète des Princes, qui confondant les sentimens de leur générosité avec le zèle dû à la Religion, par une profusion peu nécessaire de leurs grandes richesses, animoit ordinairement l'avidité de leurs Successeurs, par la facilité qu'ils trouvoient, nonseulement de suppléer à des besoins effectifs, mais encore de faire servir ces richesses déplacées à leurs passions criminelles.

Almansor, *Almamoum*, *Alrascbid*, *Almahady*, & les autres, dégoutez par de si justes considerations, se sont contentez, en conséquence, d'ajouter à ce Temple, chacun suivant sa devotion, les ornemens qui s'y voyent Ce fut le Calife *Almansor* qui revêtit la sainte maison fon & qui la couvrit: *Omar* II. l'un des Califes Ommiades, & l'un des grands Saints du Mufulmanifme avoit avant lui fait faire des poutres d'airain, & les lampes qui y font fufpendues dans les Portiques. On attribue au même Omar le préfent des barres d'argent qui joignent les colonnes de l'enceinte intérieure ; mais on dit que le Calife *Almamoûm* fit changer les lampes qui y étoient fufpendues, & y fubftitua celles d'or que l'on y voit encore. D'autres vouloient bannir de ce Temple les métaux ordinaires & communs à l'ufage des hommes, n'y voulant fouffrir que l'or ; mais enfin comme la devotion eft diminuée, principalement depuis que les Princes ont ceffé de faire le pélerinage en perfonne, les chofes font demeurées dans l'état préfent depuis l'efpace d'environ 1000. ans. Ce qu'il y a de plus remarquable, par rapport aux richeffes prodigieufes de ce Temple, eft qu'elles furent confervées malgré la revolte prefque génerale qui arriva en Arabie le IV. Siècle de l'Hégire, c'eft à dire le X. de nôtre Epoque. Pendant cette terrible guerre, les *Karmâtes*, hérétiques, violens, & oppofez au Culte Mufulman, fe rendirent maitres du Temple de la Mecque par le maffacre de plus de 30000. hommes qui

qui furent tuez à fa défenfe. Ils commirent tous les excès poffibles, tels qu'une licence fans difcipline, jointe au pouvoir & à la volonté de faire tout le mal poffible, pouvoient leur fuggerer. Cependant ils ne s'en prirent qu'au puits *Zemzem*, qu'ils comblerent des cadavres les plus infects, & à la *Pierre noire* qu'ils tranfporterent jufqu'à Rafah, ayant auparavant réfolu de la jetter dans le Defert, dans quelque endroit qui ne pût être reconnu. Mais ils ne fongerent jamais à dépouiller le Temple de fes immenfes richeffes : au contraire ils rapporterent eux-mêmes, 22. ans après l'enlévement, la *pierre noire* qu'ils en avoient tirée, & la fufpendirent à la feptiéme colonne de celles qui forment l'enceinte interieure, & à caufe de cela on lui donna le nom de *colonne* (ou pilier) *de la miféricorde*.

Depuis ce tems-là il n'eft arrivé aucun changement, qui puiffe être remarqué, ni dans le Temple, ni dans l'efpèce de Culte qui s'y pratique. Il ne confifte qu'en lectures, en prieres, & en fermons, diftribuez à certaines heures du jour & de la nuit. On n'y connoit ni les macerations, ni les jeûnes, ni les f üets, ni les difciplines : tout s'y paffe dans un refpect exterieur, le plus humble &

le

le plus profond ; & dans une propreté, peut-être trop scrupuleuse, du moins pour des Nations aussi inattentives que nous le sommes. D'ailleurs ce Temple est servi par une infinité de Ministres, & journellement enrichi par les dons que le grand nombre de Pélerins de toutes les parties du monde y apportent. Cet usage est en conséquence de celui qu'ils pratiquent dans la société ordinaire, qui est de ne point approcher des Grands les mains vuides ; car il ne faut point conclure des présens que font les Pélerins, que la Religion Musulmane les exige ou qu'elle y conduise les hommes par quelque principe d'interêt. Au surplus ce Temple n'est pas le seul objet de la piété des Musulmans dans les voyages qu'ils entreprenent avec tant de perils, & souvent de si loin.

 La Montagne d'Arafath, située au Sud-Est de la ville, à une distance de 5. lieuës, est l'endroit où la Tradition porte qu'Adam & Eve se rejoignirent après que l'Ange, qui les avoit chassez du Paradis terrestre, les eût séparés l'un de l'autre pour accomplir leur pénitence, qui dura plus de 200. ans. La Providence les conduisit sur cette Montagne ; dans le dessein ou ils étoient tout-deux de chercher l'endroit que DIEU avoit destiné en créant le Monde à la reconciliation de ceux qui auroient enfreint fes commandemens ; & d'où il auroit promis d'entendre favorablement les prieres de ceux, qui, reconnoiffant fon unité & fa puiffance, fe convertiroient à lui. C'eft en mémoire de cette réunion des premiers hommes, que les Pélerins vont offrir un véritable facrifice fur cette montagne, & pour renouveller ainfi la pratique des premiers tems.

LE chemin qui conduit de la Mecque à cette Montagne eft remarquable par les differentes routes auxquelles la Loi engage les Pélerins. La premiere eft la vallée de Mina à trois milles de la ville. En menant eux-mêmes leurs victimes ils font obligez de s'y purifier en fe faifant rafer la tête : ils jettent enfuite 7. petites pierres, ramaffées dans le chemin, pour exprimer leur détachement interieur des chofes de la Terre, & des plus cheres de leurs paffions. De Mina ils traverfent la vallée de Bath-mohafer pour parvenir à un grand efpace, enfermé de murailles, au coin duquel s'élève un haut minaret à trois étages. Cet endroit eft nommé le Mur d'*Ionomar* : les Pélerins y font leurs prieres, & fe rendent enfuite à la Mofquée ditte *Moch-de-la-fach* qui eft le lieu où ils

s'affems'assemblent & y continuent leurs prieres. Cette Mosquée est bâtie sur le penchant méridional d'une petite montagne qui donne sur la vallée de *Gassan*: & le même chemin conduiroit par le plus court à la ville de *Thaïf*, si l'on osoit s'en servir pour un usage profane. Car comme la plus grande partie des vivres qui se consomment à la Mecque y sont transportez de Thaïf, qui en est eloignée de cinq journées, les voituriers sont obligez de prendre un détour pour ne pas embarasser ni distraire la devotion des Pélerins.

On peut connoître par ce récit, quelle est à peu près l'idée commune des Musulmans touchant la ville de la Mecque & ses environs; Comment ils y raportent les premiers événemens du Monde, suivant les notions qu'ils ont originairement puisées dans les Livres des Juifs, & qui sont communes à tous les Orientaux. L'opinion d'une élection particuliere de certains lieux & de certaines races leur a fait adopter la pensée, que la Mecque a été sanctifiée dès l'origine du monde par le MAITRE absolu de la Nature, qui a voulu choisir un desert couvert de sables & de rochers par préférence aux plus fertiles climats de la Terre, pour assujettir les hommes à

G faire

faire des efforts pour venir à Lui sans mélange d'autres objets. Préjugé, qui a été confirmé dans leur idée par la pratique des hommes pieux de tous les siècles. Adam, le premier des Mortels, & des pécheurs, tombé dans la disgrace de son Créateur, n'eut point de ressource dans son malheur avant que d'être parvenu au lieu duquel il pouvoit avec confiance élever sa voix vers la misericorde toute puissante. Les autres Prophètes ont toujours fréquenté le même lieu, & tantôt ils y ont obtenu la conversion des méchans, & tantôt la vengeance de leur mépris & de leurs injures. Ismaël, chassé avec sa mere par une Maitresse impérieuse & jalouse, trouva dans ce lieu l'eau qui désaltère efficacément, & qui désabuse de la vanité des objets dont le Monde présente un spectacle toujours trompeur. Il y trouva aussi la force dont il avoit besoin contre les ennemis de la Vérité & les siens particuliers, & qui lui étoit nécessaire pour devenir le pere d'une Nation choisie. Abraham reconnut à cette preuve l'élection de Dieu & il y bâtit une maison dans la simplicité de sa foy. C'est-là le fondement de tout le reste ; parceque l'on ne doute point que depuis le sejour d'Abraham, ou
du

du moins depuis le temps de ce Patriarche, la Nation Arabe n'ait pratiqué un Culte continuel en ce même endroit.

L'ALCORAN a souvent exalté les avantages de ce Temple, mais il en parle spécialement aux chapitres qui portent le nom de *Braktan* & *d'Aram*. Dans le premier, il introduit DIEU parlant aux Hommes, & leur déclarant qu'il a établi une maison qui doit leur servir de moyen pour acquerir des grands mérites; & dans le second il dit de lui-même, & parlant à son nom, que le premier temple qui ait été bâti par les hommes en honneur du vrai DIEU est le temple de la Mecque; que c'est un lieu de bénédiction qui doit servir à diriger tous les fidèles, & qu'il lui a plu d'y mettre des signes remarquables & évidents pour en convaincre les plus incrédules. Les Interprètes qui ont expliqué ce dernier passage semblent avoir cherché le véritable sens qu'on lui peut donner avec moins de prévention que l'on n'en employe d'ordinaire dans les discussions réligieuses. En effet, ils conviennent tous qu'indépendemment du préjugé reçu par tous les Musulmans, la sainteté & l'élection de ce Temple doivent être prouvées par les signes évidents que le Prophète assûre y avoir été mis par Dieu même pour la conviction de tous les hommes ; & ils en distinguent de deux sortes, suivant la force du Texte & son expression.

Les signes évidens destinez à forcer la persuasion des incrédules par la simple vûë sont ; la *Pierre* qui a reçu les vestiges des pieds d'Abraham : or ces vestiges sont tels, par la profondeur & la forme de l'impression, qu'il est impossible que l'ouvrier & son ciseau eussent rien représenté de semblable : de sorte que ceux qui les considerent n'en peuvent prendre d'autre idée ; sinon que la *pierre* s'est amolie par la volonté de Dieu sous les pieds du Patriarche, & que comme une pâte apprêtée elle en a conservé les moindres traits & les plus imperceptibles délinéaments. Mais il faut encore joindre à ce miracle la conservation d'un monument si fragile, qui pouvoit être brisé par les ennemis du Culte pratiqué en ce lieu, par le plus simple mouvement de leur volonté ; que le suprême pouvoir de Dieu a détourné à d'autres objets qui n'ont pourtant pas diminué leurs crimes. Car encore que la *pierre* ait aujourd'hui toute sa dureté naturelle, il est aisé de voir qu'il étoit moins difficile de la réduire en poudre, que d'enlever la *pierre noire*

à

à cinq journées de distance, ou de combler un puits de cadavres infects. Cette conservation est encore signalée par son incroyable durée, qui s'étend aujourd'hui à plus de 5000. ans, sans qu'il soit arrivé la moindre diminution à la figure représentée. Le second signe est la *Pierre noire*; qui est un témoignage positif de la dépravation des hommes, considerés dans leur plus grand nombre, Dieu ayant permis qu'elle perdît sa blancheur naturelle & l'éclat lumineux dont elle brilloit pour représenter la perte de la premiere innocence, & la corruption présente de la volonté des Hommes. L'infidèle dira ; (car c'est l'objection qui se présente naturellement contre cette preuve,) que la Pierre est noire, & qu'elle l'a toujours été. l'Alcoran répond „ que la profession
„ des Méchants est de ne pas croire le
„ passé & de ne point craindre l'avenir, pour s'en tenir à ce qu'ils voyent.
„ S'ils pensoient, ajoutent les Muzulmans, aux exemples du passé, ils ju„ geroient que celui qui a couvert la
„ terre du Déluge pour noyer ses enne„ mis peut bien avoir ôté l'éclat d'une
„ pierre. Le Globe est-il encore cou„ vert d'eau, ou la pierre est-elle encore
„ blanche? Le monde sera jugé, les
„ mé-

,, méchans périront, & la pierre repren-
,, dra sa blancheur : vous le croirez
,, quand vous le verrez. Plus hûreux
,, si vous l'aviez cru quand cette per-
,, suasion pouvoit servir a vous faire
,, appréhender les maux que vous éprou-
,, verez alors ! " Le troisiéme signe
est celui du *Puits* miraculeux, ouvert
par l'Ange au milieu du desert, pour
soûtenir la vie d'un enfant innocent,
abandonné même par le JUSTE quoi
qu'il fût son pere. Embléme de l'ignorance de nos jugemens, des fautes où
la foiblesse de l'Humanité nous entraine :
mais en même tems preuve invincible
de la protection que Dieu donne toujours
à la Vertu ; quoi que non formée par
la pratique, dont cet enfant étoit encore
incapable par son âge & son état. " L'é-
,, lection de Dieu est précieuse ; *dit*
,, *l'Alcoran*, & celui qui reçoit le té-
,, moignage de ce Puits l'adore, y
,, consent, ou la rejette ; selon la mé-
,, sure qui lui est propre. C'est cette
,, terrible pensée, *dit-il encore ailleurs,*
,, qui a séparé, ou disloqué l'assem-
,, blage de mes os, & qui a fait blan-
,, chir mes cheveux avant l'âge de la
,, vieillesse.

VOILA` donc à quoi se réduisent les
signes exterieurs & évidents qui se trouvent

vent dans ce Temple : mais il y faut joindre ces trois autres, qui, pour être du ressort du jugement plus que de celui des sens, n'en sont pas moins certains.

Le premier est le *Droit d'azile*, dont ce Temple est en possession depuis plusieurs miliers d'années, sans que personne aît jamais pensé à le revoquer en doute, & sans qu'aucun impie l'aît jamais violé qu'il n'en aît été puni d'une maniere mémorable à la posterité, & exemplaire pour le tems où il a vécu : jusques-là que ceux qui s'en sont rendus coupables ont été forcez d'avouer qu'ils avoient été très justement punis. Cet azile comprend, outre la sûreté des criminels, la deffense absoluë de toute violence dans l'enceinte consacrée. Le second témoignage est l'abondance incroyable qui se trouve toujours dans ce Desert, malgré le concours perpétuel des pélerins qui s'y rendent de toute part, malgré la stérilité du territoire, & sa distance de tous les lieux cultivez. Les Musulmans reconnoissent à cette preuve l'effet de la promesse de l'Ange à Ismaël & à sa mere, lorsqu'il les assûra que dans toute la durée du monde ce lieu ne manqueroit jamais, nonseulement d'alimens nécessaires à la conservation de la vie, mais encore de commodités &

G 4 même

même de délices. On ajoute qu'il leu promit que Taïf feroit fa nourrice ; ce qui s'accomplit encore aujourd'hui, parceque malgré fa diftance, c'eft de cette ville que la Mecque tire la meilleure partie de fa fubfiftance, comme en recompenfe elle en reçoit des fommes immenfes d'or & d'argent ; entretien ordinaire du commerce indépendant des Prophéties. Enfin le troifiéme figne eft l'inclination du cœur de tous les fidèles vers le lieu faint, accompagnée d'un fentiment vif & perçant qui fait verfer des larmes aux hommes les plus farouches & les plus durs, à la premiere vûë de fes Dômes, refpectez depuis tant de fiècles. Tout le monde fçait que la Religion Mufulmane oblige fes fectateurs à des prieres fréquentes, qui exigent beaucoup de précautions pour les faire avec régularité : mais que la principale eft d'obferver la fituation du Temple de la Mecque, vers lequel celui qui prie doit avoir la face tournée. C'eft vrai-femblablement cette premiere impreffion, reçuë dès l'enfance avec un préjugé favorable, qui difpofe les efprits à en recevoir une grande idée, à le regarder comme un lieu auquel, au moins une-fois en la vie, tout fidèle doit faire un voyage ; duquel le fruit certain doit être

la

la paix intérieure, le repos de la conscience, & l'expérience d'une miséricorde qui conduit au bonheur éternel. Il n'en faut pas davantage pour attendrir les plus barbares, sur-tout envers un objet que l'on voit si rarement.

Quant aux témoignages de la seconde espèce, & qui ne sont qualifiez que du titre de *remarquables*, parceque les hommes en peuvent être plus ou moins touchez suivant leurs dispositions ; on compte 1°. la détermination de la Loi, qui oblige les fidèles dans leurs prieres à tourner leurs faces vers le lieu où ils devroient être eux mêmes pour se faire écouter du Tout-Puissant. Car encore que cette institution paroisse arbitraire, puis que Mahomed l'a changée deux-fois, l'on en doit naturellement présumer des raisons si fortes qu'elles ont surmonté dans l'idée du Prophète les inconvéniens d'une variation qui seroit reprochable, même dans un sujet de moindre importance. 2°. L'inutilité des entreprises faites en divers tems pour la destruction de ce temple, qui, quoique profané & souillé par des idoles, a toujours été protégé par le même pouvoir du Tout Puissant, qui a armé jusqu'à des oiseaux pour sa défense. L'Alcoran raporte cet événement au chapitre de
l'Elephant,

l'Elephant, au sujet de la défaite d'-
Abraham, l'Ethiopien, & de son armée,
,, qui fut détruite par une autre armée
,, de corneilles, laquelle volant au dessus
,, de la premiere, l'accabla des pierres
,, que chacun de ces oiseaux avoit éle-
,, vées en l'air avec le bec & les pieds. "
3°. Le respect de toute la Nature pour
ce même Temple, dont les animaux
n'approchent jamais, & sur les dômes du
quel les oiseaux même ne se reposent
pas. 4°. Le concours universel d'é-
trangers, assemblez de toutes les extrémités de la terre ; ainsi que des contrées
les plus voisines, qui viennent tous chercher en ce lieu la consolation, la joye, & la
confiance que les richesses, les dignités,
& les satisfactions du monde ne donnent
point, ou qu'elles sont incapables d'-
assûrer à ceux qui les possédent. 5°. Le
témoignage que tous les prophètes lui
ont successivement rendu, en le visitant
pour adorer Dieu dans l'éffusion de leur
ame, & puisant dans ce saint lieu les
graces & la force nécessaires pour soûtenir leur mission, sans craindre les objets de terreur, & la mort même que les
ennemis de la vérité leur présentoient.
6°. Le dernier témoignage est celui de
la multitude d'esprits Angeliques qui veil-
lent à la sûreté de ce Temple & de la
Ville,

MAHOMED.

Ville, pour y faire règner le repos & pour y maintenir une abondance miraculeuſe. C'eſt à quoi ſe réduiſent les preuves ou témoignages par leſquels on prétend qu'il a plu à Dieu de ſignaler l'élection qu'Il a faite d'un lieu naturellement ſi ſauvage & ſi diſgracié de la Nature. Mais c'eſt aſſez parlé de la Mecque & de ſon Temple, diſons quelque choſe de Médine, qui eſt plus proprement la ville de Mahomed.

Après la ville de la Mecque, celle de Médine eſt conſtamment la plus renommée de l'Arabie, non pas à raiſon de ſon antiquité ou de ſes richeſſes, mais à cauſe du choix qu'en fit le Prophète pour y établir ſa réſidence, lorſque l'interêt de ſa Religion l'obligea d'abandonner ſa Patrie, aveugle pour la vérité, & ingrate à ſon zèle, afin de ſe reſerver au tems auquel une plus favorable diſpoſition aideroit au ſuccès de ſes travaux. C'eſt auſſi le lieu où il eſt mort, & où ſon ſépulchre eſt encore viſité aujourd'hui par tous ceux qui font le grand pélérinage. Son nom de Médine ne ſignifie autre choſe dans la langue du païs qu'une *ville, ou l'habitation d'un Peuple nombreux*: C'eſt-pourquoi l'on y joint dans l'uſage l'épithète *Alnabi*, pour dire que

que c'eſt *la ville du Prophète*, & comme on l'entend aujourd'hui, *le lieu de ſon repos*. Elle eſt ſituée dans une plaine fort baſſe, qui fait partie de la province de l'Hégias : elle étoit autrefois connûë ſous le nom de la *valée de Jatret*, cependant il ne s'y trouve point d'autre eau que celle des puits. Ptolomée le Géographe a connu ce même canton ſous le nom de *Jatriba*, que l'on voit bien être tiré de l'Arabe ; mais il n'y avoit encore alors que quelques habitations diſperſées. Les premiers Arabes qui ſongerent à y former une Ville vivoient environ 150. ans avant la naiſſance de Mahomed ; Ils lui donnerent le nom de *Thaïba*, qui fut changé en celui de *Médine* lors qu'elle s'accrut en édifices & en nombre de citoyens à l'occaſion de la réſidence du Prophète.

Les premiers Califes, ou Succeſſeurs, y ont auſſi fait leur réſidence, & y ſont inhumez auprès de Mahomed : ainſi cette ville peut être regardée comme la plus ancienne capitale de l'Empire Muſulman. Haly, gendre de Mahomed, en tranſporta le ſiège à *Kufab* dans la Chaldée, où il étoit plus aimé, & ſes violences moins connûës. Ses enfans s'y maintinrent quelque tems auſſi, quoi que leur interêt ſemblât demander qu'ils ſe rapro-

raprochaffent du centre de la Religion en qualité d'héritiers légitimes de Mahomed. La ville de Médine leur devint même si affectionnée, qu'après leur mort elle refufa de fe foumettre à *Jefie*, le regardant comme un ufurpateur fanguinaire, qui devoit tenir compte à la fociété du fang qu'il avoit fait couler injuftement. Mais ce refus lui coûta cher : *Moflem*, l'un des Géneraux de *Jefie*, fe préfenta devant cette ville & y fit un carnage total de fes habitans. Ce fut auffi en la perfonne de ce Général que s'éxécuta, pour la premiere fois, la malédiction du Propète contre ceux qui fe porteroient à faire violence au lieu de fon repos. Car il ne furvêcut que trois jours à fon crime. Cela fe paffa la LXII. année de l'Hégire. Valid VI. Calife de la Race des enfans d'*Ommias* fit conftruire, 25. ans après, dans cette ville une grande & magnifique Mofquée qui s'y voit encore: en laquelle il réunit tant celle que le Prophète avoit confacrée lui-même, que le jardin où il étoit inhumé avec fes trois premiers fucceffeurs. Sur lefquels tombeaux il fit élever des chapelles & des coupoles dorées d'une ftructure digne des dépots qu'elles renferment. Il y établit auffi des *Mollahs*, ou hommes d'étude, pour faire continuelnuellement la lecture de l'Alcoran sur ces sépulchres, & y entretenir une certaine quantité de lampes suivant l'usage des Arabes à l'égard des Morts illustres. Etablissement que l'on peut regarder comme un effet de politique en la personne du persécuteur déclaré de la famille du Prophète, mais qui détruit totalement les idées que nos anciens avoient prises d'un culte effectif rendu par les Musulmans à Mahomed, selon la croyance que nous avons de nos plus grands Saints; que nous regardons non seulement comme parvenus à la béatitude, mais en pouvoir d'operer en nôtre faveur autant de miracles que nous desirons de choses differentes. Bien éloignés de ce sentiment, quoique persuadez de la haute vocation du Prophète, les Musulmans ne cessent point de prier pour la continuation de son repos jusqu'à la recompense qui lui est préparée ainsi qu'à tous les Justes au tems de la manifestation des Jugements de DIEU.

IL y avoit aussi autrefois une imagination fort absurde touchant la forme du sépulchre de Mahomed. L'on prétendoit que lui-même ou ses Successeurs avoient ordonné que ses os fussent enfermez dans un cerceuil d'acier, & que les murailles de la chapelle, où ils devoient être

être mis, ayant été revêtuës d'un aimant le plus vif & le plus animé, le cerceuil étoit demeuré suspendu dans l'espace vuide de cette Chapelle, par l'éffort respectif de toutes ces pierres : adresse qui auroit été employée pour sanctifier ou déïfier dans l'esprit du Peuple un Imposteur notoire & reconnu, tel que l'a été Mahomed. Mais une telle fiction a si peu d'apparence de réalité, & se raporte si sensiblement à nos idées touchant les Saints & leurs miracles ; d'ailleurs elle découvre une si profonde ignorance des fondemens de la Religion Musulmane & de son oéconomie, qu'il est impossible de ne pas attribuer cette invention aux Moines ignorants qui vivoient dans la Palestine au tems des Croisades : temps auquel les reliques & les miracles particuliers étoient crus les points essentiels, ou pour ainsi dire les pivots du Christianisme. Marque bien évidente que l'on connoissoit aussi peu l'une des religions que l'autre, quand on a forgé de telles chimères. Pour en revenir à la Mosquée de Medine, il est certain qu'elle a l'honneur d'être la premiere entre toutes celles du Musulmanisme, d'avoir eu Mahomed même pour Prédicateur ; enfin qu'elle a l'honneur de posséder dans son enceinte

les

les cendres du dernier des Prophètes, avec celles des Héros qu'il anima de son courage, pour porter avec terreur jusques aux dernieres limites du Monde, la connoissance de ce qu'il avoit conçu, & si hûreusement exprimé par ses paroles & par ses écrits, qu'il fit, comme on l'a dèja dit, autant d'entousiastes passionnez qu'il eût d'hommes parmi ses disciples. Je n'entrerai point dans un plus grand détail des autres villes de l'Arabie, par la raison qu'aux tems dont j'écris l'histoire, la plus part des lieux un peu considerables n'étoient habités que par des Juifs. Car les Arabes preferoient alors la liberté & l'indépendance des deserts aux charmes que les autres Nations trouvent dans une société plus étroite, telle qu'elle est pratiquée dans les villes. C'est la raison pour laquelle Mahomed est si souvent aux prises avec les Juifs, lesquels étant passez en grand nombre, après leur dispersion, dans les Contrées inaccessibles aux Romains, s'y multiplierent, & se trouverent assés puissans, tant par leur nombre que par leurs richesses, ponr lui susciter de grands obstacles.

Mais il est nécessaire de donner quelque idée de l'Histoire du Païs, tant de l'ancienne qui renferme ce qui eſt arrivé en Arabie peu de temps après l'âge des Patriarches, que de celle qui a immédiatement précédé celui de Mahomed. Par-là le Lecteur ſera mieux en état de juger des differentes circonſtances du tems où il a paru; des préjugés qui lui ont été ou favorables ou contraires; des diſpoſitions que la Providence, ou la Nature avoient préparées pour le prodigieux changement qu'un ſeul homme, foible & dépourvu de moyens, a porté dans l'Univers.

Nous avons dèja vû que le Peuple Arabe rapporte ſa premiere origine à differens Patriarches, preſque conformément à ce que la S. Ecriture nous en apprend; & qu'entre ces premiers Peres on peut regarder Jochtan, fils de Heber, comme le fondateur principal des Nations qui habitent le fond de la Peninſule; & les habitans du Deſert voiſin de la Chaldée & du Sein Perſique comme ſortis de Chuz fils de Cham. Nous avons vû pareillement que les Peuples de l'Arabie Pétrée & des autres bords de la Mer Rouge ſont la poſtérité d'Abraham, & qu'ils ſont ſortis, ou des Tribus iſſues d'Iſmael, ou des enfans de Kétura ſa ſeconde femme. Du moins on peut facilement imaginer que

H cette

cette postérité prit le dessus sur les peuples qui habitoient avant elle la même Contrée : les ayant ou chassez ou confondus avec elle même. Nous avons même appris que pour prévenir l'idée d'une confusion de Peuples, (toujours plus aisément présumée qu'une extermination totale, quelque Barbare que puisse être un Conquerant,) & pour faire regarder le Peuple Ismaélite comme pur & exempt de tout mélange étranger ; la Tradition Arabe, confirmée par l'Alcoran, veut que les Thémadites & les autres enfans d'Aram, qui habitoient cette même contrée depuis long-tems, ayent été détruits par un châtiment céleste ; & qu'ils ayent ainsi fait place aux enfans d'Abraham. L'attachement des Orientaux à conserver la mémoire de leur origine, & à fonder sur ce principe la distinction des Peuples, ne peut être ignoré de personne ; quoique la grossiereté présente des Turcs, & des autres Nations Septentrionales qui ont envahi l'Asie sur les Arabes, ait détruit toute cette distinction. L'usage de l'Europe n'y est pas moins opposé, puisqu'il n'y a que la diversité des languages qui maintienne une distinction effective entre nous. Mais en ces premiers tems, l'Orient ne pouvoit employer

cette

cette distinction naturelle, parceque la même langue étoit entendue par-tout.

ABRAHAM, sortant de Chaldée, ou même d'au-de-là de l'Euphrate, étoit entendu en Egypte, & en Arabie, comme il l'avoit été dans la Palestine. C'est ce que témoignent les differents voyages qu'il entreprit sans secours d'Interprêtes, & sans interruption de la société civile. L'on nous apprend encore aujourd'hui que les langues de ces divers Païs paroissent dérivées d'une même racine, & que l'on en reconnoit l'usage jusques dans l'Hébreu, qui est une Langue morte depuis plus de 2000. ans. Il n'y avoit donc alors que le souvenir de la premiere origine qui pût conserver la distinction des peuples, suivant une coutûme qui avoit aussi pénétré dans la Grèce, & qui y a règné jusques au tems, que l'inquiétude des Hommes s'étant augmentée, ils ont tant formé de Colonies, tant fait d'invasions, tant de voyages, & de détours differens, que les Peuples se sont confondus de toutes parts, aussi-bien par rapport à l'origine, que par rapport à la Langue & à ses Dialectes. Ce fondement posé, on peut assûrer que les Habitans de l'Yemen ont été les premiers Arabes qui se sont donné des Rois. L'Histoire raporte expressément que ce furent les enfans de Jaraab, fils de Jochtan, qui porterent leur pere à recevoir cette dignité; qui lui fut conferée par une salutation particuliere, qui dans la suite est demeurée la formule de l'inauguration des Rois du Païs. On donne à ce Jaraab une suite de XLVI. Successeurs, pendant une durée de 2420. années; qui selon nôtre Chronologie doit se terminer environ 200. ans après l'Ere vulgaire.

On ne remarque rien dans cette longue suite de Rois qu'un Gouvernement doux, paisible, & uniforme; exempt des variations si fréquentes dans les autres Païs: où l'ambition des Souverains excite celle des Sujets, où la passion du luxe anime nécessairement celles de l'avarice & de la prodigalité, & dans lesquels, enfin, nul particulier ne sçauroit se résoudre à se contenter de la fortune qui auroit comblé l'ambition de son propre pere. On prétend néanmoins qu'un de ces Princes, qui est le XL. dans la suite qu'on leur donne depuis Jaraab, (mais duquel l'âge n'est pas mieux désigné par cette observation,) reconnut la vanité des Idoles, & s'efforça de retirer ses Peuples de l'erreur, en leur faisant prêcher le Judaïsme, & en les invitant par son exemple à l'embrasser. On ajoute que

que son Successeur, encore plus entêté,
y voulut forcer ses sujets en établissant
une espèce d'Inquisition qui infligeoit la
peine du feu aux Réfractaires. On dit, enfin, que le dernier de ces XLVI. Successeurs fut chassé par les Perses, & que ceux-
cy posséderent ou gouvernerent cette Province de l'Yemen pendant huict Génerations depuis ce dernier Roi. Mais on
ne convient pas néanmoins si depuis ce
tems il faut regarder le Royaume de
l'Yemen comme une Province dépen-
dante de la grande Monarchie des Perses,
& administrée par ses Gouverneurs particuliers, ou s'il est demeuré Royaume
distinct & séparé, quoique dépendant
de cet Empire. L'Histoire ne s'en explique pas assés positivement, se contentant de nous dire que l'Yemen fut
conquis sur les Perses par les Abissins
d'au-de-là de la Mer, lesquels furent appellez dans le Païs par les Chrêtiens, que
la dureté du Gouvernement Persan porta à cette extrémité.

CETTE Histoire seroit justement
suspecte, par le peu d'apparence qu'il y
a que les Chrêtiens des premiers siècles
fussent d'humeur de s'intriguer en Arabie dans les affaires de l'Etat : eux qui,
au milieu de l'Empire Romain, détesto-
ient encore la Guerre, & rejettoient
tout

tout emploi qu'ils croyoient opposé à l'esprit de la Religion. Mais comme l'on sçait presque certainement que l'invasion des Abissins n'a précédé la naissance de Mahomed que d'environ cent ans, & que l'on en peut fixer la datte en l'an du Salut 460. ou 470 ; on peut assurer qu'en ce tems-là les maximes des premiers Chrétiens n'étoient dèja plus d'usage ; & comme ces derniers ne faisoient plus de scrupule d'aller à la guerre, ils n'en faisoient point aussi d'entrer dans les intrigues, ni même de conjurer contre les Princes, & contre les Gouvernements les mieux établis. D'ailleurs on justifie cette chronologie par un calcul fort simple : car si de l'an 470. on ôte 230. ans pour la durée des 8 génerations, pendant le cours desquelles le pouvoir des Perses a été reconnu dans l'Yemen ; il se trouvera que leur conquête se rapporte à à l'an 240. de Jesus Christ, 12. ans seulement après le rétablissement de la Monarchie des Perses, qui arriva, comme l'on sçait, sous le Règne d'Alexandre Sevère, environ l'an 228. de l'Ere vulgaire : & par ce moyen, la Chronologie des Arabes sur la durée entiere de la Royauté dans le Pays d'Yemen demeurera exactement vérifiée, même par rapport à son commencement.

De plus, ce même calcul rend croyable & presque sensible ce que l'Histoire rapporte de l'introduction du Judaïsme & du Christianisme dans l'Arabie, quoi qu'en divers tems, & par differents principes. En effet, celle du Judaïsme revient au tems, ou de la ruïne de Jerusalem par l'Empereur Tite, ou à celui de l'Empereur Adrien ; dont la sévérité obligea les Juifs à abandonner les Contrées de sa domination pour se retirer par-tout où ils purent. C'est une cause évidente de la dispersion générale de ce Peuple ; de laquelle s'est ensuivi le passage d'un assés grand nombre de Juifs dans l'Arabie, comme dans un Païs voisin de la Judée, & dans lequel ils ne pouvoient plus craindre les effects de la haine des Romains. Mais, d'autre part, ce Peuple inquiet, & toujours desireux de faire des Prosélites, ne manqua point l'occasion de la conversion du Roy de l'Yemen, & vouloit l'engager à forcer ses sujets à embrasser la même Religion ; peut-être dans l'idée d'y former une nouvelle République à la place de celle que les Romains venoient de détruire, ou d'y appeller leurs freres dispersez, pour se rendre ensuite maîtres du Païs, & en chasser les premiers Habitants.

Quant à la maniere dont le Chriſtianiſme a pénétré dans l'Arabie, on peut juſtement en attribuer la cauſe aux diſputes atroces qui s'élevèrent entre ſes Sectes, telles que les Ariens, Neſtoriens, Jacobites, Eutichiens, Monothélites, Origeniſtes & autres : leſquels ſo forcoient alternativement à quitter la place, ou aux plus violens, ou à ceux qui avoient le plus de crédit à la Cour : ſe puniſſant, les uns les autres, par des dépoſitions, des excommunications, des exils, des enlevemens de biens, & de rigoureuſes priſons : on peut, dis-je, juſtement penſer, que dans de ſemblables périls, les véritables Chrétiens ne ſongerent qu'à ceder, & que ce fut l'une des occaſions qui en fit paſſer pluſieurs dans des Païs encore plus reculez que l'Arabie. A l'égard des Ethiopiens, ils entrerent dans l'Yemen ſous la conduite d'un Chef, que l'on nomme *Arigat* ; lequel choiſit ſa réſidence en la ville de Sanaa, qui étoit la principale de ce Canton. On ne ſçait point exactement la durée de ſon Règne ; mais on ſçait qu'il étoit l'ennemi déclaré de la Religion du Païs, & que pour oppoſer un Culte éclatant à celui qui ſe pratiquoit à la Mecque, il fit élever à Sanaa un Temple de conſtruction pareille ; & qu'il

voulut

voulut que ses sujets y transportassent leur devotion.

ABRAHAH, surnommé *Alaschran*, à cause d'une cicatrice qu'il avoit au visage, succéda à ce premier Roi ; & prit un interêt si particulier au nouveau Culte de Sanaa, que pour le mieux établir il jura la ruïne du Temple de la Mecque. Il y marcha en effet avec une puissante Armée ; mais elle se détruisit elle-même, & si l'on en croit l'Alcoran, elle fut exterminée miraculeusement par un nombre infini d'oiseaux armés de pierres, qu'ils laissoient tomber sur la tête des soldats. Cet *Abrahah* est surnommé dans l'Alcoran le *Seigneur des Eléphans*, parce qu'il en avoit plusieurs dans son Armée, à la maniere des Indiens : mais cette redoutable puissance ne tint point contre la force invincible qui le repoussa de devant le lieu saint.

CET événement étoit si connu au tems de Mahomed, & la notoriété en étoit si publique, qu'il n'en a point fait de détail particulier ; s'étant contenté de l'indiquer comme un fait hors de doute, & d'en prendre un argument du souverain pouvoir de Dieu, qui peut armer les créatures les plus viles contre le mensonge, & en faveur de la vérité. Cependant Abrahah n'a pas laissé de règner

50. ans, sans qu'il paroisse qu'un châtiment si marqué aît fait dans la suite de sa vie aucune impression sur sa conscience. Il laissa son Royaume à ses enfans. *Kalitum* lui succéda le premier, & après luy son frere *Masruck*: mais leur domination n'eut pas la même force. Car un particulier Arabe, nommé Saïf, s'étant ménagé la protection des Perses, après avoir vainement imploré celle des Romains, chassa les Abissins de l'Yemen, & les obligea à repasser la Mer. Ce fut ainsi que se termina la domination des étrangers, qui étoient en aversion aux naturels du Païs à cause de la difference de leur religion, qui étoit vrai-semblablement la Chrétienne ; parceque l'on sçait que les Abissins avoient été convertis dès le tems de Saint Athanase, Patriarche d'Alexandrie ; qui sur leur instance leur accorda un célèbre Missionaire, nommé Fermentius, qui établit parmi eux, avec les dogmes du Christianisme, tous les Rites & les cérémonies dans lesquelles on le faisoit dèslors consister. Toutes-fois, soit que *Saïf* fût lui même Chrétien, ou pour quelque autre raison, l'Histoire dit qu'il retint plusieurs Ethiopiens auprès de sa personne ; & que ceux-cy, profitant des occasions que sa familiarité leur donnoit,

noit, l'affaffinerent lors-qu'il y penfoit le moins.

Cette révolution auroit pû ramener les Abiffins dans l'Yemen, fi le Roi de Perfe n'avoit pris la protection du fils & du petit fils de *Saïf*. Toute-fois ce dernier ayant encore fuccombé aux embuches des Ethiopiens, les Perfes prirent le parti d'affurer la Province par un plus grand nombre de Troupes, & d'y mettre des Rois, ou des Gouverneurs fous leur autorité immédiate. Les Arabes en comptent quatre fucceffifs; le dernier defquels fe foumit à Mahomed, embraffa fa nouvelle Religion, & reçut de lui la continuation du commandement qu'il avoit dans la Province. On peut juger fur ces faits differents, qu'outre l'ambition & la politique, qui font toujours les mobiles principaux des entreprifes & des conquêtes étrangeres, la Religion entra pour beaucoup dans les motifs de changements qui fe firent alors fentir en cette partie de l'Arabie.

Les Perfes étoient attachés à leur ancien culte, fçavoir le Magifme, qui étoit la religion de leurs peres, & qui eft encore aujourd'hui pratiquée par les Guebres. Ces Peuples la tenoient, dit-on, de Zoroaftre, ou plus vrai-femblablement de *Zerdufcb*, qui en fut le reformateur du tems

tems de Darius Hiſtaſpe. L'ignorance où l'on étoit du dogme eſſentiel à cette Religion, a fait que les Chrêtiens de ce tems-là les ont crus purement Idolatres, ou du moins adorateurs du feu materiel, parce qu'ils en tenoient toujours dans leurs temples. Mahomed lui-même n'en prit pas une autre idée, c'eſt-pourquoi il les proſcrivit avec ſévérité, pendant qu'il témoigna beaucoup d'indulgence pour des opinions beaucoup moins ſpécieuſes que les leurs.

A l'égard du Chriſtianiſme, il trouva de grandes difficultez à s'introduire dans la Perſe; parce qu'à peine avoit-il commencé à s'y faire connoitre qu'il y fut confondu avec une ſecte abominable, échapée des Manichéens, & prêchée par un célébre impoſteur, nommé *Maſdack*: qui, ſous le prétexte d'abolir les guerres & les diſputes entre les hommes, établiſſoit la communauté des biens, & même celle des femmes. Ce *Maſdack*, ayant trouvé le moyen de s'introduire à la Cour de Cobad Roi de Perſe, lui fit goûter ſes erreurs, & à la fin l'en perſuada ſi bien qu'il ſe fit accorder la jouïſſance même de la Reine. Elle étoit alors mere d'un Prince qui ſuccèda depuis à la Couronne avec beaucoup de gloire, & qui eſt connu ſous le
nom

nom de Nouschirvan, ou de *Roi Juste*. Ce Prince, pénétré de l'injure que sa mere alloit souffrir, & ne pouvant s'opposer à l'absolue volonté du Roi son pere, se jetta aux pieds de *Masdack*, & à force de prieres & de larmes obtint de lui qu'il s'abstiendroit d'un tel outrage. Ce fut la premiere raison pour laquelle, étant parvenu à la Couronne, il s'appliqua à détruire le Christianisme dans ses Etats, comme étant une source perpétuelle de fanatismes differens, plus ou moins blamables les uns que les autres, mais toujours dangereux à la Société.

Quelque tems après il lui survint un nouveau sujet de haine & d'éloignement pour le Christianisme; à raison de ce qu'ayant épousé une femme Chrétienne, (qu'il ne put jamais amener à sa propre Religion, non plus que le fils qu'il en avoit, & qu'elle avoit sécrétement instruit dans les mêmes principes,) il craignit justement que ce Prince, venant à régner après lui, ne se déclarât Chrétien, & ne causât par-là un renversement géneral dans l'Etat, & peut-être même avant sa mort. Il paroit en effet que le fils, nommé Nouschirad, en suçant la doctrine Chrétienne ne s'étoit pas nourri de son esprit; & qu'en prenant le nom de Chrétien avec entêtement, il n'en avoit
pas

pas pris les mœurs, & particulierement la douceur & l'obéïssance si recommandées aux inferieurs. Sa conduite obligea donc le pere à le renfermer, & même à le tenir dans la suite dans une prison plus resserée, lorsqu'il fut obligé de sortir de sa Capitale pour soutenir une guerre que les Tartares & les Turcs venoient de porter dans ses Etats.

Mais pendant cette expédition, le Pere étant tombé malade, & la nouvelle en étant venue au prisonier, il en prit d'abord occasion de s'évader, & ensuite de se saisir du trésor de son pere pour lever un armée ; avec laquelle il se rendit maître en peu de jours des Provinces situées au centre de l'Empire. Alors *Nouschirvan* détacha l'un de ses Generaux avec des troupes aguerries pour s'opposer au progrès de son fils, & il lui donna par écrit un ordre qui contenoit les instructions qu'il avoit à suivre dans une guerre si délicate. Mais la fortune en décida tout autrement que *Nouschirvan* n'avoit esperé. Le fils persista dans sa revolte & dans le dessein de détrôner son pere ; la bataille se donna, & le mauvais Chrétien y perit des premiers, sans que la clémence du pere pût agir à son égard. L'histoire rapporte que *Nouschirad*, se voyant blessé & mourant, ordonna

donna que l'on raportât son corps à sa mere, & qu'on la priât de sa part de le faire inhumer aux pieds des serviteurs du Messie, qui avoient dèja souffert la mort pour la Religion: ce qui fait bien voir qu'il y avoit dèja eû quelque persécution dans la Perse. Mais si *Nouschirvan* s'étoit élevé contre les Chrétiens dans le tems qu'il les confondoit avec les Manichéens, dont il avoit éprouvé la fureur, on peut penser que la revolte de son fils, & la séduction dont il les accusoit à son égard, n'aida pas à lui donner meilleure opinion d'une profession qu'il jugeoit capable d'inspirer la revolte aux peuples, & l'infidélité aux enfans; sans parler de la prévention où il étoit que cette Religion favorisoit les imaginations déréglées. Ce fut donc dans cette persuasion qu'il proscrivit cette nouvelle Secte par les Edits les plus sévères; la regardant comme une pépiniere d'entousiastes; & ordonna en particulier qu'elle fût exterminée dans la Province de l'Yemen, où il se transporta lui-même pour faire un plus grand effort contre ce qu'il y restoit d'Abissins.

LE Règne de ce Monarque fut en tout de 48. ans, & Mahomed naquit, comme il le dit lui-même, dans le cours de la XLII. Ses successeurs conserve-

rent la même autorité dans la Province de l'Yemen, & dans le reste de l'Arabie. Mais ils ne purent s'assujettir les habitans des Deserts, dont la liberté n'a jamais pû être contrainte que par l'estime & l'amour qu'ils ont pris quelquefois pour des Princes d'un merite superieur, tel qu'avoit été Noufchirvan. De plus, ce qui servit beaucoup à maintenir l'autorité des Perses dans cette nouvelle Province de leur Empire, fut qu'outre la réputation de leur puissance & de leur grandeur, la situation de leur Capitale, (qui étoit bâtie sur le Tigre assez près du lieu où Bagdad a été depuis édifiée) les mettoit à portée de veiller continuellement sur tous les mouvements qui s'y faisoient. Aussi étoient-ils obligés de le faire avec d'autant plus de vigilance & d'attention qu'ils avoient plus d'interêt à empêcher que les Arabes ne prissent des liaisons avec les Romains leurs ennemis éternels. Et ce fut encore une des raisons de leur haine contre la Religion Chrétienne, parce qu'à la faveur de son Culte, les Romains faisoient passer leurs sentimens & leurs préjugés chez tous les Peuples qui l'embrassoient: desorte que les loix anciennes & les coûtumes de chaque Païs n'étoient plus respectées des nouveaux Chrétiens, qu'autant qu'elles
con-

convenoient avec les conſtitutions des Romains & avec leurs mœurs communes.

Ce diſcours touchant la ſituation de la capitale de l'Empire des Perſes nous rapelle naturellement à celle d'une autre partie de l'Arabie, qui a eû ſes Rois auſſi-bien que le Païs de l'Yemen. Je parle de l'*Irack* Arabique, c'eſt-à-dire de cette partie du Deſert, qui confinant à l'embouchure de l'Euphrate, & dans lequel ont été bâties les célèbres villes de *Kufah* & de *Waſid*, ne ſe trouvoit pas à ſix journées de diſtance de la Capitale des Perſes, connuë des Grecs ſous le nom de Cteſiphon. Mais l'inſtitution de la Royauté eſt bien moins ancienne parmi les Peuples vagabonds & toujours errants qu'elle ne ſe trouve chez une Nation telle que les Habitans de l'Yemen. Néantmoins, comme la reputation des hommes n'eſt ordinairement que l'effet des mouvements qu'ils ſe donnent, ou du dérangement qu'ils cauſent dans le cours naturel des événemens, il faut reconnoitre que les Hiſtoires parlent beaucoup plus des Arabes de l'Irak que de ceux de l'Yemen, parce qu'en effet nous ne connoiſſons rien ſur ce ſujet que par les monuments qu'en ont laiſſé les derniers

niers Romains, ou plûtôt les Grecs du bas Empire ; qui à l'occasion de leurs guerres avec les Perses ont connu les Arabes de ce Canton. Ce n'est pas que les vieux Empereurs, tels qu'Auguste, les Cœsars, leurs enfans, Tibere & Neron par leurs Géneraux, & particulierement Trajan lui-même, n'eussent fait la guerre en ces mêmes quartiers. Mais le Desert qu'il faloit traverser par la route du Midi, (depuis *Byrrats* au Nord; ou depuis *Damas*, au Midi, jusqu'à l'Euphrate, pendant 16. ou 14. journées de caravane, & cela sans trouver d'eau) les détermina à prendre une autre route, qui se trouve beaucoup plus au Nord, ou du moins à la faire par la Mésopotamie, ou en suivant le cours de l'Euphrate, comme avoit fait Alexandre le Grand, & comme le voulut faire depuis Julien l'Apostat, qui y perit.

DE tous ces Empereurs il n'y eut que Trajan qui se hazardat à affronter la route du Desert, au moyen de quelques intelligences qu'il avoit pratiquées avec un Roi de ces Cantons. Mais pour la rendre praticable aux convois nécessaires à la subsistance de son Armée, il y fit creuser des puits, de distance en distance, & paver le chemin depuis Damas jusqu'à l'Euphrate, au travers d'un
país

païs où il ne se trouve qu'un sable profond, sans aucune pierre. Monument éternel de la grandeur Romaine, & du courage d'un Prince digne du grand poste qu'il occupoit; lequel traça à ses Successeurs le chemin d'une gloire immortelle s'ils n'avoient négligé d'y parvenir.

Le premier Roi de cette Contrée, (que nous pourrions aussi nommer *Chaldée*, si l'usage des Arabes, ses habitans, ne la déterminoit plus exactement par le nom d'*Irak*) s'appelloit *Maleik*: mot qui ne signifie autre chose que celui de sa dignité. Il vivoit au tems des *Rois des Nations*, c'est-à-dire, suivant l'idée des Orientaux, au tems des Successeurs d'Alexandre le Grand. Ce Prince, comme l'on sçait, ayant conquis les vastes païs de la Perse & de l'Inde, s'en retira presque aussi-tôt pour se raprocher de l'Europe, & laissa par-tout des Gouverneurs, qui se rendirent Souverains après sa mort; & qui n'étant presque point désignez par leurs noms particuliers, sont connus par celui de *Rois étrangers*, ou de *Rois en multitude*.

On compte dix Successeurs de ce *Maleik* jusqu'à *Nooman*, surnommé le *Louche*; Prince fort illustre dans l'Histoire des Perses, & qui à cause de ses grandes qualités fut choisi par *Jasdegerd*, XIII. Roi des seconds Perses, pour élever son fils, *Babaramgur*, qui a été un des Héros de l'Orient. Et il le choisit avec cette singularité, qu'il envoya son fils dans l'*Irak*, sans déplacer *Nooman*, le conjurant de le nourrir à la maniere des Arabes, sans aucun ménagement pour les espérances de sa future élévation. *Nooman*, de son côté, répondit à cette confiance par ses soins & par sa dépense. Car il fit bâtir, pour la demeure de son pupille, deux châteaux merveilleux, dont les beautés sont chantées par plusieurs anciens Poëtes Arabes, aussi-bien que le sort de l'Architecte, (*Secmamar*) qui les avoit construits. Cette occupation n'empêcha pourtant pas *Nooman* de songer à quelque chose de plus important pour lui-même. Il embrassa en effet la Religion Chrétienne avec une si grande foi, & témoigna tant d'attachement pour le Ciel, & tant de mépris pour les choses de la Terre, qu'après avoir règné 30. ans avec une autorité égale à sa reputation, il se retira dans la Palestine, & y mourut avec les solitaires de la grande Laure, dont il avoit embrassé la profession.

CE Prince eut quatre Successeurs jusqu'a Almondar, qui fut dépossédé par
Cobad,

Cobad, Roi de Perse; en haine de sa résistance à l'imposture du Manichéen *Mardak*. Nouschirvan le rétablit quand il eut succédé à la couronne de son pere, & il fut, comme lui, par le même principe, ennemi juré des Chrêtiens. Il étoit fils de Mauviah, fille d'Ausf, célèbre Reine des Arabes au tems des Empereurs Justin & Justinien. Elle étoit aussi la plus belle personne de son siècle, ce que les Arabes ont exprimé par le surnom de *Maoſſamain* qu'ils lui donnerent, & qui signifie la *fraiche rosée du ciel*, pour exprimer quelque chose de l'éclat & de la délicatesse de son teint. *Almondar* eut encore quatre autres Successeurs jusqu'à un autre Nooman, qui se fit aussi Chrêtien à l'occasion d'une action de génerosité qu'il vit pratiquer à un Arabe, lequel en donna la gloire à sa Religion. Ce Roi fit bâtir beaucoup d'Eglises dans les endroits les moins fréquentés du Desert, & mourut après un Règne de 22. ans dans une guerre que Cosrou Paravis, Roi de Perse, avoit entreprise pour le détrôner. Il eut encore trois Successeurs, mais il paroit qu'ils furent d'une autre famille, & que ses enfans ne monterent pas, après sa mort, sur le trône de leur pere. Quoi qu'il en soit, il est certain que la con-

quête

quête que les Musulmans firent de l'Irack, sous le Règne du Calife Omar I. engloutit les uns & les autres, jusques à ce que ces Conquerans apporterent eux-mêmes en ce même Païs le siége de leur Empire & de leur vaste domination.

Il resulte du détail précédent, quoique très abrégé, que les Rois de l'Irack n'étoient ordinairement placez sur le Trône, ou ne s'y conservoient qu'autant qu'ils étoient agréables ou utiles aux Monarques Persans. Mais d'ailleurs, il peut servir à faire connoître le progrès que le Christianisme avoit fait parmi les Arabes au tems auquel Mahomed parut. Lequel progrès étoit tel, que l'on en peut bien conclure que quelques Princes, & quelques particuliers de la Nation, l'ont embrassé par conviction des véritez qu'il enseigne ; mais non pas que le peuple en ait fait une profession commune & génerale. Les Arabes se contenterent de s'en former une idée grossiere & peu favorable. En effet, prévenus pour les notions simples, & ennemis déclarez de toute contradiction, réelle ou apparente ; & ne pouvant d'ailleurs comprendre les dogmes dont la Religion Chrétienne est embarassée, & voyant que ces mêmes dogmes étoient contestez par differents

ferents partis, ils les rejetterent comme des erreurs grossieres. D'ailleurs, la perfection de la Morale Chrétienne, qui resserre l'usage des plaisirs, revolta ces Peuples ; qui croyent que la Nature les a plutôt établis pour son propre sentiment que pour l'avantage de ceux qui en jouissent. Avec de tels préjugez il leur étoit impossible d'accorder la concession gratuite d'une faculté bizarre, inquiète, & qui met tout l'homme en mouvement avec la défense de l'employer selon le goût qui en est conséquent. C'est ainsi que Mahomed a depuis combattu la doctrine Chrétienne, & donné des principes, qui, couvrant les principales difficultés, renfermées dans ce précepte de Morale à l'égard des plaisirs, concilient la puissance de la Nature avec la Loi.

Au surplus, comme les Rois de Perse s'étoient avantageusement servis du petit Royaume de l'Irack pour leur propre sûreté, en s'en faisant une barriere pour retenir les courses des autres Arabes du Desert, & les empêcher de pénétrer au-delà des deux Rivieres de l'Euphrate & du Tigre ; de même les Rois de Sirie, & après eux les Romains, ne négligerent pas de se procurer des défensives de la même espèce. Ils employerent à cet usage une petite domination, échapée de celle de l'Irack, & qui avoit établi sa résidence dans un territoire nommé Gasswan : lequel, quoiqu'au milieu des Deserts, abonde en eaux délicieuses, en paturages verds, & en palmiers portant d'excellentes dattes. De la même maniere il se trouve, au milieu de la plaine la plus aride de la Libie, deux endroits que la Nature a fertilisez singulierement par l'abondance des eaux qu'elle y fait couler. Ces lieux, qui ne sont pas fort éloignez de la frontiere de l'Egypte vers l'Occident, sont ceux que les anciens Grecs apelloient *Oasis*, d'un nom manifestement tiré de l'Arabe *Al-Oah*, qu'ils portent encore aujourd'hui, & qui ne signifie autre chose, malgré l'idée attachée à ce mot *Oasis*, qu'un lieu de repos & de béatitude dans le Desert, comme le nom de *Gasswan* en exprime proprement la graisse, ou l'abondance.

Les Historiens prétendent donc qu'une troupe d'Arabes, sortis de l'Yemen, il y a plusieurs siècles, à l'occasion de quelques disgraces arrivées à leur pays, cherchant une habitation, trouverent cette Contrée de Gasswan déja possédée par une ancienne Tribu, ditte *Salib*. Ils ajoutent qu'ils en chasserent les habitans, & qu'ils se choisirent un Roi de la famille des Princes de l'Irack, qui étoient

toient devenus leurs voisins, & qui leur
étoient déja respectables parce qu'ils tiroient leur origine en ligne directe de
Joktan & de son frere, Tige commune
des Princes de l'Yemen.

Le premier de ces Rois de Gassvan
portoit le nom de *Jasuah*, & il a eû
XXXI. Successeurs : le dernier lesquels,
nommé *Jabalab*, s'étant d'abord soumis
au Calife Omar dans le tems de la Conquête de la Sirie, se repentit depuis d'a-
voir embrassé le Mahométisme ; & s'étant
échapé des mains des Géneraux du Calife, & de ses propres sujets, se sauva à
Constantinople où il acheva sa vie dans
l'humiliation & dans la pénitence.

On remarque que, parmi ces Rois de
Gassvan, le nom commun des Princes a
été celui de *Hareth*, ou *Al-hareth*, d'où
il est visible que les Grecs & les Romains ont pris leur dénomination génerale d'ἀρέτας qu'il donnent à tous les Rois
de ce Canton. Cependant, à parler exactement, il n'y en a eû que cinq de
la Tige de Jasuah qui ayent été ainsi
nommez ; dont l'un vivoit au tems de
S. Paul, & en celui de l'Empereur *Trajan*:
mais en recompense ceux qui gouvernoient avant eux la Tribu de Salih, (qui,
comme je l'ai déja remarqué, possédoit la
Terre de Gassvan avant la conquête des
Yemé-

Yeménides) ont presque tous porté le nom d'Hareth. Au reste, s'il étoit vrai que les Rois particuliers de l'Irack n'eussent en tout duré que 622. ans & 8. mois, comme quelques Auteurs l'établissent, on ne pourroit pas adjouter foi à ceux qui donnent une bien plus longue durée à ceux de Gasswan : puisque ceux-cy sont dits sortir de la même famille, posterieurement aux premieres générations qui doivent avoir précédé le Règne de Jasuah. Mais quant à la fin de l'une & de l'autre domination, il est certain qu'elles ont été toutes deux englouties par la puissance Musulmane, & sous le même Règne du Calife Omar I.

OUTRE ces Rois, que l'on peut appeller modernes, en comparaison de l'antiquité de ceux de l'Yemen, il est certain que l'Hégias a aussi eû les siens, sortis de la même souche par un fils de Jochtan. On donne X. Successeurs à ce premier Prince jusqu'à Modad, dont le Patriarche Ismaël épousa la fille, & l'on ajoute que les Tribus qui reconnoissoient ces Princes, ayant été chassées de l'Hégias par la posterité du même Ismaël, elles se retirerent dans un Canton sur le bord de la Mer, nommé *Johaina*, où les fréquentes inondations du terrein, qui y est fort bas, ont causé dans la suite leur totale destruction. LES

MAHOMED.

Les Rois Kandes tiroient aussi leur origine de la même famille de *Jerab*, fils de Joktan : mais on ne les connoit que par les derniers événemens de leur Histoire ; parceque Nouschirvan, après le rétablissement d'Almondar Roi de l'Irack, permit à celui-cy de se venger à sa discrétion du Roi des Kandes, qui avoit contribué à son oppression. En conséquence de cette permission, Almondar porta la guerre dans le païs des Kandes, qui étoit situé en quelque partie de l'Yemen, & il détruisit aussi-bien la mémoire de ces Peuples que leur Domination. De sorte qu'il n'en reste ni monument ni souvenir, si ce n'est de la personne d'un Poëte célèbre, nommé *Amruleas*, lequel ne trouvant néanmoins aucune subsistance ni protection dans l'Arabie, au tems des premiers Mahométans, fut obligé de passer à la Cour de l'Empereur Grec, qui lui donna retraite dans la ville d'Ancire, où il est mort Chrêtien, & sans posterité.

C'est-là en abrégé ce qui est venu jusqu'à nous, par les soins & les recherches du célèbre Pocok, Professeur pour l'Arabe en l'Université d'Oxford, touchant les familles Royales qui ont été reconnues en Arabie avant la vocation

tion de Mahomed. Mais outre cela les Auteurs font souvent mention de certains Grands-hommes qui ont tenu le rang de Rois ou de Princes parmi les Arabes ; desquels toute-fois on ne sçauroit fixer la domination que d'une maniere incertaine, par raport au Canton où ils l'ont exercée, non plus que par rapport au tems auquel ils ont vêcu. On les pourroit comparer avec assés de vrai-semblance avec les Juges d'Israel, dont la vertu, & les actions glorieuses & utiles à leur Patrie, sont plûtôt rapportées, que les circonstances de leur naissance, ou du tems de leur Gouvernement.

Tels ont été 1°. *Dahak* le *féroce*, dont les Grecs ont changé le nom en celui de Dejoces, & l'ont cru un Roy de Médie. Il est fort renommé dans tout l'Orient, tant pour s'être formé une très vaste Monarchie, quoique né dans le Desert d'une Famille obscure, ou même inconnüe ; que pour avoir chassé les Seïtes qui avoient fait une espèce de conquête de l'Asie superieure, & qui y avoient déja regné 28. ans. Mais, soit que sa cruauté l'eût rendu odieux en sa personne, & en celles de sa posterité ; soit que la division de ses Etats, (qui a donné naissance à plusieurs Monarchies

par

particulieres dans la Chaldée, la Sirie, la Perse, la Médie, &c ; ou toute autre raison, ayent obscurci la gloire de ses exploits, il est certain qu'il nous est plus connu par les livres des Grecs, que par les Auteurs Arabes, qui ne se sont point crus honorez d'un tel compatriote. 2°. *Amru*, fils de *Lab*, de la race des Rois de l'Yemen, lequel a commandé dans l'Hégias ; qui le premier a souillé la sainte Maison de la Mecque, en y plaçant les idoles de *Habal*, *Asaph*, & *Nayel*, que Mahomed eut tant de peine à détruire, 3°. *Zohair*, fils de *Habal*, Devin, ou Astrologue célèbre, & peut être Chrétien, si l'on en peut juger par ce qui se passa entre lui & *Abrabah* l'Ethiopien, à qui il conseilla d'élever un Temple nouveau dans la ville de Sanaa, & d'y établir un azile pareil à celui de la Mecque, 4°. *Colaib*, ou *Vayel Colrib*, dont la fierté & l'arrogance ont passé en proverbe chez les Arabes 5° *Kais* fils de *Zoabir*, dont les chevaux *Dehet* & *Gabra* sont en réputation d'avoir été les plus beaux que l'Arabie aît jamais portez. Il se fit Chrétien sur la fin de ses jours, & mourut solitaire sur le Mont Sinaï 6°. A ces hommes illustres il faut encore joindre la célèbre *Mauviah*, Reine des Arabes

Arabes de l'Irack, aussi singuliere par son esprit & ses intrigues que par sa rare beauté. Il y a lieu de croire qu'elle étoit Chrétienne, mais de la secte Jacobite, condamnée par les Grecs & les Romains ; d'où elle prit occasion d'engager les Perses à faire la guerre contre l'Empereur Justinien.

Mais en voilà suffisament sur cette matiere pour pouvoir se former une idée de l'état politique des Arabes, & de la situation où ils se trouvoient à l'égard des Perses & des Ethiopiens, leurs voisins les plus redoutables. Car pour les Romains, l'Histoire nous fait assés connoître, que, soit qu'ils eussent pensé que leur Païs étoit impénétrable, soit qu'ils redoutassent leur maniere de combattre, ils n'ont jamais porté leurs armes au-de-là des deserts voisins de la Sirie & de la Palestine.

Il ne faut pas toutes-fois terminer cet article de l'Histoire Arabe sans dire quelque chose du Royaume de Palmire, & de la célèbre *Zenobie*, qui y a régné avec tant de gloire, après ou conjointément avec son mari *Odenath*. *Tadmor*, dont le nom est traduit en Grec par celui de *Palmire*, est un de ces Cantons hûreux qui se rencontrent dans les
Deserts,

Deserts, & dans lesquels il a plu a la Nature de faire couler des eaux, qu'elle refuse au reste du païs, Leur effet est toujours de fertiliser le terrein; qui étant rempli de sels, n'a besoin que d'être amoli par quelque humidité qui fournisse la nourriture des plantes. Les sels attirent naturellement cette humidité dans les autres Païs du monde, parceque le terrein fournit des vapeurs qui sont déterminées à se répandre dans un endroit plûtôt que dans un autre, à proportion des engrais, c'est à dire, des sels dont on couvre sa superficie. C'est-là tout l'art des laboureurs: préparer la terre par une culture qui la rende facile à être pénétrée; & lui donner des sels qui puissent attirer l'humidité temperée qui nourrit les moissons: non pas en surchargeant, ou noyant la Nature; mais en lui distribuant un aliment proportioné & conversible en la substance de la sémence qui a été confiée à la Terre.

MAIS dans les Deserts, les eaux coulent toujours trop profondément sous terre; & la superficie n'étant qu'un terrein leger, que la continuité des siècles, & de la chaleur a convertie en sables arides; si ces mêmes eaux ne se trouvent élevés, par une conformation bien rare

de

de l'interieur de la terre, il arrive nécesſairement, ou que l'air ne ſe charge d'aucune vapeur, ou que s'il en élève quelques-unes à force de chaleur, ce ne ſont que des ſoufres, ou des ſels volatils, cauſtiques & brulants, qui ravagent plûtôt les moiſſons qu'ils ne les nourriſſent. C'eſt auſſi ce qu'on experimente ordinairement dans ces Païs; où l'on ne ſe garantit du vent brulant qui y ſouffle pendant l'été, ou dans les commencemens de l'automne, qu'en ſe couchant à platte terre pour les laiſſer paſſer. Mais ces vents ne durent jamais long-tems, parceque la peſanteur des ſels les obligeant à raſer la terre, ou à s'abatre tout-à-fait, l'air s'en trouve bien-tôt dégagé. Au contraire, les poſitions, où l'eau interieure eſt plus élevée vers la ſuperficie de la terre, fourniſſant néceſſairement des vapeurs humides & abondantes, (qui donnent aux plantes convenables à ces mêmes lieux, toute l'humeur dont elles ont beſoin pour ſe nourrir & ſe fortifier;) les pluyes y ſont toujours fréquentes, parce qu'il n'y a que le froid qui puiſſe aſſés ſubtiliſer les vapeurs pour les rendre plus rares & plus capables dêtre ſoutenues dans l'étenduë de l'air. La chaleur, au contraire, n'a gueres qu'une voye uniforme
d'agir

d'agir sur la terre, qui trouve son contraire à peu de distance, dans la moyenne région, où le froid rassemble ce que la force du soleil avoit dissipé. C'est la raison pour laquelle il couroit un Proverbe chez les Grecs qui s'étoient établis sur la Côte de Cirenne en Afrique, & qui avoient peuplé la Pentapole, *que le Ciel y étoit percé :* les pluyes si rares dans la Libie étant si fréquentes en ce Canton, que leur Philosophie, très bornée par rapport à la Physique, n'en pouvoit pénétrer la cause.

TEL se trouve donc, ou plûtôt se trouvoit autrefois, le territoire célèbre de Tadmor. On veut aujourd'hui que le Roy Salomon soit le fondateur du superbe édifice qui s'y voit, parce qu'il est dit dans l'Ecriture, qu'il édifia une Maison somptueuse dans le desert ; & que l'on suppose d'ailleurs que David avoit étendu le Royaume des Juifs jusqu'à l'Euphrate. Cependant il est visible que la construction de cette Place peut être l'ouvrage d'un Roi tout different de Salomon, indépendamment des deux faits rapportez dans les Saints Livres. Et véritablement les caractères qui ont été tirez des ruïnes de Palmire sont, ou grecs, ou purs siriaques. Les médailles qui y ont été trouvées n'attribuent rien aux

aux Juifs, qui puisse faire présumer qu'ils ayent jamais eû aucune autorité dans ce lieu. Ainsi ce n'est que par convenance, ou bienséance, que, dans l'idée que nous avons du fils de David comme du Prince le plus riche qui ait règné, nous lui raportons la construction d'un édifice dont la somptuosité surpassoit tous les ouvrages des Grecs & des Romains. On va même plus loin, & l'on prétend prouver que nul autre Prince de l'Orient n'a pû construire un bâtiment si superbe ; parceque le séjour des Rois de Perse étoit trop éloigné du Royaume de Palmire ; & parceque les Rois de Sirie ont règné avec trop de troubles domestiques & de guerres étrangeres pour avoir pû entreprendre un ouvrage dont les ruïnes mêmes étonnent les Spectateurs.

Mais on répond à cela, Que l'Architecture de Palmire n'a aucun raport avec celle qui étoit en usage chez les Juifs, au tems de Salomon : Que l'Ecriture même porte témoignage qu'il avoit employé beaucoup de bois à la construction de ses maisons, & que les ruïnes de Palmire ne consistent au contraire qu'en un amas immense de pierres, de colomnes de marbre, d'entablements, & de plateformes : Que l'on y distingue
posi-

positivement, non seulement les ruïnes d'un vaste Palais, mais celles de deux Temples qui ne sauroient être l'ouvrage de Salomon, lequel ne connoissoit ni ne pouvoit admetre que celui de Jerusalem; Que les Rois de Sirie ont été très puissants, très riches, & que tous n'ont pas été également agitez de troubles & de guerres. Mais que, quand cela seroit vrai, rien n'empêcheroit que quelcun de ces Rois n'eût ordonné ce travail; qui s'est augmenté & perfectioné dans la suite, tant par l'autorité & la dépendance d'autres Princes, que par le concours des Peuples qui y ont à la fin formé une petite République: Qu'elle s'est long-temps maintenüe à la faveur des deserts qui l'environnoient, & qui la mettoient à couvert des incursions des Perses; Enfin, Qu' *Odenath*, le chef de cette République, se rendit si capable d'une administration plus étendue, que Gallien l'associa à l'Empire Romain, & lui ceda le Gouvernement de l'Orient: Que son fils & sa veuve ont soutenu quelque tems cette haute fortune, jusques à ce que, s'étant brouillés avec Aurelien, & s'étant même emparez de l'Egypte, elle se perdit par le sort d'une bataille, & parut à Rome dans un triomphe à la suite du Vainqueur.

queur. C'est-là ce que l'on connoît de plus véritable touchant cette célèbre Ville de la Sirie. Les Arabes paroissent avoir peu de part à ce que nous en rapportons : Cependant elle fait tellement partie de l'étendue du Païs qui leur est propre, que l'omission de ce qui la concerne seroit inexcusable. Mais il faut ajouter à ce qui en a été dit qu'il semble que la langue de Palmire n'étoit point l'Arabe, & qu'on doit plûtôt la prendre pour quelque Dialecte particulier du Siriaque, de l'Armenien, ou de quelqu'autre langue usitée dans ce voisinage. Peut être étoit-ce un mèlange de de toutes les trois, & surtout du Grec, comme le témoignent les inscriptions qui sont parvenuës jusques à nous ; qui font présumer que cette Ville reçut une Colonie Greque dès le tems d'Alexandre comme la pluspart de Villes du même païs.

Mais si j'ai pensé qu'il seroit utile de donner au Lecteur quelque instruction touchant le Païs & l'Histoire particuliere des Arabes, il ne sera, sans doute, pas moins convenable d'achever de lui faire connoître l'état de la religion parmi ces Peuples. On pourra juger par là des fondements sur lesquels Mahomed

med a établi un fiftème de Religion, non feulement propre aux lumieres de fes Compatriotes, convenable à leurs fentimens & aux moeurs dominantes du Païs; mais encore tellement proportionné aux ideés commnues du Genre humain, qu'il a entrainé plus de la moitié des Hommes dans fes opinions, en moins de XL. années: de forte qu'il femble qu'il fuffifoit d'en faire entendre la Doctrine pour foûmettre les efprits.

IL eft auffi néceffaire de faire attention aux choix des moyens employez par ce nouveau Légiflateur pour enyvrer les hommes du même entoufiafme qui agiffoit en lui. Moyens, qui paroiffent fe rapporter à une parfaite connoiffance du caractère de ceux fur lefquels il s'eft repofé, pour exécuter un fi grand ouvrage fous fa conduite, ou pour le perpétuer après fa mort: mais qui regardent plus particuliérement le don de perfuafion qui étoit en lui; par lequel il eft venu à-bout, non pas d'amener des hommes groffiers à une doctrine mifterieufe, inexplicable, & néanmoins propre à toucher l'imagination; mais les plus fublimes Héros de leur fiècle, en valeur, en génerofité, en moderation, en fageffe; (Héros d'efprit & d'intelligence auffi-bien que de fentimens:)

& de les convaincre de la maniere du monde la plus sêche, & la plus contraire à l'amour propre; en leur imposant la nécessité de croire tout ce qu'il lui plaisoit de leur annoncer, sans être d'ailleurs secondé par aucun miracle, ni prestige, ni don mis au rang des surnaturels. J'avoue qu'il est difficile de penser sans étonnement à un tel pouvoir de l'éloquence humaine, se présentant d'ailleurs sans adoucissement & même avec une hauteur si offensante, qu'il défioit les hommes & les Anges de rien composer d'égal à ce qu'il donnoit au Public.

Mais pour venir au fait, disons qu'il y a beaucoup d'apparence que les Arabes ont long-tems conservé, ou plûtôt qu'ils n'ont jamais perdu l'idée d'un Dieu suprême, Créateur de l'Univers. Il est difficile de prouver qu'ils tenoient cette tradition des premiers Patriarches: mais il est certain que Mahomed en a trouvé la notion répandue, & la croyance reçuë parmi ses compatriotes, avec des differences de plus ou de moins de clarté dans cette idée, selon les lieux, & selon les caractères de certaines Tribus. Il n'est pas douteux non plus que ce qu'il y avoit de Juifs & de Chrétiens parmi les Arabes, ne reconnussent

nuſſent cette vérité: mais il eſt auſſi très certain que les Idolatres mêmes ne la rejettoient pas. Leur erreur ne conſiſtoit pas dans la négation d'une Divinité ſuperieure; mais, ſelon Mahomed lui même, dans le mélange qu'ils faiſoient de ſon pouvoir avec celui des idoles, ou des Divinitez inferieures qu'elles repréſentoient. Mélange qu'il proſcrit ſous le nom d'*aſſociation*; parce qu'il n'eſt pas poſſible qu'un Etre infini en nature & en puiſſance, ait beſoin du concours de quelque autre volonté, ou de quelque autre Puiſſance pour produire un effet. Mais ce reproche d'aſſociation, & l'épitète conſéquente d'aſſociateurs, ne ſe borne pas aux ſeuls Idolatres. Mahomed l'applique pareillement aux Chrétiens, dont il condamne la Doctrine principalement parce qu'ils admetent une géneration dans la Divinité: géneration qu'il dit ètre manifeſtement inutile ſi elle ne produit qu'un même Dieu; & manifeſtement contradictoire ſi elle en produit un autre qu'il ſoit néceſſaire d'aſſocier au premier.

On voit bien, à cette occaſion, que Mahomed n'a connu que l'écorce de nôtre Doctrine, ou qu'il a été dégouté de l'approfondir, à raiſon des diſputes qui règnoient, alors préciſément, ſur la

Géneration du VERBE, & sur les circonstances de son Incarnation. Mais s'il n'a fait qu'éfleurer la doctrine Chrétienne, on peut dire qu'il a beaucoup mieux entendu celle du Paganisme que nos anciens Docteurs: parce qu'il y a peu d'apparence que l'idolatrie aît jamais banni l'idée d'une Divinité superieure, pour mettre simplement à sa place les fictions de quelque imagination touchée de crainte ou d'esperance Il y a bien plus d'apparence à croire qu'elle s'est toujours contentée de lui associer dans le culte d'autres objets formez par les passions. Et c'est peut-être pourquoi S. Paul a dit expressément, *qu'il faloit adorer le Dieu des Grecs, mais non pas le servir à leur maniere.*

Je reviens volontiers à la louange de la solitude des Arabes, laquelle, ne leur permettant pas de connoître tous les déréglements de l'imagination des autres Peuples, les a exemptez de prendre part & à leurs crimes & au plus grand nombre de leurs superstitions. Elle a conservé chez eux plus long-tems, & avec moins de mèlange, le sentiment naturel de la véritable Divinité ; & si nous portons la réflexion jusques à examiner le principe des erreurs où ils sont tombez sur cette matiere, nous les trou-
verons

verons plus excusables que tous les autres.

En effet, outre l'extrême difficulté qui se trouve à conserver l'idée d'une Divinité purement intellectuelle, & dont les sens ne rendent aucun témoignage; nous élevons si naturellement nos yeux vers le Ciel toutes les fois que nous pensons à Dieu, ou que nous implorons sa puissance, que malgré la conviction où nous sommes que son infinité le rend présent par-tout, nôtre imagination se porte à regarder le Ciel comme son séjour particulier. De cette premiere idée nous passons bien-tôt à une seconde, qui est de reconnoître la beauté de cette demeure, d'admirer la lumiere & la chaleur qui en sortent pour animer la Nature. L'on passe de-là à la consideration des Astres qui y brillent: on en observe les differentes circonstances; la régularité de leurs mouvements & de leurs cours, accompagnée de certaines singularitez mésurées, qui ont été prises en ces anciens tems pour les actes d'une volonté particuliere: ce qui a donné au plus grand nombre l'occasion de penser que les Astres étoient animés, ou du moins conduits par des Intelligences. A cette premiere Notion s'est jointe l'experience de leurs effects. On a jugé qu'ils ont

un

un pouvoir réel, & une direction particuliere ; tant sur les événements qui se raportent à la temperature de l'air, comme la fertilité des années, la règle constante & néanmoins variée des quatre saisons, la production de certains insectes, & conséquemment des maladies populaires, soit des hommes soit des animaux : que sur ceux qui sont déterminez par une certaine fatalité qui semble gouverner le monde & tout ce qu'il comprend ; Rois, Monarques, particuliers : lesquels croyent touts vouloir, & faire librement ce qu'ils exécutent, quoy qu'ils y soient nécessitez par une cause qui dépend des premiers mouvements de la Nature, desquels les derniers sont aussi conséquents que le peuvent être les premiers.

La réunion de ces divers sentiments, conçus sur le sujet du Ciel & des astres qui le remplissent, n'a pas manqué de produire dans l'esprit de ces premiers hommes, encore mal instruits des vérités mathématiques, un Culte religeux vers le Ciel, & pour les astres si voisins de la gloire du Tres-haut : lequel culte ils ont également pratiqué, ou par le motif de l'esperance de quelque bien, ou par celui de la crainte de quelque mal. Ce Culte est même si ancien que
l'on

l'on n'en a jamais découvert l'auteur : de forte que toute l'antiquité s'en trouva prévenuë avant que d'avoir réfléchi fur cette innovation. Cependant nous trouvons dans l'Ecriture que DIEU en condamna l'ufage par fes Prophètes, auffi-tôt qu'il lui plut de donner aux hommes une règle de conduite plus étroite que la Loi naturelle, & qu'il fixa le véritable & feul objet de leur adoration, qui ne pouvoit être que lui même. Moïfe défendit pofitivement le Culte de la *milice du Ciel*, duquel on voit que véritablement les Cananéens, & diverfes autres Nations avoient tiré d'abominables conféquences : jufques là qu'ils en avoient pris la coutûme d'immoler leurs enfans aux dieux impitoyables, Moloch & Remphan ; qui n'étoient autres, que les étoiles de Mars & de Saturne, honorées dans des fimulacres ou des Types, c'eft à dire des aiguilles de pierre confacrées à leur honneur. Cette defenfe eut fon effet à l'égard des Hébreux durant quelques années ; mais l'exemple des Peuples voifins les fit bien-tot retomber dans cette même idolatrie, & il ne falut pas moins que des châtimens formidables, & réïterez à proportion de leur rechûte, pour les engager à y renoncer.

LES

Les Arabes, de leur côté, moins exposez que les Juifs à ces sortes de châtimens, que l'on peut dire avoir plûtôt été politiques & nationaux que religieux, parce qu'ils s'appliquoient moins aux péchez des particuliers & au redressement de leur conscience, qu'à la destruction de la république, laquelle ne se relevoit de ses chûtes qu'en embrassant avec un zèle nouveau les observations légales: Les Arabes, dis-je, plus tranquiles dans leurs Deserts, goûterent trop le mélange d'un Culte materiel & objectif avec une Religion purement intellectuelle. Leurs Défenseurs ont beau dire que l'imagination des hommes est incapable de s'arrêter par elle-même, & sans un objet materiel qui la détermine: ils sont véritablement coupables de s'être reposez sur une confiance incertaine, parceque, quand les Astres seroient les causes réelles de tous les effets qu'on leur attribue, ils ne peuvent être regardez que comme des causes machinales, subordonnées à la volonté de celui qui leur a donné le premier mouvement, dont tous les autres paroissent être les suites & les conséquences.

C'est donc avec une juste raison que Mahomed, à l'exemple de tous les autres Prophètes, a condamné le culte des étoiles;

étoiles; non pas comme une prévarication consommée, relative à la corruption de la volonté, mais comme un abus dans la notion & dans l'idée commune: puisque l'ordre des choses naturelles n'est autre chose que l'exécution de la volonté du Tout-Puissant: volonté qui n'est ni muable, ni occasionelle, mais déterminée par un Décret éternel, auquel le mouvement des premiers moteurs est aussi soumis que le dernier des choses mûes. C'est l'un des arguments que Mahomed employe pour confondre toute idée d'association, de concours de pouvoir, & de vertu étrangère dans la notion que l'on doit avoir d'un Etre supposé infini, & souverainement parfait.

Les anciens Sabéens, ou Sabiens, comme les Arabes les nomment encore aujourd'hui, sont ceux qui pratiquoient ce Culte des étoiles, qui se répandit, non seulement dans le Desert, où l'observation de leurs mouvements se pouvoit faire avec plus de facilité, mais encore dans les Montagnes de l'Yemen. Cependant, comme il n'est point d'opinion humaine qui demeure long-tems dans la simplicité où elle a été conçuë; au-lieu de la Milice entiere du Ciel, qui étoit l'objet du premier Culte, il n'y eut

eut point de pays particulier, point de Tribu, & peut-être point de famille en Arabie, qui, dans le grand nombre des étoiles fixes, ou dans les planettes, n'en choisît quelqu'une pour en faire l'objet de son Culte: la regardant comme une protectrice spéciale, de laquelle on pouvoit esperer du secours dans les entreprises, & un remède consolant dans les disgraces.

On rapporte que parmi les Tribus Arabes qui s'étoient fait ces dieux particuliers, celle d'*Hamyar*, adoroit le Soleil; celle de *Cananab*, la Lune; celle de *Miffam* l'œil du Taureau, dit en langue du pays, *Aldebaran*; celle d'*Ocham* & *Jedam* la Planète que nous nommons Jupiter; celle de *Tai*, l'étoile ditte Caffiope; celle de *Kais*, le grand chien, dit Sirius; vrai-semblablement en conformité des observations faites en Egipte: celle d'*Asad* adoroit la Planète Mercure, si difficile à découvrir aux observations vulgaires: & la Tribu de *Takif*, celle de Venus, communément ditte l'étoile du Berger, & ainsi des autres qu'il seroit trop long, & très inutile de rapporter.

De dire après cela jusqu'à quel point s'étendoit la foi ou la confiance que les Arabes mettoient en ces étoiles, c'est ce qui paroit tout-à-fait impossible. Mais si l'on en peut juger par la condescendance que Mahomed eut pour eux, il paroitra qu'il ne les soupçonna point d'une idolatrie complète, & qu'il les regarda plûtôt comme le plus simplement abusez d'entre ceux qu'il a nommez *Associateurs*; c'est-à-dire, comme les plus disposez à revenir de leurs erreurs : non que la doctrine des Juifs n'approchât davantage de la sienne, mais parceque les préjugés de ceux-cy lui parurent plus difficiles à surmonter, étant personels à leur Race, & à leur nom. C'est aussi la raison pour laquelle la premiere tolerance qu'il accorda fut expédiée en faveur des Sabiens ; la seconde pour les Juifs ; & la troisiéme pour les Chrétiens. Mais il éprouva dans la suite que la doctrine de ces derniers, quoique plus éloignée de la sienne, ne produisoit pas d'ordinaire une opiniatreté si inflexible : parce qu'on pouvoit entreprendre de les changer par voye de raisonnement, outre que leurs divisions intestines lui firent esperer qu'ils se détruiroient d'eux-mêmes.

Les Mages Persans n'étoient pas sans prétextes pour affoiblir l'idée de l'idolatrie dont Mahomed les crut coupables. Ils adoroient la lumiere naturelle des esprits dans sa plus vive image, qui est le soleil;

soleil ; & sous le simbole le plus convenable, qui est le feu materiel : qu'ils entretenoient avec les matieres les plus pures. D'ailleurs l'innocence de leur vie, la simplicité de leur mœurs auroient dû leur rendre favorable ce nouveau Docteur. Mais ils avoient aussi contre eux l'ancien préjugé, par lequel les Orientaux prétendent qu'Abraham, à leur occasion, aît été prêt de perir dans les flammes plûtôt que d'embrasser leur Culte. A quoi, si l'on joint la superstition plus que barbare de leurs sépultures ; & cette pratique incroyable à toute nation policée, qui permet chez eux au parents de se servir de leurs propres enfans pour en engendrer d'autres, il paroitra que le Prophète fut légitimement fondé à condamner leur Religion, & que l'accusation d'idolatrie en fut un prétexte d'autant plus favorable à ses desseins, qu'il étoit moins sujet à être contredit.

Mais les Sabiens trouverent encore une raison spécieuse pour se concilier la bienveuillance de Mahomed : il voulut bien les croire dépositaires des Livres des plus anciens Prophètes, tels qu'Adam, Seth & Enoch ; lesquels livres ils se vantent encore aujourd'hui de posséder. Il y a toute-fois peu d'apparence que

MAHOMED.

que ces deux Patriarches ayent écrit, à moins que l'on ne suppose qu'ils ont voulu avertir leurs descendans des desastres communs dont la Nature entiere étoit menacée ; tels que le Déluge, qui n'étoit pas fort éloigné, & l'incendie qui doit finir la durée de la Terre. Monuments que l'Historien Josephe dit avoir été gravés sur des colomnes pour l'instruction de tous les siècles ; mais qui, ayant été détruits par le tems, peuvent avoir été recüeillis par les premiers hommes, & perpétuez par leurs écrits : or sur cette supposition rien n'empêche que les Sabiens ne s'en trouvassent les dépositaires du temps de Mahomed, d'autant plus que l'Histoire nous représente cette Nation comme très curieuse & très attentive. A l'égard du Livre d'Enoch, que les Arabes nomment *Idris*, S. Jude lui a rendu témoignage dans son Epitre canonique, où il en cite un passage.

ENFIN un Interprète de l'Alcoran, voulant pleinement justifier la tolerance que Mahomed accorda aux Sabiens, ne craint point de dire que toute la difference qui se trouve entre la foy Musulmane & le Culte Sabien ne consiste que dans une erreur de fait, d'autant plus excusable qu'elle est incompatible avec l'orgueil

& la vanité si naturelle aux hommes „ Ils
„ croyent, *dit-il*, avoir besoin des intelli-
„ gences moyennes pour s'élever jus-
„ qu'à Dieu, & pour trouver accès de-
„ vant son trône : au lieu que la Vé-
„ rité découvre qu'il y a une telle liaison
„ du Créateur à son ouvrage, que le
„ néant & l'humilité de l'un attire né-
„ cessairement la misericorde de l'autre :
„ laquelle distribue des lumieres & des
„ graces à proportion de la foi & de
„ la bonne volonté, *C'est à dire, du goût*
„ *pour la vérité*, qu'il rencontre dans
„ les ames libres ou pour le choix du
„ bien, ou pour celui du mal.

Venons maintenant aux usages communs des Arabes; sur lesquels il semble que Mahomed a dressé la pratique exterieure de sa Religion : usages que l'habitude a pû naturellement lui rendre preferables à ceux des autres Peuples, ou que le peu de commerce que la situation de son Païs lui avoit permis d'avoir au dehors, lui a peut-être fait imaginer être generaux chez tous les hommes. Telle est la circoncision, dont il semble que les Livres saints attribuent la même pratique à Abraham; comme d'un commandement à lui fait de la part de Dieu dans une vision particuliere.

culiere. Mais tous les Interprètes qui ont examiné cette matiere conviennent sans difficulté que cet usage n'a point été particulier à ce Patriarche, ni à sa lignée; puis qu'il a généralement été pratiqué par les Orientaux, & encore avant eux par les Egyptiens: qui l'ont regardé comme une précaution nécessaire dans les païs chauds pour prévenir certains accidents de maladie, d'incommodité, ou de malpropreté aux quels la circoncision donne un remède efficace. Philon le Juif, si zèlé pour sa religion, & pour la gloire de la Nation Juive, dont l'élection de Dieu est le titre principal, n'en a point donné d'autre raison. Il est vrai que les Grecs, après la conquéte de l'Asie, sous Alexandre, ayant reconnu que ces Nations avoient fait un précepte de Religion d'une simple précaution de Médecine, traiterent cet usage de puérilité & de superstition: d'où se forma bien-tot, (parce qu'ils étoient les Maîtres de la fortune & des biens,) une espèce de honte pour la circoncision, qui fut augmentée par la haine universelle que l'on portoit aux Juifs, comme à une Nation incommunicable & remplie de préjugez odieux. Les Romains succéderent aux Grecs, & agirent suivant le même principe.

Cependant, quelque longue qu'ait été la durée de leur Domination, on ne voit point que les Peuples de l'Afie & particulierement les Arabes, ayent renoncé à cet ufage, établi chez eux, ou comme un précepte de Religion, ou fimplement comme utile à la confervation de la fanté. De plus Mahomed, forti directement de la filiation d'Abraham, ne pouvoit manquer d'avoir un attachement particulier pour un ufage auquel le Patriarche s'étoit foumis dans un âge avancé, & après toute reflexion faite à la douleur que cette operation lui pourroit caufer. Cette confideration l'auroit déterminé toute feule à regarder la circoncifion comme un acte religieux, quand elle n'auroit pas été pratiquée par la Nation Arabe toute entiere : à laquelle il auroit fans doute fait violence, s'il l'avoit obligée d'y renoncer. Il ne faut donc pas s'étonner fi, dans de femblables circonftances, il s'eft déterminé à en prefcrire l'obfervation à tous ceux qui embrafferoient fa Doctrine.

La défenfe de manger des viandes immondes n'eft pas un article moins fondé que la circoncifion. L'on conçoit affés que les cochons ne peuvent jamais être bien nourris dans un Païs où les recoltes

coltes sont très petites, & ne fournissent qu'à peine à la subsistance des habitans. D'ailleurs les bois sont si rares en Arabie, aussi-bien que les racines qui se nourrissent sous terre, & les paturages qui en couvrent la superficie, que l'on peut comprendre qu'il ne se trouve dans cette Contrée aucune espèce de nourriture propre à ces animaux. D'où l'on doit conclure que s'il y en a quelqu'un, il doit être extrèmement mal nourri, & par conséquent, que loin que la chair en soit délicate ou voluptueuse, ou qu'elle puisse servir à assaisonner les autres viandes, elle doit être très méchante au goût, & très nuisible à la santé: Raison plus que suffisante pour autoriser une coutûme, superstitieuse quant à la maniere de la concevoir, mais naturelle & juste dans sa pratique, puis qu'elle est fondée sur le goût, & sur les inconvéniens de la santé de tout un Peuple. Car personne n'ignore encore qu'outre la disposition prochaine que ces animaux ont à la ladrerie; qui peut s'augmenter & devenir effective par le defaut d'aliments convenables à leur espèce; & se communiquer aux autres bestiaux & principalement aux hommes qui s'en nourrissent, la salure des eaux & des aliments, dont on use en Arabie, rend

néces-

nécessairement le Peuple très susceptible de toutes les maladies de la peau, dont la derniere est la plus dangereuse espèce.

Ainsi le Législateur qui a autorisé la coutume par une loi, en défendant de manger d'une viande naturellement mauvaise & corrompuë, mais à laquelle la nécessité pouvoit réduire les miserables, n'a fait autre chose qu'augmenter la précaution publique, & garantir, par motif de Religion, le même Peuple, chez qui l'usage & la Raison avoient déja obtenu l'abstinence d'un aliment qui lui pouvoit être si préjudiciable. Les autres Nations, chez qui les nourritures sont plus faciles, & qui font peu de reflexion aux inconvéniens où l'on tombe naturellement en certains Païs, font choquées d'une déffense dont la cause ne se présente pas d'abord à leur imagination, & en concluent que cette Loi est un pur effet du caprice du Législateur. Les Juifs, haïs de tous leurs voisins, étoient regardez comme des entêtez par rapport à cette abstinence du cochon, qu'ils pratiquoient également dans tous les lieux où ils étoient établis ; soit en Grèce, soit en Egipte, soit en Italie. Aussi voyons nous que les flateurs de la Cour de l'Empereur Cajus

la

la reprochèrent à Philon, dans l'audience que ce Prince lui donna, & prétendoient lui en faire un crime : mais Philon excusa tous les Juifs de cet usage, en disant, que *le cochon étoit une viande fade & de petit goût* ; ce qui n'eut garde d'être contredit. Si Philon eût été plus habile il auroit pû justifier cette abstinence par des raisons d'un plus grand poids. Mais au fond, soit que l'usage des Arabes touchant les viandes immondes, comme le cochon, le lièvre, les reptiles, les coquillages, ait un principe résultant de l'éxperience, soit qu'il n'en ait d'autre que l'imitation des Juifs leurs voisins ; il est certain que Mahomed le trouva bien établi dans le tems qu'il se crut apellé au Ministère, & à l'établissement d'une nouvelle Religion : qu'il le confirma par une Loi, & par son exemple : de sorte que tous les Musulmans l'ont ensuite reçû avec obéïssance, & sans autre examen que d'en faire l'application à la propreté exacte qui leur est si recommandée ; laquelle sans difficulté doit encore augmenter l'aversion qu'ils ont pour des animaux aussi sales que les cochons.

Ce discours nous conduit naturellement à parler des purifications, & des lotions, qui ont été de tout temps en uſage dans les Païs chauds & particuliérement en Arabie. Car la chaleur y étant extrème, & les vêtements mal proportionnez à cette chaleur, (parce que le linge & la toile y ſont fort rares,) on ſe trouve dans la néceſſité d'uſer ſouvent du bain, qui eſt le ſeul moyen de procurer un ſoulagement aux ordures dont le corps ſe trouveroit chargé par la tranſpiration toute ſeule, quand la légéreté des ſables, & l'impétuoſité des vents ne couvriroient pas de pouſſiere diverſes fois par jour des hommes qui vivent continuellement dans les campagnes, où ils ſont expoſez aux plus fortes impulſions de l'air. On voit bien qu'il n'y a que la ſeule rareté d'eau, qui puiſſe mettre obſtacle au ſoulagement d'une ſemblable incommodité ; & que tous les Arabes la doivent rechercher avec l'empreſſement le plus vif ; comme un rafraichiſſement propre à calmer l'ardeur de leur ſang, & comme l'unique moyen de faciliter la tranſpiration des humeurs épaiſſes dont des temperaments auſſi brulez que le leur abondent.

Ce ſentiment naturel des Peuples eſt vivement exprimé dans l'Alcoran, par la peinture continuelle que Mahomed y fait des ſatisfactions de la vie future, ſous les differentes emblèmes de ruiſſe-

ruisseaux, de fontaines, d'ombrages, où l'on est à couvert des ardeurs d'un soleil toujours brûlant; de prairies, où l'on se repose sur de l'herbe fraiche de Bains, qui dissipent la crasse contractée par les travaux journaliers; & de la propreté exquise des hommes hûreux, *laquelle ne sera plus exposée aux souillures de cette vie, qui peuvent se contracter en tant de manieres, prévûës & non prévûes, qu'il n'y a personne qui s'en puisse garantir.* C'est sans doute par un effet bizarre de l'imagination que les hommes aspirent toujours à la possession des biens dont la Nature a semblé vouloir les exclure, & qu'ils font peu d'usage de ceux qu'elle leur a abandonnez. Ainsi les Arabes, au milieu des Deserts, soupirent après l'abondance des eaux de l'Egipte, & affectent la même propreté qui y est pratiquée. Mahomet, mourant, consulté par ses Disciples sur ce qu'il y avoit de plus essentiel dans les commandements qu'il leur laissoit, recommanda la paix; & parmi les moyens de la conserver, l'attention perpétuelle qu'ils devoient donner à la propreté, & la précaution de renfermer & de séparer leurs femmes.

Etranges moyens, disent les Commentateurs, mais qui font bien sentir à la reflexion des Sages la superiorité du génie de celui qui parloit ainsi. En effet, qu'à de commun en apparence la jalousie des hommes à l'égard de leurs femmes, & leur attention à la propeté, avec la paix & le repos ? Mais voici la maniere de l'entendre. La séparation des femmes, telle qu'elle est pratiquée dans tout l'Orient, est un moyen assûré pour les exclure des intrigues du Gouvernement, & pour prévenir les orages qu'elles ont trop souvent excitez dans le Monde. Quand elles ne s'occuperont chez elles que du soin de plaire à leurs maris, la Paix domestique sera conservée dans les ménages, comme elle le sera dans l'Univers lorsque leurs passions immoderées n'en augmenteront pas le trouble. Il en est de même de la propreté : lorsque l'attention que l'on donnera à la conserver de peur de prendre part aux souillures des uns ou des autres ; & lors qu'elle tiendra les Musulmans éloignés de ceux qui rejettent les préceptes les plus salutaires, selon leurs idées, il en arrivera une séparation propre à maintenir la Paix. Séparation qui suprimera beaucoup de disputes inutiles, beaucoup de discours dangereux, capables de porter le trouble, l'inquiétude, l'ambition & le desordre chez ceux qui

les

MAHOMED.

les écoutent: Enfin qui produira le repos & la tranquillité particuliere, qui font que l'homme joüit de lui-meme par préference à les autres biens. Voila donc quelle est l'espèce de propreté si nécessaire aux Arabes selon leur état naturel; si prétieuse à cause de la difficulté qu'ils trouvent à l'entretenir & qui leur est devenuë si chere par les motifs que la Religion Musulmane leur inspire.

Enfin le dernier usage des Arabes, que Mahomed a fait aussi passer en précepte réligieux, est celui de l'attention qu'ils ont toujours donnée à la multiplication de l'espèce humaine : non seulement pour la conservation & la perpétuité de leur Nation, mais pour la rendre forte & puissante par le nombre de ses Peuples. Dans cette vûë ils avoient toujours maintenu la pluralité des femmes, sans exclusion des concubines, estimant une maison bien-heureuse à proportion des accouchements qui y arrivoient dans le cours de l'année. Mahomed ne jugea pas néanmoins qu'un nombre indéterminé de femmes légitimes, toutes maitresses, & toutes également capables d'obliger un mari, fût compatible avec le bon ordre, & avec la tranquillité de châque ménage. Il réduisit donc ce nombre à quatre femmes,

sans

sans forcer pourtant personne à le remplir : mais il étendit l'usage des concubines aussi loin que la concupiscence de chaque particulier le voudroit porter ; n'y prescrivant d'autres bornes que l'obligation de les nourrir à leur aise, & satisfaction. C'est ainsi qu'en remédiant aux malheurs trop ordinaires des mauvais ménages, il pourvut, suivant le génie arabe, à la multiplication si recommandée par les Anciens ; obligeant d'ailleurs les femmes de l'une & de l'autre condition à vivre dans la retraite, & dans la dépendance de leurs Maîtres. On peut faire quelques réflexions à ce sujet, qui sont ici d'autant plus nécessaires que nos idées sont plus opposées à un tel usage.

En effet, nous ne les prenons pas seulement dans le Christianisme, qui a fait une vertu de la continence par l'autorité du souverain Législateur, par celle du plus ancien exemple que l'on puisse proposer, qui est celui des premiers hommes ; mais encore dans la pratique des Nations qui ont le plus de reputation dans l'Univers ; je veux dire les Grecs & les Romains, de qui nous tenons nos loix, aujourd'hui consacrées par le suffrage & l'approbation de tant de siècles. L'experience prouve même,
en

en nôtre faveur, que les Païs où la pluralité des femmes est adoptée pour la multiplication de l'espèce, ne sont pas plus peuplez que ceux dont les habitans sont réduits à une seule. Mais comme cet argument peut être retorqué, d'autant qu'il est vrai de dire que la dureté du Gouvernement fait perir plus d'hommes en ces mêmes contrées, que la multitude des femmes n'en peut produire ; outre que la plûs-part des Sujets y sont Chrétiens, & par conséquent obligez à la même continence que les Européens : il en résulte que du côté de la premiere fin proposée, qui est l'augmentation de l'espèce, à tout prendre, la pluralité des femmes n'a pas assés d'avantage sur l'usage de n'en épouser qu'une seule, pour en conclure qu'elle soit préferable. Mais de l'autre part, il ne sauroit être douteux que des hommes retirez, accoutumez comme l'étoient les Arabes, à l'exemple des Patriarches, à une vie pénible ; confinez dans une Région singuliere, où ils ne pouvoient goûter des satisfactions de simple amusement, ni former d'autres desirs que ceux que la Piété, l'utilité propre, & le repos devoient leur inspirer : Il n'est pas, dis-je, douteux que des hommes, dans de pareilles circonstances, n'eussent besoin
de

de quelque foulagement. Et il eft certain qu'ils n'en pouvoient trouver d'autre, que dans l'obéïffance de leurs familles, en la voyant foumife, non feulement à leur volonté, mais au moindre témoignage qu'ils en auroient donné; empreffées à recevoir leurs graces, qui ne pouvoient confifter que dans la communication d'eux-mêmes, parceque celle des autres biens n'étoit pas à leur ufage.

Or il n'eft perfonne qui ne conçoive que dans un tel cas, il ne fût prefque impraticable que le mari & la femme demeuraffent toute leur vie dans une ennuyeufe folitude, privés de tout commerce au dehors, & fans occupation intéreffante au dedans. Il a donc falu qu'ils multipliaffent leurs familles, & qu'ils en rendiffent leur demeure agréable, afin de pouvoir fupporter une vie dénuée d'ailleurs d'intrigues, de jeux, de fpectacles, de repas, & de tous les amufements auxquels nous facrifions la nôtre.

Après cela, il feroit fort inutile de comparer l'innocence ou le mérite des deux fiftèmes. Il eft, & doit être hors de doute que le nôtre eft le plus beau dans la fpéculation, le plus méritoire dans la pratique, le plus utile par raport

port au Salut; puisqu'il est ordonné par le Maître & le Juge de nos actions. Mais il ne s'en suit pas qu'il soit, ou le plus aisé dans l'usage, ou le plus commode à l'homme, ou le moins dangereux par raport à la Société. Nous sommes obligez de courir, de vaquer, de chercher des plaisirs étrangers, de nous amuser d'objets séduisants, propres à nous dérober nôtre premiere attention. Hûreux s'ils n'enlevoient pas toute celle dont nous sommes capables! En un mot, nos maximes sont préferables, mais nous nous dispensons de les suivre; & c'est en vain que la pureté & la continence se présentent à nous sous la forme la plus gracieuse: les maximes des Musulmans sont plus simples & plus naturelles, & ils y sont attachez par un principe qui n'est point different du nôtre; puisque c'est toujours la Religion qui conduit les Chrétiens & les Musulmans par deux routes si extraordinairement opposées.

TEL a donc été le principe de Mahomed, conçu par raport à l'usage commun de sa nation, par raport à la paix & à la satisfaction essentielle de ce qu'il appelle un *homme*; c'est-à-dire, le Chef, le Maître, le Dominateur de sa Famille.

Mais

Mais par raport à l'ordre, à la police, & à la domination des mœurs, qui doivent être l'objet de tout Légiflateur, il s'eft, fans doute, très évidèmment abufé : parceque le commandement de Dieu exige pofitivement la mortification de nôtre concupifcence, & la privation des plaifirs fenfuels. Il refteroit à favoir, fi l'extrème force de temperament dont il fe piquoit, au deffus de tous fes contemporains, n'a pas contribué à la détermination de ces préceptes, ou fi, en aboliffant ceux du Chriftianifme à cet égard, il a eu en vûë tous les inconvéniens que nôtre Religion en reffent elle-même.

Il refte enfin, pour derniere obfervation des coûtumes des Arabes anterieurs à l'âge de Mahomed, de dire quelque chofe du motif qui a porté ce Légiflateur à convertir les Affemblées qui fe faifoient autour du Temple de la Mecque, comme pour tenir lieu de Marchés publics, en un pélerinage obligatoire pour tous les Mufulmans ; lefquels font obligés de s'y rendre en perfonne, ou par procureur, une fois au-moins en leur vie.

Mais nous avons déja vû que l'idée de la fainteté de ce Temple étoit une

tra-

tradition géneralement reçuë dans le Païs : Tradition si anciénne, que l'on en raportoit l'origine aux premiers tems du monde, & si solide que l'introduction des idoles que l'on y avoit mises ne l'avoit point alterée. D'ailleurs Mahomed n'ignoroit pas que l'ancienne Religion des Juifs s'étoit proposée le Tabernacle de l'Alliance, & ensuite le Temple de Jérusalem comme des lieux d'élection ; dans lesquels elle devoit avoir son siège principal, & même exclusif de tous les autres endroits du monde. Il imita, par raport à la Mecque, ce que l'on ne peut pas douter que Dieu n'eût ordonné par raport à Jerusalem. Néanmoins il paroit qu'il balança quelque tems dans la détermination du lieu où il devoit attacher le Culte & la devotion de ses nouveaux Prosélytes.

Ensorte que s'il eût pû esperer d'être maître de Jérusalem, il lui auroit apparemment donné la préference. Mais enfin, la destinée lui ayant livré la ville de la Mecque & son Temple, lorsqu'il s'y attendoit le moins, il regarda cette faveur du Ciel comme la preuve du choix que Dieu en faisoit lui-même ; & ne songea plus qu'à employer en cette occasion tous les avantages que la tradition,

dition, & la prévention des Arabes lui donnoient, pour y attacher un Culte qu'il ne prévoyoit peut-être pas alors devoir paſſer à d'autres Nations.

LA VIE
DE
MAHOMED.

LIVRE SECOND;

CONTENANT *la Généalogie, & la Vie de Mahomed jusqu'à la* * *premiere Egire; avec le détail des moyens qu'il a employez pour former une nouvelle Religion; pour s'en faire déclarer le Prophète; & pour se rendre Monarque de l'Arabie.*

MAHOMED, ou *Mohammed*, selon la meilleure maniere de prononcer son nom, choisi dans un peuple inconnu, & dans une famille ignorée d'une partie de sa na-

---

* *Les Mahométans comptent deux Egires; celle cy arriva l'an 5. de la mission du Prophète.*

tion ; fils unique du dernier enfant de cette famille, & abandonné dès son enfance par la mort prématurée de tous ses proches ; livré dès sa jeunesse à la dure condition de suivre perpétuellement un tuteur adonné à tous les exercises les plus violents, ou à servir les Marchands les plus avides & les plus interessez : qui lui refuserent également toute espèce d'instruction ; ou ne l'occuperent pendant un tems si précieux qu'à la conduite de leurs équipages, & de leurs chameaux : tel, enfin, qu'il semble que c'est proprement à son sujet, que l'on peut imaginer qu'il plait quelque-fois à Dieu d'humilier & de confondre les admirateurs de la sagesse humaine par une apparente folie, dont on n'auroit jamais l'idée sans le succès des événemens. Ce Mahomed est celui duquel Dieu, dispensateur absolu de tout ce qui s'éxécute dans la Nature & dans l'ordre de ses mouvemens, a voulu se servir.

Premierement, pour faire perir, & pour confondre les mauvais Chrétiens de l'Orient, qui desoloient la Religion par leurs disputes, & leurs animositez réciproques : abandonnant ce qu'il y a d'essentiel au Christianisme pour s'attacher à des questions impénétrables à

la

la curiosité des hommes, ou se plonger dans la superstition. Secondement, pour renverser tous les trophées des Romains, & des Grecs; abolir leur gloire, leur arracher ces délicieuses contrées de la Sirie, & de l'Egipte; qui soûtenoient autant leur orgueil qu'elles servoient à leur avarice, & à leurs plaisirs; pour leur ôter aussi la possession de ces lieux consacrez par le séjour du Messie, par ses prédications, & par ses miracles: desquels ils abusoient pour fomenter des dévotions pueriles, & pour détruire le véritable esprit de la Religion. Troisiémement, pour soûmettre les Persans, leur enlever les honneurs qu'ils possédoient depuis tant de Siècles, & les punir des misères qu'ils avoient autrefois causées aux victimes de leur ambition. Enfin, pour porter la connoissance de l'unité de Dieu depuis l'Inde jusqu'à l'Espagne, & y détruire tout autre culte que le sien. Effets prodigieux! & qui se rapportent mal à l'idée que l'on nous donne du même Mahomed; comme d'un imposteur haïssable & malin, également rempli de défauts dans le corps & dans l'esprit; & tel que ses accès d'épilepsie, qui naturellement ne doivent servir qu'à redoubler l'horreur de sa personne, ont été ménagez, & employez à augmenter son déguise-

déguisement, & à tromper les témoins les plus proches de sa conduite.

Un Savant Anglois, touché comme je le suis, de la singularité de l'histoire Arabe, vient de donner au Public un abrégé du règne des premiers Successeurs de Mahomed. Il se plaint dans la Préface de son second volume, que le succès de son Ouvrage n'a pas répondu aux esperances dont il s'étoit flaté, à cause de l'indisposition générale des lecteurs. Quels hommes étoient donc les Arabes de ce tems-là, demande-t'-on à M. Okley? Etoient-ils tous enchantez, ou enchanteurs? le sang des Romains & des Grecs & celui des Persans s'étoit-il soudainement glacé dans leurs veines? Ne restoit-il plus d'idée de Religion, ni de doctrine? En un mot, les sentimens les plus naturels que l'on peut avoir pour sa prope défense, & celle de la Patrie, disparoissoient-ils à la simple vûë de ces hommes extraordinaires? S'il répondoit à ces questions en justifiant les faits Historiques par les autoritez qui les rendent ordinairement incontestables; s'il parloit des talens dont la Nature avoit comblé la personne de ce Mahomed; s'il relevoit le courage, & la capacité des Géneraux & des Ministres qu'il avoit lui-même for-

formez ; s'il repréſentoit l'entouſiaſme, & le Fanatiſme dont la Nation entiere ſe trouvoit poſſédée, au ſujet d'une Religion qu'elle croïoit la plus ancienne, qu'elle trouvoit la plus ſimple, ou la plus intelligible, & qui étoit renouvellée dans un tems où le Chriſtianiſme n'étoit plus entendu, de ceux mêmes qui le profeſſoient : On retorquoit auſſi-tôt contre lui l'idée d'une impoſture manifeſte, tramée par un homme vil ; ſoutenuë par quelque heureux ſuccès, malgré les défauts naturels de ſon auteur, malgré ſon éducation dans la ſervitude, & malgré les attaques d'une épilepſie habituelle, capable toute ſeule d'abrutir l'homme le plus ſenſé, & le plus courageux.

Mr. OKLEY auroit certainement pû répondre à de telles objections : que ſuppoſant la vérité des faits, inconteſtez, & inconteſtables, ſelon l'eſprit de démonſtration propre à l'Hiſtoire, il s'en ſuit ; ou que les talens naturels des auteurs d'une telle impoſture en ont facilité le ſuccès ; ou que la ſuprème Providence en a diſpoſé par la voye des miracles. Conſéquence ſi contraire à la conduite juſte & ſage que l'on doit ſuppoſer être eſſentielle à la Divinité, qu'il n'eſt point de conjoncture, ni de diſpoſition naturelle

turelle, propre à produire de tels événemens, qu'il ne faille plutôt accorder, que de recourir à la faveur des miracles, dispensez pour autoriser le mensonge. Cependant l'impression de ces discours publics a été si puissante sur l'esprit d'un Ecclésiastique, tel que Mr. Okley, qu'il n'a pas jugé devoir entreprendre d'écrire la vie particuliere de Mahomed; le rapportant à celle qu'en a donné, M. Prideaux ; lequel, quoique Historien très judicieux, n'a pas cru devoir se départir de l'idée commune, qui fait de ce Prophète prétendu, un imposteur aussi ignorant que méprisable ; & qui n'imagine dans cette imposture d'autre artifice, pour séduire les hommes que de leur permettre la pluralité des femmes, & de leur promettre un Paradis où ils en auroient en abondance. Mais à parler naturellement, & véritablement d'une telle fiction, dont on a vû le principe dans le livre précédent, c'est mal connoitre l'*homme*, ou pour mieux dire c'est donner trop peu de ressorts à sa nature, que d'imaginer que la seule passion de l'incontinence ait pû produire un ouvrage aussi grand, & aussi solide que le Culte Musulman.

A-la-bonne-heure que l'on fasse consister aujourd'hui le Héroïsme Chrétien
dans

dans l'abstinence des plaisirs, & même dans les incommoditez du corps: a-la-bonne-heure que l'on n'établisse plus la pénitence, dans le changement de l'esprit & du coeur, mais dans la peine & l'affliction des membres d'un corps; qui ayant été créé sensible, desire nécessairement le plaisir par la même raison qui lui fait craindre la douleur: il sera toujours vrai de dire que la permission, ou l'esperance d'user à discrétion de cette espèce de plaisir, ne sont point, & n'ont jamais été des motifs suffisans pour causer un renversement géneral dans le Monde par principe de Religion. Le dessein de répandre une Doctrine commode, n'a jamais porté personne à l'entousiasme: au contraire, on se pique, on se passionne pour l'amour intellectuel d'un objet invisible. Le zèle de lui procurer quelque sorte d'adoration nouvelle, l'ardeur de combattre une doctrine que l'on imagine fausse, & sur-tout l'imagination des sens impétueux, que le commun des hommes prend pour ces objets inconnus, sont les ressorts effectifs des mouvements religieux qui ont si souvent ébranlé la constitution du Monde, & ceux mêmes qui ont conduit les Arabes dont nous parlons.

A la vérité, il a falu les persuader, & les enyvrer, pour ainsi dire, d'une Doctrine; les interesser par l'esperance & par la crainte; les flater par l'idée d'une premiere vérité confiée à la sagesse de leurs Peres, pour la faire passer à leurs enfans, mais que les soins dont la vie est remplie, & la distraction naturelle des hommes ont souvent fait échaper à leur souvenir, desorte qu'il a été nécessaire que la bonté de Dieu suscitât de tems en tems des Ministres particuliers pour y rappeller les hommes, qui s'écartent si aisément des voyes simples de la vérité. Il a falu principalement les convaincre de la vocation spéciale de Mahomed pour la même fin : ce qui n'a pas été si difficile dans la conjoncture de cet événement.

Alors les Ethiopiens, & les Persans; (les uns Chrétiens, & les autres Mages, (avoient envahi differentes parties de l'Arabie, pendant que les Grecs, ou les Romains s'éfforcoient d'en faire autant d'un autre côté; & que les Juifs avoient pénétré dans le coeur du Pays, ainsi qu'on l'a vû dans le Livre précédent. Or comme tous ces differens peuples faisoient également tous leurs efforts pour introduire leur Religion en Arabie; ce qui tendoit manifestement à détruire

toutes

toutes les anciennes traditions, & les notions communement reçûës: Mahomed, qui en entreprit la déffense, & qui sut les conserver en les faisant entrer dans son nouveau sistème, avec plusieurs dogmes juifs & chrétiens, se concilia bien mieux les esprits qu'aucune autre Secte ne le pouvoit faire. Mais croit-on aisément que la persuasion d'une Nation toute entiere, soutenue sur-tout par une valeur qui a soumis une si grande partie du Monde, dans un si petit nombre d'années, soit, ou puisse être l'ouvrage d'un homme dépourvû de tous talens, hors celui de l'artifice; dont tout l'effort se réduit pourtant à avoir permis la pluralité des femmes? Ne juge-t'-on pas plûtôt que cette permission, & l'esperance qu'il a donnée aux hommes d'en avoir d'autres après la résurrection, est, ou l'effet de sa prévention particuliere en faveur du Sexe, ou une conséquence de l'égard que tout Législateur raisonnable doit avoir pour les coutûmes particulieres & populaires, quand elles ne blessent pas le Droit naturel?

On n'imagine qu'à peine combien les hommes sont injustes dans l'animosité & la passion avec lesquelles ils condamnent ce qui n'est pas conforme à leurs préjugez;

gez, & dans le zèle qu'ils ont pour soutenir des usages, dont tout le mérite, & l'estime ne sont souvent fondez que sur l'habitude que l'on a de les pratiquer. A juger par nôtre constitution génerale, il sembleroit que nos idées, & nos opinions devroient être toujours pareilles chez toutes les Nations. Nous n'avons qu'une même voye pour aquerir des connoissances, qui est celle de la perception des objets, jointe à la faculté qu'ont tous les esprits d'en comparer diversement les idées, de les diviser, & les composer à leur volonté. Il y a plus, car puisque les objets sont à peu près les mêmes dans toutes les parties de la Terre, & que les appetits naturels sont conséquents de l'organization commune à tous les hommes; il en devroit suivre une sensation pareille par raport aux mêmes objets, s'il n'étoit encore plus véritable, que toute sensation n'étant qu'une affection passive de la substance qui la ressent, elle ne peut jamais devenir une forme universelle & active, dont on puisse présumer que l'effet soit toujours semblable. C'est-pourquoi nous éprouvons nous mêmes qu'un objet ne fait pas toujours la même impression sur nôtre sentiment; & que nous en sommes diversement touchez selon nôtre
dif-

disposition : sans compter l'incertitude où nous sommes sur le sentiment d'autrui, qui peut avoir sur les couleurs, les sons, les saveurs des idées toutes differentes des nôtres, & convenir néanmoins avec nous dans la maniere de les exprimer. Il arrive de-là que nos idées personelles n'ont pour l'ordinaire ni relation ni connexité avec celles des autres, qu'autant qu'on les prend par imitation : ce qui ne peut arriver que dans les Sociétés où l'usage d'une même langue fait que l'on s'approprie réciproquément des passions & des sentimens que l'on n'auroit jamais ressentis si l'on avoit été privé d'exemples. Mais cette méchanique, qui fait pleurer ou rire les enfans à la discrétion de leurs nourrices, est commune à tous les âges, & dans les trois états de la vie. Elle ne nous présente rien de sensible qu'une triste image de la foiblesse de nôtre constitution, laquelle, au défaut d'un sentiment propre, se soumet à celui des autres. Il suit néanmoins de cette observation, que les notions éloignées, ou séparées par la diversité du langage, ne sont point exposées à cette imitation réciproque d'idées, de sentimens, & de passions : Desorte que n'ayant que les premieres perceptions de communes, elles ignorent respectivement

ment les conclusions que chacune d'elles en peut tirer ; lesquelles conclusions, diversement combinées, ou composées, produisent des sensations, des mœurs, & des usages plus differents que ne le peuvent être les habits ou les traits de la phisionomie.

Ne soyons donc plus étonnez, nous qui recevons une Révélation surnaturelle pour règle de nos connoissances, de nôtre foi, & de nôtre justice : (Révélation proposée comme l'unique remède à la corruption de la nature, & à l'ignorance où le péché nous a plongés,) de trouver à l'autre bout du Monde, des Chinois ; lesquels privez de ce secours, ne connoissent que ce qu'ils voyent, & ne sçachant raisonner que sur ce qui leur est sensible, donnent à la puissance de la Matiere tous les effets que nous attribuons à la Nature spirituelle, dont ils rejettent l'existence & la possibilité. Ils sont aveugles, & peut-être opiniatres : mais ils sont tels depuis 4. à 5. mille ans : & leur ignorance, ou entêtement, n'a privé leur Etat politique d'aucun de ces merveilleux avantages que l'homme raisonnable espere, & doit tirer naturellement de la Société ; commoditez, abondance, pratique des Arts nécessaires, études, tranquilité, sûreté.

Et

Et par la même raison, ne nous prévenons pas contre les Arabes, situez à la demie distance des premiers; lesquels plus éclairez qu'eux, (en conséquence de l'ancienne institution de leurs Peres, qui leur a fait connoître qu'il est un DIEU, unique, parfait dans son essence, infini dans son pouvoir, Créateur bien faisant de tout ce qui existe hors Lui, juste Rémunerateur du bien & du mal; & qui veut être craint, & aimé de ceux qui sont capables de le connoître;) mais aussi plus défians que nous ne le sommes du côté des progrès que la crédulité peut faire sous la forme de la piété, n'ont point voulu confondre une doctrine si magnifique, & si vraye avec de simples opinions doctorales.

Ils n'ont point imaginé que l'affliction de la nature, & la privation continuelle du plaisir fût un hommage de la créature envers son Auteur, qui l'auroit aisément privée des sensations agréables, s'il en avoit condamné l'usage. Ils n'ont point crû non plus que les Prophètes, (dont ils reconnoissent la mission nécessaire, comme on l'a dèja dit, pour réveiller des notions intellectuelles qui se dissipent si facilement parmi les distractions & les occupations mondaines,) fussent envoyez pour enseigner des doctrines

trines nouvelles, ou misterieuses, ou sujettes à contestations. Ils n'admettent point de differentes oéconomies dans la manifestation de la sagesse de Dieu. Ils veulent, enfin, que ce qui est aujourd'hui reconnu vrai, l'ait été dès le commencement du Monde; & que les obligations d'un fidèle n'ayent jamais changé.

Voila de part & d'autre des principes bien éloignez des nôtres : dans lesquels nous ne pouvons remarquer que le simple progrès du raisonnement humain abandonné à lui même, ou privé du secours de la pleine Révélation. Les Arabes, qui tiennent le milieu entre les Chinois & nous, se fondent, comme on l'a vû, sur leurs traditions paternelles; qui paroissent leur avoir conservé la mémoire de la Création du Monde; celle du Déluge, & des autres premiers événemens qui servent à établir la foi d'un Dieu invisible, & la crainte de ses jugemens. Mais cette mémoire ne donne aucune règle particuliere aux mœurs, par rapport à la continence, ou à la mortification des sens. Elle ne s'applique qu'à la justice respective, sans laquelle il n'y auroit point de Société; ni pareillement ne donne aucune connoissance intellectuelle, sinon la simple croyance
qu'il

qu'il y a des Anges, Ministres particuliers de la volonté de Dieu, desquels ils ignorent cependant l'état, & la nature. Ces idées comparées à celles que nous tenons de la grace, & de la Révélation, ou qui en sont les conséquences les plus justes & les plus nécessaires que de grands Théologiens en ayent pû tirer, ne nous paroissent que des atômes de connoissances. Toutefois, on n'en sauroit conclure que pour remuer des hommes imbus de telles opinions, Mahomed n'a eû autre chose à faire qu'à lacher la bride à leur incontinence dans cette vie, & à leur promettre des femmes toutes neuves dans l'éternité. Ce raisonnement est manifestement faux : puisqu'il suppose qu'avant la mission de ce prétendu Prophète, l'Arabie n'avoit point connu la pluralité des femmes ; ni que l'Orient entier ne l'avoit point pratiquée : ce qui est contraire à la vérité & à la notoriété la plus certaine dans ce fait.

REVENONS donc à dire que chaque Nation a ses usages consacrez par l'habitude, & qu'ils sont indépendans des notions, & des coutumes différentes que d'autres Peuples ont sur un même sujet. Ainsi, que chacun d'eux, se persuadant avoir suivi les meilleures conséquences qu'ils pouvoient tirer des principes à eux connus, à établi la Religion, les loix politiques, & la forme de Société qui leur sont particulieres. Desorte que les Chinois dans une certaine étendue de connoissances ; les Arabes dans une autre ; & les Chrétiens dans la lumiere parfaite de la Révélation, n'ont chacun, de leur part, pû tirer de meilleures conclusions de leurs principes que celles qu'ils ont suivies. Cette raison nous doit porter. 1°. A respecter mutuellement les coutûmes de châque Contrée. 2°. A desirer l'instruction de ceux qui s'abusent de bonne foi. 3°. A plaindre ceux sur qui le pouvoir du préjugé l'emporte sur la clarté des lumieres qu'ils pouvoient aquerir. 4°. A ne point imaginer de faux principes pour calomnier les événemens qui sont contraires à nos idées, & dont nous voudrions nier la vérité. 5°. A reconnoitre dans la personne de Mahomed lui-même, que tout homme qui projette d'aussi grandes choses, & qui les éxécute avec tant de succès, dans la Religion comme dans la Politique, n'a jamais pû être un sujet méprisable par ses défauts naturels. Le bon sens nous porte au contraire à juger, que s'il a été un Imposteur, il a dû posséder d'ailleurs tant de de qualitez superieures pour en imposer aux autres hommes, pour les entrainer dans ses sentimens, & pour les assujetir, que sa fraude a toujours eû les apparences d'une entiere vérité, du moins par raport à ceux qu'il a séduits. Au lieu qu'en le dépouillant arbitrairement des talens qui peuvent avoir favorisé ses succès, dans la seule vûë de contenter un sentiment de haine, que tout Chrétien peut, à la vérité, justement concevoir contre le plus grand ennemi de sa Religion; (quoique dans le fond ces qualitez ou talens n'interessent en aucune maniere le Christianisme, puisqu'il s'agit d'un homme mort il y a plus de mille ans,) il faudra reconnoître que cette vengeance réduit nôtre raisonnement à l'absude; puisque si la fortune de ce personnage s'est faite sans moyens naturels, le succès n'en peut être qu'à Dieu, que les Impies accuseront d'avoir induit en erreur une moitié du Monde, & détruit violemment sa propre Révélation.

Ce Mahomed, à la naissance duquel il semble, selon les Auteurs Arabes, que toute la Nation étoit préparée; qu'elle l'attendoit même avec ardeur depuis plusieurs siècles, (selon l'étimologie de son nom, qui exprime le *désiré des Peuples,*) & qui en devoit être aussi le secours, & le Consolateur suivant une autre interprétation; nacquit à la Mecque l'an de Jesus Christ D.LXXI. le XLII. du Règne de *Cosrou,* Roi de Perse, duquel il a été parlé cy devant, & qui étoit fils de *Cobad* le Manichéen. *Amrou,* fils de *Hend,* règnoit sur les Arabes de *Gassouan,* depuis huit mois seulement, & l'on comptoit par toute l'Asie l'an 881. de la victoire remportée à *Arbelles* par Alexandre sur Darius. Epoque donnée par Emalcin, mais qui convient beaucoup mieux à l'Ere des Séleucides, ou à la mort d'Alexandre qu'à sa victoire. Cette naissance arriva à la pointe de l'aurore du lundi 8. jour du mois Rabié premier, qui revient exactement au 9. d'avril de la même année 571: de Jesus Christ. Mais quoique Mahomed reconnoisse lui même avoir vêcu parmi son Peuple, depuis sa naissance jusqu'à l'âge de 40. ans, sans aucune distinction particuliere, & par conséquent sans aucun don surnaturel qui aît pû attirer l'attention: cependant le zèle des devots de fantaisie & de passion, qui ne sauroit se contenter de la simplicité des voyes communes, n'a pu s'empêcher d'imaginer plusieurs circonstances qu'ils prétendent avoir signalé

nalé cette naiſſance, & l'avoir annoncée au Ciel, & à la terre.

Eminah, mere de Mahomed, étoit veuve depuis deux mois quand elle mit au Monde cet enfant ; deſorte qu' *Abdol-Motalleb* ſon ayeul paternel, fut obligé de prendre ſoin du fils, & de la mere, & de ſoutenir leur pauvreté, parceque tout leur bien ne confiſtoit qu'en quelques beſtiaux dont toute la famille tiroit ſa ſubſiſtance. On ne laiſſa pas de pourvoir cet enfant d'une nourrice, qui fut *Halimah* native de *Saad*, habitation dans le deſert, où il fut élevé juſqu'à ſix ans ; auquel tems elle le rendit à ſa mere. Mais avant de nous engager plus avant dans ce récit, il eſt néceſſaire de faire connoître la famille de cet illuſtre Enfant ; non pas tant par raport à ſon origine, que pour l'intelligence de l'Hiſtoire, afin de pouvoir juger, par les differens degrez de ſa parenté ou affinité, des motifs qui ont donné lieu à l'élévation de divers perſonnages pendant ſa vie, & après ſa mort.

Mahomed étoit certainement de de la Tribu de *Coraiſh*, propriétaire de la Ville de Mecque, & gardienne du Temple qui s'y voit encore. Dans cette Tribu ou diſtinguoit la filiation de

Ha-

Haschem, comme un race particuliere consacrée à la piété ; & dans cette filiation le vieil *Abdol-Motalleb*, Pere de douze fils, tous animez d'un zèle particulier pour la gloire & la réputation de la fainte maifon. *Abdollah*, Pere de Mahomed, fe trouva le dernier de ces douze fils, & fut confacré, dès fa naiffance, par un nom qui fignifie fpécialement le *Service de Dieu* ; ce qui le porta pendant toute fa vie à s'appliquer au Miniftère de la *Caaba*, fans reconnoître néanmoins l'abus des idoles qui la profanoient. *Eminah*, fa femme, n'eut pas d'autre objet dans fa dévotion ; & ce fut dans la fuite un regret bien fenfible à leur fils, lorfque, parvenu à la connoiffance de la vérité, & penfant à l'erreur de ceux qui lui avoient donné la vie, (d'où fuivoit l'incertitude de leur falut,) il ne fe confoloit qu'après avoir verfé un torrent de larmes fur leurs fépultures. On remarque toutefois qu'il s'attendriffoit davantage à la mémoire de fa mere, qu'il avoit connuë dans fon enfance ; au lieu qu'il avoit perdu fon Pere avant que de naître. Au-refte, l'on prétend que la réputation d'*Abdol-Motalleb* étoit fi grande dans la Province de l'Hégias, & que les idées populaires y étoient fi fortes touchant les événemens prochains,

que

que sur les bruits que certains Juifs en avoient répandus dans le Païs, une Reine de Sirie, (ce qui ne peut s'entendre que de quelque Princesse de Gassouan, alliée des Romains,) lui fit demander son alliance, avec des offres avantageux tant pour sa personne, que pour celui de ses enfans qu'il lui donneroit pour époux. Mais ce Vieillard, peu sensible au faste & à l'ambition, préféra son Desert & l'innocence de la vie champêtre aux appas d'une fortune plus élevée. Il crut que si les Décrets de DIEU avoient arrêté quelque chose en faveur de sa famille, il en mériteroit bien moins l'éxécution par un changement de conduite, que par la continuation de celle qu'il devoit juger lui avoir été agréable, puisqu'il la vouloit recompenser. Ainsi, résolu de ne se point détourner de sa simplicité accoutûmée, il maria le dernier de ses enfans à Eminah, fille de *Vabeb*, l'un des fils de son Ayeul *Abdomonaph*.

LE célèbre NOUSCHIRVAN, Roi de Perse, étant alors venu dans l'Yemen pour y assûrer la paix & la tranquilité des habitans, voulut voir ce Vieillard vénérable, âgé de plus de cent ans ; & recevoir de sa bouche même les conseils qu'il le croyoit en état de donner pour l'avantage de la Nation Arabe. *Abdol-Motalleb* se rendit à son invitation, & entreprit un long voyage pour joindre ce Prince, dans le desir qu'il eut, de son côté, de voir un Monarque si renommé par sa sagesse, & sa bonne intention. Il lui fit présent de quelques chevaux rares, & l'on dit qu'il refusa l'or que le Persan lui offrit en recompense. Mais quelques-uns de ses enfans, surpris par l'éclat d'une Cour superbe, auroient été tentez de s'y attacher, si le Pere ne les en eût détournez ; en leur représentant les avantages de la liberté, qu'ils alloient sacrifier, ou à de vaines esperances, ou même, en cas de succès, à des inquiétudes certaines inséparables de la vie de la Cour.

Mais, qu'auroit dit, ou pensé, & le Prince, & le Vieillard, lors qu'ils s'entretenoient des moyens d'établir la prospérité du Païs, si le Livre du Destin leur eût été présenté, & qu'ils eussent pû découvrir la fin si prochaine de l'Empire des Persans ; qui alloit être détruit par le plus foible rejetton de ce vieux Arabe, duquel les jeunes Courtisans faisoient apparemment peu de cas.

Venons, enfin, à la Généalogie certaine & reconnue de ce Prophète si renommé,

nommé, de Destructeur de tant d'-Empires & Royaumes, duquel, quand l'origine pourroit être douteuse, il n'est personne qui ne dût tirer autant de gloire d'être sorti de son sang que de celui des Césars, ou d'Alexandre.

Il descendoit en ligne directe du Patriarche *Abraham* connu des Crêtiens, ainsi que des Arabes, & des Juifs, pour avoir été le Pere de deux Nations; choisies pour diferents desseins de la Providence : & en descendoit par *Ismael*, lequel, quoique fils de sa servante, a conservé & joui de l'avantage de la primogéniture, & la transmis à sa Posterité. *Kedar* fut le fils d'*Ismael*, comme on le reconnoit par les filiations rapportées dans la Sainte Ecriture; & l'on ne sauroit douter qu'il n'aît communiqué son nom à la plus grande partie de l'Arabie *Pétrée*, ainsi que les Pseaumes le témoignent. *Kedar* fut Pere de *Hamal*; celui-cy de *Nobet*. *Nobet* eut pour fils *Salaman*, Pere d'*Homaisa*, duquel naquit *Alyasa*, qui devint Pere d'*Odad*, Pere d'*Odd*, qui engendra *Adnan*, célèbre pour sa singuliere beauté, ou, selon l'expression des Arabes, *pour la structure excellente de son corps*. Ce fut de son tems que la Nation Arabe fixa & détermina la règle qui devoit être observée pour la conservation

des

des Généalogies, afin de maintenir la distinction des tribus & des familles qui les composoient. Cet espace contient onze Générations en comptant *Abraham* pour la premiere tête, & Ednan pour la derniere. Le second espace en contient dix jusqu'à *Phaër*, dit *Korcis*, qui a été l'auteur d'une Tribu particuliere. Ednan fut Pere de *Moad*, homme guerrier, ennemi déclaré des Juifs, qu'il assujettit comme on le voit au Livre des *Juges*, où la servitude du Peuple d'Israël est rapportée aux Madianites. Il fut Pere de *Nizar* autre guerrier, dont l'étendart est encore gardé au Temple de la Mecque, qui dès ce tems-là étoit regardé comme le principal sanctuaire de l'Arabie, & de lieu de sureté pour tous les dépots publics. *Nizar* devint Pere de *Modhar*, lequel engendra *Elias*, Pere de *Medrika*, qui l'a été de *Chazaïma*, duquel est sorti *Kenana*, Pere de *Nodhar*, dont le fils *Malec*, renouvella dans sa famille la lumiere Prophétique, qui le rendit très fameux pendant sa vie, dont la durée se rapporte au tems de *Josaphat* Roi de Juda.

Quant à cette lumiere Prophétique, dont il est à propos de donner la définition, pour l'intelligence de ce qui doit suivre: & parceque les Musulmans

mans l'ont en singuliere vénération ; ils en expliquent ainsi la nature, & les propriétez. Ils disent que c'est un témoignage interieur, qui rapelle constament l'homme au plus parfait usage de sa raison, d'où il aquiert une habitude de prudence, & de sagacité qui lui découvre souvent l'avenir, & même le fond des coeurs de ceux qui lui parlent. Ils prétendent que cette lumiere fut communiquée à *Adam*, après sa pénitence ; & que depuis elle a passé, non seulement à tous les Prophètes, mais encore à plusieurs hommes sages & courageux, qui se sont rendus recommandables par leur piété. Ils ajoutent, enfin, que quoi qu'il faille la distinguer du don de Prophétie ; entant que celui-cy consiste proprement dans une Mission extraordinaire, pour annoncer aux hommes des véritez anciennes qu'ils ne connoissent plus, & qu'ils négligent ; (auquel sens ils tiennent que Mahomed a été & sera le dernier des Prophètes) cette lumiere prophétique ne s'éteindra pourtant jamais totalement parmi les hommes, afin qu'ils ayent toujours des exemples qui puissent servir à leur correction. Le mal est qu'après ces grands éloges de la lumiere Prophétique ; le Peuple grossier y fait participer jusqu'aux insensez ;

fez ; prétendant que, malgré l'aliénation de leur esprit, ils n'en sont que plus propres à pénétrer les choses cachées, par un entousiasme où il entre moins de préjugez qu'en ceux qui peuvent user de leur raison.

Après cette digression nécessaire, il en faut revenir à la Généalogie que nous avons interrompuë en la personne de *Malech* Pere de *Phaer*, surnommé *Koreis*, duquel la Tribu entiere des *Koreishites* a pris le nom, & reçu la propriété de la ville de la Mecque, & la garde du Temple, qui leur fut conservée par Mahomed. C'est en la personne de *Phaer*, que finissent les dix générations qui sont comptées depuis *Ednan*. L'on en compte pareillement dix autres depuis ce même *Phaer* jusqu'à *Abdol-Motalleb* ayeul de Mahomed. Mais comme celles-ci sont embarassées de plusieurs filiations, & de différentes branches, dont l'explication est absolument nécessaire pour l'intelligence de la parenté du Prophète, il faudra entrer dans un détail plus étendu que le précédent.

Phaer fut Pere de *Galib*, qualifié du titre de Roi dans les ouvrages de Chymie qu'il a laissez, & qui sont en grande réputation, depuis que les Traductions en

MAHOMED.

en langue vulgaire les ont mis entre nos mains. *Galid* fut Pere de *Lowa*; & celui-cy le devint de *Kaab* en la personne duquel la généalogie commence à se partager. *Omar*, l'un de ses enfans, a été la tige dont est sorti, à la cinquiéme génération, *Abdollah*, *Abubeker*, surnommé le *Juste*, beau-pere de Mahomed, & son premier Calife. Un autre fils du même *Kaab* fut *Adi*, duquel, à la septiéme génération sont sortis *Omar* & *Zeïd*, tous deux enfans d'*Alchitab*. *Omar*, après avoir été long-tems ennemy du Prophète, en devint l'appuy, ou le Protecteur le plus illustre, puisqu'il a été l'organe, & l'auteur des plus importantes conquêtes des Musulmans. Un autre fils de *Kaab* a été *Morrhab* Pere de *Kaleb*, dont le fils nommé *Kudaï*, a pareillement fait deux branches. De la premiere, sortie d'*Abdolazi* sont venus à la cinquiéme génération, *Obidallah* & *Abdollah* enfans de *Zuber*, deux des plus illustres Chefs des premiers Musulmans. *Abdomenaf*, Chef de la seconde branche, mais qui avoit le droit de primogéniture, a de son côté fait trois branches. Celle de *Vaheb* Pere d'*Eminah* mere du Prophète: Celle d'*Abdoschems* qui en produit deux autres; savoir celle de *Rebiah* Pere de deux filles, *Arwi*, mere du du Calife *Othman*, & *Hindab*, mere du Calife *Mohaviah* ; & celle d'*Omiah* pere d'*Abulas* & de *Haleb* ; dont le premier a engendré *Afan*, pere du Calife *Othman*, & le second a produit *Abusophian*, pere du Calife *Moaviah*, Chef des *Ommiades*, & destructeur impitoyable de la famille du Prophète.

HASCHEM, aîné des enfans d'Abdomenaf, & celui duquel la famille de Mahomed a pris sa distinction, a fait deux Branches. Celle d'*Ased*, duquel étoit sortie *Phatime*, mere d'*Ali*, IV. Calife & gendre de Mahomed, & celle d'*Abdol-Motalleb*, qui est ce renommé vieillard duquel nous avons ci devant parlé, qui fut pere de douze fils, illustres dans l'Histoire des Califes, & ayeul de Mahomed fils du dernier des douze enfans. On prétend que ce Haschem a joui de la lumiere prophétique ; laquelle, après une longue interruption, il auroit fait revivre dans sa famille. On dit aussi qu'il condamnoit le culte des idoles, mais qu'il n'eut point assez d'autorité pour les détruire : ce grand ouvrage étant d'ailleurs reservé à sa posterité. Mais il est toûjours certain qu'il se distingua entre ses contemporains par une piété solide, & par l'exercice de plusieurs vertus, dont la génerosité & l'hospitalité

talité ont été celles qui lui ont procuré le plus d'amis, & le plus d'estime. Les Califes de la Maison d'*Abbas*, qui détruisirent à la fin les usurpateurs *Ommiades*, se faisoient tant d'honneur de sortir de ce vertueux Arabe, que lorsque *Abbulabas Saffah* eût occupé l'Empire, son premier ouvrage, ayant été la construction d'une ville superbe, (qu'il bâtit sur le rivage de l'Euphrate, & où il résolut de faire sa résidence, la déclarant Capitale de la Monarchie Musulmane ;) il la nomma *Haschemiah* de nom de Haschem, qui étoit son Ayeul aussi-bien que celui de Mahomed ; voulant en quelque sorte suppléer à la filiation directe, & marquer le droit que sa proximité du Prophète lui donnoit à l'Empire des Musulmans, & au premier Ministère de la Religion : pendant que les véritables descendans de Mahomed, occupez de la seule piété & détachez des vanitez, ne songeoient ni à l'Empire ni à ses richesses, ni à rien de ce qui détourne ordinairement les hommes du grand objet de leur salut. On ne sait point quelle a été la durée de la vie de *Haschem*, ni en quel tems il est mort ; mais on sait qu'il a laissé une telle quantité d'enfans, qu'ils ont formé une espèce de de division dans la Tribu des Koraï-shites, tant par rapport à leur grand nombre, qu'à raison de leurs opinions particulieres touchant la Religion; parceque plusieurs d'entr'eux rejettoient & condamnoient les idoles, & que les autres les approuvoient en conséquence de leur ancien usage.

ABDOL-MOTALLEB, ainé des enfans de *Haschem* eut * douze fils, comme je l'ai dèja remarqué. Le premier se nomme *Abutaleb*, le 2. *Hareth*, le 3. *Arecach*, le 4. *Aidar*, le 5. *Abcugeber*, qui a été l'ennemi déclaré du Prophète; le 6. *Abbuabdallah*, le 7. *Abdubkaaba*, le 8. a été *Heran*, le 9. *Abbas*, tige de tous les Califes Abbassides; le 10. a été *Hamzah*, l'un des premiers Prosélytes à la foi Musulmane, & qui fut honoré de la garde de l'étendart du Prophète dans

---

* *M. Prideaux en compte treize, & dit que le pere de Mahomed étoit l'ainé; comme on peut le voir par l'enumeration qu'il en fait, que j'ai cru devoir rapporter icy.* Il (Abdol-Motalleb) eut 13. *fils dont les noms étoient* Abdollah, Hamza, All Abbas, Abutaleb, Abulaheb, Al-Gidack, Ab Hareth, Jahel, Almo Kavarn, Dorar, Al-Zobair, Kethan, & Abdolkaaba, *l'ainé d'eux tous,* Abdallah, *ayant épousé* Amena, *fut par elle le pere de Mahomed &c. Vie de Mahomed, par M.* PRIDEAUX *D. en T. Amsterdam,* M.DC.XCVIII. P. 6.

la premiere guerre qu'il eut à soutenir contre les Koreïshites. Le 11. a été *Zobeïr*, pere d'Abdallah X. Calife, l'ennemi juré des Ommiades, lequel fut tué à la défense du Temple de la Mecque Enfin le 12. a été *Abdallah* pere du Prophète comme, nous l'avons dèja dit. Ainsi la généalogie entiere de Mahomed se trouve confirmée par trente & une générations, comptées depuis Abraham jusques à lui.

ABDOL-MOTALLEB mourut l'an 581. de JESUS CHRIST, le 11. de l'âge du Prophète, 4. ans après *Nouschiruan* Roi des Perses. Il étoit âgé de 112. ans; & comme il avoit imité la conduite & la vie des anciens Patriarches, il termina sa carriere, à leur exemple, par la bénédiction qu'il donna à ses enfans: dans les expressions de laquelle on voit qu'il proportionna ses souhaits au mérite de leur conduite, & en quelque sorte aux événemens suivans: ce qui en relève encore la singularité, pouvant être prise pour une espèce de Prophétie de ce qui devoit arriver à sa famille. Il souhaita à *Hareth*, le second de ses enfans, la jouïssance des paturages, & celle des plus fertiles montagnes; ce qui fait, à la maniere des Orientaux, une allusion

O sensible

fenfible à la fignification du nom *Hareth*. Il fouhaita des richeffes à *Abugehel*, & qu'il n'endurcît point fon coeur à leur occafion. Il dit à *Abbas* qu'il feroit Roi de fes freres : promeffe qui s'eft accomplie dans fa Pofterité, qui a poffédé le Califat pendant près de 500. ans. Il promit à Deran le fuccès du commerce qu'il feroit en la terre d'*Oman*. Il avertit *Hamza* des dangers de la guerre, & il y perit en effet. Il promit une grande fortune à *Zobeïr*, & lui recommanda de ne fe point laiffer corrompre par l'avarice. A ce fujet l'Hiftorien remarque qu'*Abdalab*, fils de *Zobeïr*, ayant été élevé au Califat d'un confentement unanime de toutes les Provinces de l'Arabie, il n'y eut que fon avarice qui fit obftacle à fa fortune ; deforte qu'il s'en eft fait un Proverbe qui porte, *qu'il n'y a jamais eû d'homme brave qu'il n'aît été auffi liberal, jufqu'à Abdallab fils de Zobeïr*. Il reftoit encore l'aîné des fils à partager, lequel étoit *Abutaleb*, homme vif, impétueux, amateur des chevaux, de la chaffe, & des éxercices violents. Ce fut à lui, qu'*Abdo-Motalleb* confia le tréfor de fa famille ; Mahomed fils unique, orphelin du dernier de fes enfans : & il l'avertit que s'il le négligeoit, Dieu lui-même en prendroit foin. Il lui recommanda de
plus

plus la moderation, & la temperance, comme des vertus néceffaires pour perfectionner celles qu'il poffédoit dèja. Cela dit, il mourut : & l'Hiftoire n'a point receuilli ce qu'il annonça à fes autres enfans, foit qu'ils fuffent abfens, foit qu'ils fuffent morts avant lui, comme *Abdollab* pere de Mahomed.

R E V E N O N S maintenant à cet enfant que nous avons laiffé entre les mains de *Halimab* fa nourrice, & tranfporté, à cette occafion, hors du lieu de fa naiffance pour y être élevé à la maniere des autres enfans. Sa mere *Eminab* vivoit dans le regret de la perte de fon époux, & dans la confiance que le Ciel protégeroit le fils qu'il lui avoit laiffé. Et à cette occafion les Hiftoriens pofterieurs, plus devots que les anciens, ou du moins plus féconds en fuppofitions pieufes, ont imaginé que cette veuve affligée avoit eû un fi grand nombre de témoignages miraculeux de la future grandeur de Mahomed, qu'elle ne pouvoit ignorer qu'il ne fût deftiné à changer l'état de l'Arabie & du Monde entier ; à rétablir le véritable Culte de la Divinité, & à éclairer tous les hommes par des inftructions, & des loix oubliées depuis plufieurs fiècles. Ils difent enfin, avec une témérité insensée, que les arbres & les pierres qui se trouverent sur le passage de cet enfant, lorsque sa nourrice l'emportoit, le saluerent tous sur la route par des mouvemens de differentes espèces. Les arbres se courboient ; les rochers étoient agitez, ou se fendoient du haut en bas, pour lui témoigner leurs respects. Mais entre ces divers prodiges inventez, comme on vient de le dire ; lesquels, quoique hors de vraisemblance, sont raportez par tant d'Auteurs, & crûs si géneralement des Musulmans, qu'il est nécessaire d'en faire mention particuliere ; on convient que l'éducation de Mahomed chez sa nourrice fut extrêmement simple.

L'Histoire de sa vie porte expressément que dès qu'il pût marcher, elle l'envoyoit tout nud, avec les autres enfans du lieu, à la suite des troupeaux communs du Village ; portant avec lui le peu de nourriture dont il avoit besoin pour quelques jours. On infère justement de-là qu'il couchoit, & vivoit à l'air, comme les autres enfans, sans aucune distinction, selon l'usage pratiqué en Arabie ; où on les accoûtume dès cet âge tendre à suporter la chaleur sur la terre, & à se contenter d'une très-legere nourriture. Or un jour que l'enfant étoit

toit à la pâture des troupeaux, étant déja de l'âge de 4. à 5. ans, *Helimah*, dormant sur sa natte dans sa hûte ordinaire, rêva que deux hommes inconnus s'étant saisis du petit Mahomed lui ouvroient le ventre, & en arrachoient le coeur. Son effroi, & son inquiétude furent grands à cette occasion. Toute-fois s'étant rassûrée, comme on le peut faire au sujet d'une chimère conçuë dans le sommeil, elle n'y pensoit plus, quand le jour venu elle apprit par la fuite de quelques enfans, revenus du troupeau pleins de terreur & de crainte, qu'il étoit arrivé quelque chose d'extraordinaire à son nourrisson. Cette nouvelle l'engagea à se rendre elle-même dès le lendemain au troupeau ; où elle trouva le petit Mahomed en bonne santé. Cependant elle apprit, & des hommes qui gardoient le troupeau, & des enfans qui étoient restez, que Mahomed avoit été véritablement enlevé par des inconnus sur la Montagne voisine ; & que les enfans qui l'avoient suivi de loin lui avoient vû ouvrir le ventre avec un couteau brillant comme du feu : ce qui leur avoit fait une si grande peur, que les uns étoient retournez au village, & les autres avoient regagné le troupeau avec toute la vitesse possible. Elle interrogea donc

Mahomed lui-même fur ce qui lui étoit arrivé, & apprit de lui, quoi qu'avec beaucoup de peine, parce qu'il ne vouloit rien dire; que les hommes qui l'avoient pris, lui avoient dit qu'ils étoient des Anges envoyez pour lui ôter la racine du mal que tous les hommes apportent au Monde: Qu'à l'inſtant ils l'avoient couché fur le dos, lui avoient fendu l'eſtomac avec un couteau de feu; & qu'ayant pris ſon cœur, l'un des deux l'avoit tant preſſé qu'il en étoit ſorti quelques goutes noires: Qu'enſuite ils l'avoient lavé de neige, & peſé dans une balance, d'abord contre dix autres cœurs, & enſuite contre cent, & qu'il s'étoit trouvé plus peſant. Que cela fait, ils avoient remis le cœur à ſa place, & lui ayant refermé l'eſtomac, l'avoient redreſſé ſur ſes pieds: Qu'il avoit cru dormir pendant ce tems-là; cependant qu'il voyoit ce qu'ils faiſoient, qu'il entendoit leurs paroles, & qu'il leur répondoit quand elles s'adreſſoient à lui: Qu'étant remis ſur ſes pieds, l'un des Anges lui avoit montré le Ciel & la Terre, en lui diſant; *Regarde; c'eſt un ſeul DIEU qui a fait tout cela, ne veux tu pas l'aimer & lui obéïr?* Qu'ils l'avoient enſuite renvoyé au troupeau, lui commandant de ne point parler de ce

qui

qui s'étoit passé, & de se souvenir tous les jours de DIEU, quand il regardoit le Ciel & la Terre.

LA nourrice extrêmement touchée d'un événement si singulier, & en appréhendant les suites, ramena peu après l'enfant à sa mere. *Eminab* ayant jugé nécessaire d'instruire *Abdol-Motalleb* de ce qui s'étoit passé au sujet du petit Mahomed, reçut de lui un commandement très exprès de ne jamais reveler ce secret à personne, & d'attendre avec patience les exécutions des Decrets du TOUT-PUISSANT. C'étoit sans doute la conduite la plus sage, & la plus convenable; mais la vanité d'une mere ne s'arrête pas toujours par de justes considerations. *Eminab* publia mal à propos cet événement, qui ne fut reçu par les *Koreishites* que comme une extravagance, ou plutôt comme une tentative des *Haschemites* pour préparer les changemens qu'ils avoient envie de faire à la Religion commune. Pour *Eminab*, elle fut punie de son indiscrétion par une prompte mort, qui l'emporta dans la sixiéme année de l'âge de son fils. Ce jeune orphelin fut conduit aussitôt chez son ayeul, en la maison duquel il vécut jusqu'à sa mort; après laquelle il passa en celle de son oncle *Abutaleb*, auquel la garde & l'éducation en furent confiées selon la disposition d'*Abdol-Motalleb*.

J'ai dèja observé que l'on sçait fort peu de circonstances de la premiere jeunesse de Mahomed, & qu'il n'est point sûr d'en croire les Historiens posterieurs à son âge ; dont la devotion trop ardente s'est répandue en fictions, desquelles nous n'avons nous mêmes que trop d'exemples jusques dans le sein de la vérité. D'ailleurs il est assez croyable que l'humeur active de son oncle *Abutaleb* ne lui permit pas de s'occuper d'autres objets que de ceux qui le possédoient lui même tout entier, qui faisoient sa satisfaction & son plaisir. Telle étoit une espèce de vie militaire qu'il menoit au milieu de la paix, s'exerçant continuellement à manier des chevaux, qu'il dressoit après les avoir nourris ; à tirer de l'arc, à signaler son adresse avec l'épée, ou par des coups de force singuliers. Mais son occupation principale étoit la chasse, qu'il alloit faire dans les montagnes de Naged & de l'Yemen aux bêtes les plus farouches, tigres & lions, qu'il attaquoit dans le tems de leur plus grande fureur ; s'imaginant que c'étoit celui où elles avoient le moins de forces, à cause du manque d'eau géneral pendant les grandes chaleurs.

Ce fut à cette école que le Ciel destina d'abord Mahomed, & non à l'étude de l'éloquence; de laquelle il fit néantmoins tant d'usage pendant le reste de sa vie. Mais la Providence, disent les Auteurs Arabes, vouloit l'instruire par degré, & lui procurer par cette instruction les talens qui ne s'acquierent que par une longue habitude: entre lesquels ceux qui consistent dans la force, & dans l'adresse n'atteignent jamais la perfection, si on ne s'y est exercé dans la premiere jeunesse. Les Arabes reconnoissent aussi que cette éducation a procuré à Mahomed la meilleure partie des rares dispositions de son corps, comme il devoit celles de son esprit à ses voyages. Les premiers dont il s'agit icy, étoient une vigueur infatigable, & une force proportionnée pour soutenir la chaleur, la faim, la soif, & se priver de sommeil dans les occasions nécessaires; une grande connoissance des chevaux & des chameaux, jusqu'à savoir guerir leurs maladies; beaucoup d'adresse pour les gouverner ou les monter; pour tirer des flèches, pour se servir du sabre ou de l'épée: enfin la connoissance de toutes les ruses nécessaires dans les chasses perilleuses qu'il entreprenoit à la suite de son oncle: Connoissance qui s'étant

meu-

meurie, & unie à celles qu'il aquit dans ses caravanes, l'a rendu le premier Capitaine de sa Nation, & l'a mis en état de former des Géneraux capables de conquerir le Monde. D'autres Auteurs ont dit que c'est véritablement par cette éducation qu'il s'est disposé à apprendre parfaitement la guerre, mais qu'il ne s'y est consommé que par la pratique effective qu'il en a faite: à quoi ils ajoutent, que s'il n'étoit encore qu'un écolier à cet égard, il en sortit Maître en un autre genre bien plus important, qui est celui de savoir choisir les moyens les plus propres pour parvenir à une fin proposée. Talent que les Auteurs contemporains lui attribuent au dessus de tout homme, & qui semble lui avoir été justement adjugé par ses succès.

A l'âge de vingt ans, ce jeune homme, pressé par ses besoins, & dans la nécessité de se procurer quelque subsistance indépendante, s'engagea dans les caravanes qui négocioient de la Mecque à Damas; dans lesquelles plusieurs de ses proches étoient interessez, & où il pouvoit se flater de quelque profit par des retours ordinairement avantageux. Cependant on rapporte,
que

que comme la Providence vouloit former en lui des qualitez aussi nécessaires aux Grands hommes que leur courage, savoir, la fermeté, & la patience dans les accidens contraires: Elle ne permit pas qu'il tirât aucune utilité lucrative des divers voyages qu'il entreprit. La dureté, & l'avarice du Gouverneur de Damas, qui vouloit prendre des droits arbitraires sur l'entrée & la sortie des marchandises: & qui exerçoit des avanies jusques sur les Arabes de *Gassan* & de la Mecque: ces vexations obligerent Mahomed à tenter la fortune en d'autres Villes, comme à *Balbech*, ditte anciennement Heliopolis, à *Elia* qui étoit l'ancienne Ville de Jerusalem, & en differents autres endroits. Mais il rencontra par-tout le même esprit de Gouvernement, la même avidité pour dépouiller les Marchands d'un gain légitime qui doit être la recompense de leur travail. Ainsi il revint toujours en sa patrie rempli d'indignation contre l'injustice des Chrétiens.

IL lui arriva néantmoins dans un de ses voyages une avanture capable de relever son esperance, s'il avoit voulu la regarder comme un présage de sa future élévation. La caravane avec laquelle il marchoit passoit ordinairement

ment au voisinage d'un Monastère, autrement dit une *Laure* selon l'usage des Grecs. Elle étoit bâtie dans le desert de Bosra, à quelque distance du Mont Sinaï; & les devots la faisoient passer pour le lieu où la manne, qui nourrit si long-tems les Israélites errants, étoit premierement tombée. Les Moines de cette solitude, vivant sous la conduite d'un Abbé, fournissoient aux Passagers quelques rafraichissements pour leur argent, & les uns & les autres y trouvoient leurs avantages. Cet usage fut une occasion pour Mahomed d'y accompagner un jour les Chefs de la caravanne qui y alloient conclure quelque marché : & quoi qu'il fût obligé de rester à la porte pour y garder les chameaux qui devoient servir à raporter au campement les vivres que l'on vouloit acheter, il fut si bien remarqué par le Superieur, qu'au retour de la caravane, ne voyant point paroître ce même jeune homme, que le hazard avoit retenu au Camp, il s'informa s'il n'avoit pas passé plus loin : sur quoi ayant appris qu'il étoit resté avec le gros de la caravane, il témoigna desirer de le voir une seconde fois. Mahomed y alla donc sur l'invitation de l'Abbé; qui le voyant, le salua d'abord profondément, & dit ensuite

suite aux affiftans, furpris de la vénération qu'il témoignoit avoir pour ce jeune Mahomed qu'il la rendoit à un homme qui feroit un jour le Chef de la Nation Arabe. Puis s'adreffant à lui-même, il recommanda à fa protection les Solitaires en géneral, & ceux de cette Maifon en particulier : le priant de s'en fouvenir quand le tems de fon élévation feroit venu. Mahomed reçut, dit-on, cette foumiffion avec auffi peu d'embaras que s'il eût été dèja Monarque de l'Arabie; & répondit en riant; *J'aimerai toujours les folitaires qui ne fe mêleront que de leurs nattes & de leurs paniers*; faifant allufion au travail ordinaire des Moines de ce tems-là. Cependant l'Abbé affirma aux autres Arabes, après que Mahomed fe fût retiré, qu'il avoit vû fa tête environnée d'une lumiere rayonnante, ce qu'il regardoit comme un préfage affuré d'une haute fortune.

CETTE hiftoire a vrai-femblablement fervi de prétexte à la fuppofition que l'on fait vulgairement d'un certain complot de Mahomed, & du Moine *Sergius* : par lequel on prétend que celui-cy lui apprit les moyens de reformer la Religion de fon Pays, & de rendre celle qu'il annonceroit plus croyable

able & plus conforme au goût général des Peuples ; en prenant sa Morale dans le Judaïsme, & le Christianisme, rejettant néantmoins ce qu'il trouveroit dans l'une & dans l'autre de trop contraire aux inclinations naturelles des hommes vers le plaisir, & l'usage des femmes. On prétend encore qu'il lui apprit à mettre en usage l'épilepsie dont il étoit attaqué, en faisant croire que c'étoit l'effet d'une espèce de ravissement ou d'extase : pendant la durée duquel un pigeon, dressé à venir prendre quelques grains de ris dans son oreille, faisoit croire qu'il recevoit alors par le Ministère d'un Ange les differens articles de l'Alcoran, qu'il prononçoit ensuite au Peuple, mais que le Moine Apostat lui envoyoit secrètement après les avoir composez, selon le raport qu'ils devoient avoir aux circonstances du tems & des affaires. Mais dans la vérité, ce conte est si mal inventé, & choque si grossierement la vrai-semblance & la possibilité de la réussite d'un tel artifice ; employé pour tromper des Peuples aussi adroits & aussi clairvoyans que les Arabes ; que quelque fondement qu'il puisse avoir, il est impossible d'y pouvoir donner la moindre croyance, pour peu que l'on fasse d'attention au caractère

des

des gens auxquels il auroit falu faire illusion, ou à celui de l'homme à qui l'on impute une si pitoyable maniere de se conduire pour une fin aussi délicate.

Disons plutôt que cette avanture est peut-être le fondement de l'espèce de compassion que Mahomed a toujours euë pour les solitaires & pour les Moines ; pendant qu'il condamnoit, avec la derniere rigueur tout le Clergé séculier à la mort, ou à l'abjuration formelle de sa Religion & de son Culte. Il regardoit les premiers comme des malheureuses victimes ds leur propre crédulité, & celles d'une erreur dominante, qui les persuadoit que le retranchement de tout plaisir, la mortification continuelle de leurs corps, & la séparation de toute société, étoient des moyens éfficaces de vivre dans l'innocence ; comme étant seuls capables d'éteindre les passions, du-moins après plusieurs années de pratique. Il regardoit au contraire les Evêques, les Prêtres, & tout le Clergé séculier ; premierement, comme un assemblage politique d'hommes réunis à ce point cy ; de faire servir la Religion à leurs passions, convoitise, avarice, faste, domination ; & qui avoient trouvé le secret de persuader aux Peuples, que l'obeïssance aveugle qu'ils en
ex-

exigoient est inséparable de celle qui est duë a Dieu. De plus, il les regardoit comme les véritables auteurs d'une infinité de disputes qui divisoient alors le Christianisme ; comme les inventeurs des superstitions du tems ; enfin comme des faux docteurs, qui s'éfforçoient de plonger tous les hommes dans l'erreur, selon les conditions, les rangs, les richesses, & la mesure de capacité de chacun d'eux.

Revenons cependant aux voyages de Mahomed, qui ont été l'occasion de tant de nouvelles connoissances portées dans l'Arabie, & en particulier l'occasion de celles qui ont converti les notions d'un Chasseur ou d'un Marchand de caravane, en celles d'un homme d'Etat incomparable, & d'un Législateur superieur à tous ceux que l'Ancienne Grèce avoit produits. A mesure que Mahomed avançoit en âge & en force, son coeur concevoit de plus grands desseins : & quoique le commerce parût être son objet principal, il ne fit aucun voyage duquel il ne se procurât quelque espèce d'instruction d'un autre genre. Il entreprit d'abord d'aller aux Villes maritimes de la Côte méridionale de l'Arabie, telles que *Moka*, *Aden*, & *Mascate*, où se faisoit le trafic

trafic des Indes. Il se proposoit d'en rapporter directement des marchandises propres à la Sirie, & particuliérement des soyes, dont le luxe de Constantinople faisoit une grande consommation, mais qui y passant directement de l'Egypte, n'avoient ni l'aprêt ni les differentes couleurs qu'on leur auroit pû donner à Tir & à Sidon si elles y étoient premierement portées. Ce dessein, qui par raport à la profession d'un Marchand ne laissoit pas de témoigner que celui qui l'avoit conçû étoit capable de plus grandes vûes ; ce dessein, dis-je, lui donna occasion de traverser diverses fois les montagnes de l'Yemen ; & par conséquent d'y connoître les opinions, les usages & les moeurs les plus génerales des Peuples de ce vaste Pays. Il trafiqua pareillement dans la terre d'*Oman*, pour y acheter de la poudre d'or, & même des perles que l'on pêchoit sur la côte, à *Ormus*, & à *Babrain*. Mais il en trouva peu de débit dans la Capitale de l'Empire des Perses ; parceque, outre que les Grands y étoient moins fastueux que dans les Pays de la Domination des Romains, l'on y tiroit les mêmes marchandises sans passer dans les mains de l'Etranger. C'est vrai-semblablement ce qui l'indisposa contre la puissance des Perses, qu'il jugea dès lors très nécessaire à l'avantage public d'exterminer, en les chassant de l'Arabie.

D'ailleurs la Perse étoit alors déchirée par des guerres civiles, qui en rendoient le séjour très dangereux aux Etrangers. L'origine de ces troubles se doit raporter à la conduite des Princes, successeurs de Nouschiruan. Un Roi sage & moderé a rarement des héritiers qui lui ressemblent ; principalement si la longueur de son Règne a fatigué l'attente de ceux qui aspiroient à occuper sa place. La patience fait à cette occasion à-peu-près le même effet que la haine : c'est à dire, qu'elle éloigne des moeurs & des maximes de celui à qui l'on reproche d'avoir trop long-tems vêcu. Mais le changement qui en resulte dans le Gouvernement de l'Etat ne manque jamais de produire le blâme du Successeur ; quand il ne feroit d'autre faute que celle d'aller contre l'usage & la longue accoutumance. Ainsi Hormouz, Successeur de Nouschriuan, s'étant porté à une extrème sévérité, particulierement contre les Grands & les Magistrats, on compara cette conduite à l'humanité de son Pere. Elle parut un prodige de cruauté, & ne manqua pas de produire,

entre

entre plusieurs revoltes, celle de *Baharam Teboubin*, qui le déposséda, & obligea son fils, nommé *Kosrou Parwis*, de se refugier entre les bras de *Maurice* Empereur Grec; qui fut lui même dépossédé peu après par *Phocas*. Les Romains saisirent cette occasion favorable pour porter la guerre dans la Perse; où *Kosrou*, Monarque légitime, avoit un grand parti. Non seulement Maurice lui donna un puissant secours de troupes, mais il lui promit sa fille *Irène* en mariage. Cette guerre dura deux ans, & ne fut pas même terminée par la mort de Baharam. Ainsi lorsque Mahomed vint en Perse, il y trouva les affaires dans une si grande confusion qu'il se dégouta du séjour qu'il y avoit à faire.

Cependant la Fortune, qui se joue des Empires comme des hommes, prit plaisir à perdre *Maurice*, en lui suscitant l'ennemi le plus indigne & le plus vil qui fût alors dans la Grèce. Ce fut *Phocas*; qui le vainquit sans combattre, par les intrigues des Prêtres, & des Evêques de la Cour; qui s'étoient rendus maîtres de sa personne & de sa famille. *Maurice* & sa Maison perirent par la main du Boureau. La seule *Irène*, mariée en Perse avec un Prince dépossédé, échapa au malheur de sa famille:

mais

mais quoi qu'elle soit devenuë dans la suite l'une des plus puissantes Reines du Monde, & qu'elle ait possédé le coeur de son Epoux, qui étoit enchanté de sa beauté, elle n'en a pas été plus heureuse, ayant eû le malheur de livrer son coeur à un autre Amant qu'à ce mari si passioné. Leur histoire, sous les noms de *Kosrou*, & de *Schirin*, est encore aujourd'-hui entre les mains de tous les Persans, qui la regardent comme la plus belle & la plus amusante leçon que l'on puisse prendre sur les tristes effets des passions violentes. *Kosrou*, infiniment sensible à la déplorable fin de l'Empereur Maurice son beau Pere, déclara d'abord la guerre à *Phocas*, & la continua avec bonheur contre *Heraclius* son Successeur: auquel il enleva la Mésopotamie, & toute la Syrie; jusqu'à ce que la fortune des armes ayant changé subitement, celui-cy ne reprit pas seulement ces mêmes Provinces, mais porta encore la guerre dans la Perse avec de si grands avantages qu'ils devinrent l'occasion de la déposition & de la mort de *Kosrou*, après un Règne de 38 ans.

Ce fut pendant ce même Règne que Mahomed vint en Perse, où il reconnut bien-tôt, par un effet de sa merveilleuse sagacité, que cette Monarchie tiroit à sa fin, puisqu'il n'y subsistoit plus aucune des anciennes loix, & que la démangeaison d'en faire continuellement de nouvelles pour remédier à de prétendus abus, alteroit de plus en plus son ancienne constitution. Il crut aussi appercevoir dans tous les Sujets, une espèce d'yvresse, qui les éloignant de penser au bien Public, ne les remplissoit que de desseins particuliers, incompatibles avec l'interêt géneral. D'ailleurs, Mahomed n'y trouva plus ce même zèle qui animoit autrefois toute la Nation à soûtenir, & à étendre sa gloire. La Noblesse ne se connoissoit plus; les Grands se tiroient de son rang pour affecter celui de Princes; qui par un autre caprice ne vouloient pas seulement songer à se rendre des hommes estimables, s'abandonnant aux dérèglemens d'une imagination corrompue, qui n'étoit satisfaite que par des excès. Cependant les trésors de la Perse subsistoient encore. On conservoit à Madaien, dans les souterreins d'un * Château inexpugnable, plus d'or que le reste du Monde n'en

---

* On comptoit dans ce Chateau 40000. Colonnes où tables d'argent, & 30000. pieces de tapisseries brodées.

contenoit; & un autre tréfor exterieur préfentoit à la vûe des curieux une fi grande abondance de perles, de diamans, & d'autres pieces d'argent mis en œuvre, de riches tapifferies brodées d'or & de perles, que jamais la magnificence des Romains n'y avoit été comparable. *Mais que font des tréfors fans ufage*, s'écrie l'Alcoran, *ou fans une difpenfation prudente qui connoiffe les tems de les ouvrir, & de les fermer?* Les Grands hommes qui avoient amaffé celui-cy n'avoient penfé qu'à préparer à leurs Succeffeurs les moyens d'épargner les Peuples ; De méchans Princes, au contraire, gardent leurs tréfors ou les diffipent, & n'en font pas moins durs envers leurs fujets.

MAHOMED s'intruifit encore avec plus d'exactitude de la maniere dont les Perfes faifoient la guerre, & dont ils affembloient leurs armées. Mais il n'eut garde d'approuver leur ufage fur ce dernier point, parce qu'ils n'avoient aucun Corps de Troupes règlées, & qu'ils fe contentoient de commander, felon les occafions, un plus grand ou un moindre nombre d'hommes par Province ; fans s'informer de la difpofition de ceux que l'on faifoit ainfi marcher, ni du nombre de ceux qui reftoient en châque Pays pour foutenir les travaux journaliers de la campagne;
qui

qui par cette raison demeuroit quelquefois sans culture. D'un autre côté il trouva que la méthode avec laquelle les Perses faisoient subsister leurs armées dans les Pays les plus difficiles, par le moyen des convois, qui ne leur manquoient jamais, & qu'ils savoient assûrer avec tant de précaution que l'Ennemi ne pouvoit les enlever: il trouva, dis-je, que cette méthode étoit digne d'être imitée par les Géneraux de toute Nation guerriere; puisque c'étoit le moyen qui les avoit si souvent rendus victorieux des Romains, lesquels, de leur part, n'étant capables ni de supporter la chaleur des sables, ni de se passer d'eau, perdoient immanquablement leurs Troupes toutes-les-fois qu'ils s'éloignoient des rivieres. Quant à la Religion des Perses, il la condamna, sur le seul préjugé que lui donna la construction des Temples où ils conservoient des feux perpétuels auxquels ils rendoient les honneurs divins. Il ne paroit pas toutefois qu'il ait jamais approfondi si cette vénération étoit absolue, ou relative; mais il y a apparence qu'il conçut, que Dieu, étant un Etre invisible, ne peut raisonnablement être figuré par rien de corporel: outre qu'en s'expliquant sur cette matiere dans l'Alcoran, il dit expres-

expressément; ,, que la facilité qu'il y a à
,, transporter à la créature l'adoration qui
,, n'est dûe qu'à Dieu, témoigne com-
,, bien il est dangereux d'imaginer qu'il
,, puisse être représenté par aucune chose.

Après qu'il eût connu la Perse, la même occasion de commerce rappella Mahomed en Sirie. C'étoit de ce Païs qu'il pouvoit tirer des toiles & des étoffes d'un débit avantageux pour l'habillement des Arabes. Ce fut aussi dans ce païs qu'il redoubla d'attention pour s'instruire de la discipline militaire, du gouvernement politique, & de la Religion d'une Nation aussi puissante, & d'aussi grande réputation que les Romains. Mais il fut bien étonné de trouver que cet Empire, si vanté par ceux qui n'en connoissoient que le nom, étoit aussi-bien que celui des Perses, sur le penchant d'une ruine très prochaine. Ce n'étoit plus en effet qu'une vaine représentation, ou plûtôt un phantôme de ce qu'il avoit été. Les Monarques n'avoient plus de droit à l'Empire par le Sang ni par la naissance. Ils le tenoient, ou comme le fruit de leurs crimes, & d'une usurpation tirannique; ou comme un don de la seule fortune. Ils ne se maintenoient dans cette élévation ni par l'amour des Peuples, ni par l'estime des
sol-

foldats; mais aux moyens des mêmes artifices, intrigues, & violences qui les y avoient conduits. Et dans ce point de fortune, ils ne se donnoient plus d'autre occupation que celle de piller les Peuples, & d'amasser de l'argent: non pour s'en servir à faire du bien, mais pour soldoïer une milice de Barbares; qui, après les avoir épuisez, pilloient ensuite à discrétion les villes, & les Provinces dèja désolées par l'avarice du Prince. Les Grands, les Géneraux, les Officiers, & les Magistrats n'étoient plus que ces mêmes Barbares qui se naturalisoient Romains de leur seule autorité, quand ils s'étoient fait des noms assez considerables, & qu'ils avoient aquis assez de biens pour forcer l'Empereur à leur accorder les postes qu'ils vouloient choisir, ou pour eux-mêmes, ou pour leurs créatures.

Il apprit que les Armées n'étoient plus composées des anciens Soldats qui avoient vieilli à l'école de *Belizaire* & de *Narses*: Que les têtes des Légions & des Centuries s'étoient perdues & dissipées sans que l'on pût dire comment cela s'étoit fait: Que les Milices nouvelles étoient sans valeur, comme sans experience; accoutumées à fuir dès qu'elles rencontroient des Perses ou des Arabes. Qu'aucun

Qu'aucun soldat n'alloit à la guerre par son choix & par sa volonté, mais qu'on les arrachoit du sein de leurs familles pour les faire marcher d'un bout de Monde à l'autre, sans espérance de revoir jamais leurs amis, ou leurs parens : Que les meilleurs de ses soldats n'étant que ceux qui, ayant réussi quelque-fois à éviter le pillage des Barbares, soit en défendant leurs villes, soit en se cantonnant dans les bois, avoient continué la vie militaire, qu'une premiere nécessité leur avoit fait embrasser : mais qu'en les retirant de leurs differentes Provinces, il en arrivoit un autre mal, puis qu'elles demeuroient alors exposées aux entreprises de tous ceux qui vouloient profiter des conjonctures. Il apprit encore que le déréglement des mœurs, & l'improbité des hommes étoient montées à tel degré que l'on ne connoissoit plus d'honneur ni de vertu. *Phocas*, qui régnoit alors, tenoit pour Maxime, ,, qu'il n'y avoit que les Imbécilles qui ,, respectassent ces idoles, que l'on nom- ,, me *Vertu* ou *Probité* ; que les autres hommes étoient tous également pervers, n'y ayant que le plus, ou le moins d'habileté à suivre son interêt qui en fît différence.

E n

En conséquence de ce principe, il n'y avoit plus de Courtisan qui ne trafiquât publiquement la justice sous le nom de *Protection* ; aucun Chef militaire qui ne fût un de ces barbares féroces, *Goth, Vandale, Maure,* ou *Gépide,* incapable d'aucune vûe de bien public ; ou qui ne fût le protégé déclaré de quelque Evêque ou Prêtre accrédité, ou de quelque Eunuque du Palais. Tous, uniquement attentifs aux moyens de se procurer de l'argent, ne s'en servoient qu'à soutenir un luxe d'autant plus odieux qu'il insultoit à la misère publique, & une débauche effrénée qui ne respectoit aucune Loi. Cependant ces Peuples étoient des Chrétiens, qui selon la premiere idée que Mahomed en avoit prise en Arabie, devoient être des hommes justes, desinteressez, fidèles, compatissans, & mortifiez. Il vit au contraire avec horreur que ces Chrétiens, dans leur propre Païs, n'étoient que des gens vendus à toute iniquité, & dont la Religion ne se distinguoit du Paganisme que par l'atrocité des quérelles, & des divisions qu'elle causoit. Il fut le témoin de cette superstition, plus que honteuse, où l'on avoit porté le Culte des Saints, & la terreur de leurs images ; dont on faisoit dépendre non seulement la piété,

mais

mais toute espèce de confiance pour obtenir les événemens desirez. Si l'Empereur donnoit quelqu'emploi important, une Charge, le Gouvernement d'une Province, le Géneralat d'une Armée, il y joignoit toujours le présent d'une Image, qui devoit lui répondre de la fidélité de celui qui la recevoit, ou le punir atrocément par quelque grande infortune s'il venoit à y manquer. On raisonnoit de même à l'égard des Troupes. Non-seulement chaque Officier avoit son image particuliere, à laquelle il recouroit pour en obtenir du courage dans les occasions, ou plutôt un succès qui coutât peu d'éffort à sa vertu : mais les Corps entiers, Légions, & Cohortes avoient chacune leur image dans une petite Chapelle à deux roues, laquelle marchoit à sa tête, & qui dans les campemens ne manquoit pas d'être placée au poste le moins perilleux. C'étoit à cette image que l'on demandoit, premierement la conservation de sa vie, & d'être préservé de blessures; après quoi on la prioit aussi pour le succès des armes de l'Empire. Mais comme le premier des vœux qui lui étoient adressés étoit formé pour un bien qui s'obtenoit facilement & surement par la fuite, le fruit de ces prieres n'alloit ordinairement qu'à leur donner de bonnes jambes. On

MAHOMED. 221

On juge bien qu'un esprit auſſi juſte & auſſi ſolide que celui de Mahomed ne put appercevoir de tels abus ſans en augurer la ruine, & la diſſolution prochaine de l'Etat où ils règnoient. On peut même porter la conjecture plus loin, & penſer que ces réflexions le conduiſirent dès-lors à projeter les moyens de réunir la Nation Arabe, & de l'employer enſuite à la deſtruction de l'un & de l'autre Empire, ainſi qu'il l'a exécuté 35. ou 40. ans après. Il y a plus, car ſi l'on examine les moyens qui peuvent s'être préſentez à l'imagination de Mahomed pour parvenir à cette réunion des eſprits, par laquelle il faloit commencer un tel ouvrage; on jugera qu'il n'y en avoit aucun ſi puiſſant que celui de la Religion : vers laquelle les Arabes, tels que nous les avons repréſentez ci-devant, avoient une pente naturelle; laquelle, prudemment ménagée, pouvoit être portée juſqu'à l'entouſiaſme, ou au fanatiſme. Mais il arriva malheureuſement, qu'au lieu de choiſir la Religion Chrétienne, laquelle par les titres de ſa vérité, & de la rectitude de ſa morale, méritoit une préference évidente, Mahomed ſe revolta ſi violemment contre les abus qu'il y avoit reconnus dans la pratique, qu'il ſe porta plûtôt à l'attaquer

quer elle-même, qu'à reformer ce que les bons Chrétiens n'y supportoient qu'avec peine & douleur. D'ailleurs il se représenta que la puissance & la Religion des Romains étoient si fortement unies qu'on ne pouvoit les combattre séparément. Je ne pretens pas dire qu'il conçut de si hauts desseins dès le tems de ses premiers voyages ; mais je représente l'état véritable & les dispositions où il trouva les Romains & les Perses, sur lesquels il a dans la suite formé le plan d'une nouvelle Religion qui devoit lui servir de moyen pour anéantir leurs dominations.

On ne sauroit nier que Mahomed n'aît connu les principes de la Religion Chrétienne ; sur lesquels nous verrons qu'il a amplement refléchi, par raport à l'étendue que la Révélation de JESUS CHRIST a donné à celle de Moyse. Il a sans doute lû les saintes Ecritures des deux Testamens ; & il en a fait une très heureuse application aux matieres contenues dans son Alcoran. Car quoi qu'il semble en avoir alteré les récits en quelques endroits, il est visible qu'il n'a songé qu'à satisfaire les préjugez de sa Nation, & qu'à remplir l'opinion ou tradition qu'elle avoit sur diferents articles peu importans en eux-mêmes ;
parce

parce que son premier objet étoit d'amener les Arabes au Sistême de doctrine qu'il avoit conçu, & que tout le succès de ses desseins rouloit sur le degré de persuasion où il se proposoit de les conduire. Aussi voyons nous qu'il n'a pas mieux traité l'Histoire prophane; & quand nous nous récrions si hautement à l'ignorance, & à l'absurdité, de ce qu'il a imaginé, par exemple, de faire un Prophète d'Alexandre le Grand, que nous savons positivement n'avoir jamais connu le vrai Dieu; il paroit que l'on peut découvrir dans ce trait particulier beaucoup plus d'adresse que d'ignorance : puis qu'il avoit un très grand interêt à persuader les Arabes, que Dieu destine quelque-fois les Prophètes à faire des conquêtes extraordinaires, & à soûmettre un grand nombre de differents Peuples afin de leur faire connoître la vérité par la force, quand la persuasion simple ne suffit pas. D'ailleurs la maniere dont il a attaqué la Religion Chrétienne n'est point directe: elle est plûtôt ironique, & ne paroit pouvoir s'appliquer qu'aux abus que tout le monde y reconnoissoit, & dont lui même avoit été le témoin. Car puis-qu'il a non seulement établi l'unité de Dieu, comme la baze de toute vérité dans la

Re-

Religion; la nécessité de l'aimer, d'obéir à ses loix, qui ne consistent qu'à faire un bon usage de la Raison qu'il nous a donnée; mais encore la Résurrection, le Jugement final & la rémuneration, qui sont des dogmes particuliers au Christianisme: enfin, puisqu'il a reconnu la vérité de la mission de Jesus Christ, sa naissance d'une Vierge, ses miracles, & la sainteté de sa Doctrine, il semble avoir adopté & embrassé tout ce que le Christianisme admet lui-même de plus incroyable: desorte que ce qu'il en a retranché n'a de raport sensible qu'aux abus qu'il étoit impossible qu'il ne condamnât point.

C'est ainsi que n'ayant point imaginé que la Justice de Dieu pût imputer à personne le péché qu'il n'a point commis, il n'a point conçu que la Satisfaction de Jesus Christ fût nécessaire pour purger le Genre humain d'aucune tache originèle. Après cela, considerant que le principe du culte déréglé des images ne pouvoit être autre que l'idée d'une association des Saints à la Divinité; (c'est-à-dire, l'opinion d'une communication de la puissance de faire des miracles & des prodiges, qu'il a cru réservée à Dieu seul, repandue néanmoins sur de certains morts reputés bienheureux

heureux avant le Jugement final,) il a proscrit ce sentiment, & l'a condamné, non seulement comme une contradiction évidente, mais comme une injure faite à Dieu, qui ne peut avoir de compagnon. De là portant sa vuë sur le Dogme de l'Incarnation du Verbe, qui fait un Dieu d'un véritable homme, par l'union inéffable de deux *Natures* incompatibles, telles que le *fini* & l'*infini* ; il a voulu croire que l'on avoit abusé des expressions de Jesus Christ même, & de ses Disciples pour leur donner un sens qu'elles ne sauroient avoir, & qu'à l'exception des plus emportés, aucun n'avoit prétendu leur donner. Il ne fut pas moins choqué du Dogme qui sépare le même Dieu de son esprit, pour en faire deux Personnes distinctes : & sans remonter au Platonisme, ni aux spéculations des Philosophes de cette École, il s'est imaginé rendre à Dieu sa véritable gloire, & aux Peuples l'usage de la plus saine Raison en abolissant toutes les idées confuses, équivoques, & disputables qui avoient jusques-là donné occasion à tant de quérelles : & réduisant la Foi des Fidèles à la profession d'un seul Dieu infini, Créateur de l'Univers, Juste rémunerateur du bien & du mal, il a formé cette loi principape qui condamne les associations, avec tous ceux qui, méconnoissant la simplicité de l'Etre Divin, lui donnent un Fils, & un Esprit autres que lui même.

Voilà de quelle maniere Mahomed a conçu le dessein, & le sistême d'une Religion dépouillée de toutes controverses, & qui ne proposant aucun Mistère qui puisse forcer la raison, réduit l'imagination des hommes à se contenter d'un Culte simple & invariable, malgré les emportemens & le zèle aveugle qui les tire si souvent hors d'eux-mêmes. Sistême que l'on ne peut attribuer à la suggestion de quelque Moine ignorant, ou de quelque fourbe bizarre, qui ait précisément choisi un homme rempli de vices, & de défauts naturels, qu'ils ont ensuite obligé de déguiser par toute sorte d'artifices pour en faire leur Prophète : mais qui paroit avoir été l'effet d'une longue & forte méditation sur la nature des choses, sur l'état & la disposition du Monde de ce tems-là, & sur la compatibilité des objets de la Religion avec la Raison, qui doit toûjours éprouver ce qui est présenté au jugement. On peut encore regarder ce Sistême comme l'ouvrage le plus étonnant auquel l'ambition ait jamais pû déterminer un homme de grand courage ; puis qu'ayant

ant compris la possibilité de la ruïne de deux Empires formidables au genre humain depuis tant de siècles, il n'a pas balancé à l'entreprendre; quoi qu'il ait d'abord reconnu que pour venir à bout d'un dessein si prodigieux, il ne faloit pas moins que changer le cœur, & l'esprit de tous les hommes, les enlever à eux-mêmes, à leurs habitudes, à leurs préjugez, aux connoissances dans lesquelles ils avoient été nourris, & où ils avoient vieillis; qu'enfin ayant pû voir de sang-froid toutes les difficultez d'un semblable dessein, & les ayant longuement meditées, il a eu le courage de l'entreprendre, & la gloire d'y réussir.

Tel a été le fruit des voyages de Mahomed, & des connoissances où il est parvenu par leur moyen. Si l'on ose cependant le dire, ce n'est pas seulement à l'indignation excitée par un si grand nombre d'objets honteux dans la Religion, ou tiraniques dans le Gouvernement qu'il faut raporter une si haute entreprise: c'est encore à la compassion qu'il avoit pour tant de malhûreux, soumis au caprice de méchans Princes & de leurs Ministres. L'idée de leur misère, comparée à la liberté dont on jouïssoit en Arabie, quoique sans faste, & sans trésors, attendrissoit tellement ce cœur, coeur, à qui l'on reproche aujourd'hui une férocité barbare, qu'en s'entretenant de ses voyages, & racontant ce qu'il avoit vû souffrir aux Peuples de la Syrie, il finissoit ordinairement son récit par ces expressions. *Les Grecs sont pourtant des hommes*, ce qui montroit sa pitié & le desir qu'il avoit de les soulager.

ENFIN Mahomed étant parvenu à l'âge de 28. ans, beaucoup plus riche de talens naturels, de qualitez aquises, d'observations, & de réflexions sur tout ce qu'il avoit pû connoître, qu'il ne l'étoit en biens de la fortune, se détermina à répondre à l'affection d'une veuve de la ville de la Mecque; qui depuis quelques années témoignoit de l'estime pour sa probité & de l'inclination pour sa personne. Il avoit fait pendant le cours de ses voyages quelques négociations pour elle, & le compte qu'il en avoit rendu s'étoit trouvé si juste, & si désinteressé, qu'elle ne put s'empêcher de concevoir une grande estime pour les sentimens d'un homme que l'adversité sembloit n'avoir attaqué que pour rendre sa fidélité plus brillante. Il se trouvoit alors à la fleur de son âge, & quoique sa taille n'eût rien d'extraordinaire, sa phisionomie très spirituelle, le feu de ses yeux, & la modestie qui
ac-

accompagnoit ses démarches, avoient fait une telle impression sur le coeur de cette Dame, qu'elle lui fit connoître le dessein qu'elle avoit pris de l'épouser par préférence aux Arabes les plus riches qui s'empressoient de parvenir à cette fortune. Le nom de cette veuve étoit *Ghadije*, ou *Chadijah*, que son mari, *Abdumenaf*, avoit enrichie par le don géneral de tous ses biens; desquels elle crut, à son tour, faire une disposition digne de l'approbation génerale en choisissant Mahomed pour son époux, & lui transportant toutes les richesses qu'elle auroit pû conserver pour elle-même. *Abuthaleb*, oncle & cy-devant Tuteur de Mahomed, s'empressa vivement pour la conclusion de ce mariage, auquel *Abugehel* & *Abbas*, ses autres oncles, n'étoient pas si favorables; à raison d'une secrète jalousie qu'ils avoient conçue contre leur neveu à cause des qualitez éminentes qu'ils reconnoissoient en sa personne, & qu'ils jugeoient telles, qu'il n'y avoit que la pauvreté qui pût le retenir dans le rang d'inferiorité où il étoit né, étant le dernier ou le puisné de sa famille. Cette jalousie s'augmenta avec la réputation de ce prétendu Prophète, & fit naître dans la suite quantité d'obstacles à tout ce qu'il entreprit: aussi n'y eut-il que la mort du premier, & la prison du second qui ayent pû mettre des bornes aux effets de leurs passions.

Mahomed étant marié, parut se livrer tout entier à la satisfaction de son épouse: jamais Mari ne fut plus tendre ni plus attentif qu'il se montra pour *Chadije*, comme de sa part, jamais femme riche n'avoit été si soumise à un mari pauvre, ni plus occupée à lui faire oublier ses travaux précédens dans la tranquillité & le repos d'un ménage abondant. Il ne pensa point pendant la vie de *Chadije* à multiplier le nombre de ses femmes, ou à prendre des concubines, comme il auroit pu le faire suivant l'usage, & la loi du Pays: mais ne travaillant qu'à lui donner des enfans qui fussent les gages de sa tendresse, & de sa reconnoissance, il en eut cinq dans le cours de sept années; savoir trois fils & deux filles. L'ainé qui fut nommé *Casem*, & qui naquit dans sa 31. année, lui donna tant de joye qu'il en prit le surnom d'*Aboul Casem*, c'est à dire, *de pere de Casem*, selon un usage assez fréquent en Arabie, lorsque l'on a été long-tems sans esperance de posterité masculine. Cependant cet enfant si cher, & dans la personne duquel il esperoit voir l'effet des promesses qui lui avoient été

été faites à lui-meme dans sa jeunesse, lui fut enlevé par une maladie imprévûe à l'âge de 4 ans. Il perdit rapidement ses autres fils, & leur mere bientôt après, avec une douleur, que tout le bien qu'elle lui laissa ne put adoucir ni diminuer : & c'est ainsi, disent les Interprètes, *que l'élection de Dieu le vouloit détacher de toutes les choses de la terre, & de ce qu'il devoit aimer le plus légitimement parmi les choses périssables, afin qu'il apprît à aimer solidement ce qui est éternel.* Mais lorsque dans la suite, son ministère Prophètique, & sa puissance commencerent à éclater en Arabie, ses ennemis, qui s'y trouverent d'abord en grand nombre, lui reprocherent cette perte de sa femme, & la privation de posterité, comme l'effet d'une espèce de réprobation divine : parceque suivant l'ancienne Tradition, les Prophètes avoient toûjours laissé une postérité nombreuse, & respectée dans les siécles suivans. Ils joignirent même les dérisions aux reproches, & le surnommerent *Abtar*, c'est à dire, *sans queue*, par un terme injurieux dont ils prétendirent le flétrir.

MAHOMED s'en tint véritablement offensé, & pour y repondre, produisit le chapitre CVIII. de l'Alcoran ; dans lequel Dieu déclare ,, qu'à la place ,, de

,, de postérité, il a donné ou Prophète
,, le Monde entier pour héritage, &
,, tous les peuples qui l'habitent pour
,, enfans soûmis, & obéïssans aux leçons
,, de sa Doctrine, qui ne contient que
,, vérité.,, Le terme Arabe *Cautar*, employé dans cette occasion, est un de ces mots emphatiques qui sont en usage en cette langue, & qui renferment autant de signification qu'on leur en veut donner. En effet, il y a des Interprètes qui expliquent ce mot par ceux de multitude ou d'abondance ; ensorte qu'il signifie proprement l'assemblage & le concours de toute sorte de biens spirituels & temporels ; lequel comprend richesses, famille, science, bonnes oeuvres, sectateurs, Principautés, réputation, autorité, amis, actions éclatantes, miracles, vertus habituelles, & généralement toutes les espèces de biens dont la grace de Dieu a comblé la personne de Mahomed. D'autres Interprètes prérendent que le Cautar est réellement un fleuve du Paradis, dont Dieu promet la possession au Prophète, en échange d'une postérité, parmi laquelle il se seroit trouvé des méchants & des pécheurs. *Ce fleuve est*, dit-on, *d'une immense étendue, ses rivages sont d'or le plus pur, les cailloux qu'il roule sont des diamans,*

des

des perles, & des rubis; son eau plus douce & plus blanche que le lait; son écume plus brillante que les étoiles; & qui boit de sa liqueur une seule fois ne souffre plus d'alteration pendant sa vie. Enfin d'autres interprètent mistiquement cette description fabuleuse d'un sujet qui ne sauroit exister, & y découvrent les propriétez & les merveilles de la vie spirituelle & intellectuelle, à laquelle tout Musulman doit tendre pour répondre à sa vocation. J'ai donné cet échantillon de l'éloquence Arabe pour faire comprendre, non seulement quel en est le caractère, & la difficulté de l'imiter, mais plus proprement encore quelle a été celle de Mahomed, qui par rapport au choix des termes employez dans l'Alcoran, & à l'ample signification dont ils sont susceptibles; outre la force, l'énergie, & la beauté de la diction, n'a point eu de pareil dans son Pays, ni avant le tems où il a paru, ni depuis 1150. ans. coulez entre sa naissance & le tems auquel nous vivons.

Mahomed étant dèja parvenu à l'âge de 36 ans, & accoûtumé à la retraite, où l'avoient retenu un domestique paisible, la compagnie d'une femme qu'il aimoit, & surtout les fortes méditations qui l'occupoient, songea à prendre une autre

tre femme : & comme ſes biens le rendoient un aſſez bon parti, & qu'il avoit de plus la reputation d'un homme juſte, intègre, de grande valeur, & d'une capacité ſinguliere dans le négoce, il ſe trouvoit à portée d'aſpirer aux meilleures alliances. Il jetta donc les yeux ſur l'une des filles d'*Abdallah*, ſurnommé *Abubeker*, fils d'*Othman*, de la famille de *Teim*, deſcendue de Kaab pere de Koreiſch ſon huitiéme Ayeul. Cet Abu-Beker étoit l'un des principaux habitans de la Mecque ; il étoit encore ſurnommé *Al-Seddick*, c'eſt à dire le *Juſte*, par un titre accordé à ſa vertu, qui étoit honorée de tous ſes compatriotes. Il avoit de ſa part beaucoup de reſpect pour celle de Mahomed, de ſorte que pleins d'eſtime l'un pour l'autre, ils ſe porterent avec joye à s'unir plus étroitement par une telle alliance. La fille nommée *Aiſcha*, étoit fort jeune lorſque Mahomed l'épouſa ; on la mit ſous la conduite d'une ſoeur de ſon pere, qui ne la rendit gueres plus ſage ; ſon temperament l'ayant porté à la coquéterie & aux intrigues, où elle ſe jetta toute ſa vie, malgré les corrections de ſon mari & de ſon pere. Ainſi elle auroit mis un grand obſtacle à la douceur que Mahomed ſe propoſoit de trouver dans ſon
do-

domestique, s'il n'avoit attribué, durant quelque tems, ses échapées à sa grande jeunesse. Mais dans la suite, il fut forcé de les reprimer par autorité, & c'est ce qui a donné occasion aux diverses loix qui se trouvent dans l'Alcoran touchant la conduite des femmes & la puissance des maris. Au reste la jeunesse d'*Aischa* rend très probable l'opinion de ceux qui disent qu'elle étoit Vierge au tems de ses nôces, de sorte que le principal surnom de son Pere a été pris dans cette qualité de sa fille. En effet *Abubeker* ne signifie autre chose que *Pere de la Pucelle*, & c'est un titre duquel *Abdallah* se fit honneur, non seulement tant qu'il vêcut sous l'Empire de Mahomed son gendre, mais lorsqu'il fut parvenu à la souveraine puissance avec le tître de Calife. D'autre côté Mahomed, instruit une fois en sa vie de l'espèce de plaisir propre à un tel mariage, n'en voulut plus tâter, & se contenta de femmes qui avoient dèja quelque experience dans la vie conjugale ; soit qu'elles eussent été répudiées, soit qu'elles fussent demeurées veuves : & il ne se trompa point dans l'esperance qu'il conçut de trouver avec elles plus de douceur, plus d'attention à lui plaire, & plus de conduite ou d'obfervation de bienséances.

Mr.

Mr. Prideaux dans la *Vie de Mahomed* qu'il a donnée au Public, décide nettement que *Phatime*, feule des enfans de Mahomed qui lui aît furvécu, étoit fille de *Chadijé* & la derniere de fes enfans. M. Herbelot, au contraire, affure qu'elle étoit le premier fruit du mariage d'Aïfcha, fondé fur la tradition commune, qui porte que Mahomed perdit fa premiere femme à 34. Ans, après 7 ans & un mois de mariage; que *Phatime* lui eft née dans le cours de fa 36. année, puis qu'elle eft morte avant que d'avoir atteint l'âge de 27. ans, & précifément six femaines après le décès de fon Pere. Cependant, comme il eft certain que *Aïfcha* fe déclara ouvertement contre *Ali* époux de *Phatime*, & qu'elle lui arracha l'Empire des mains pour le donner à *Moaviab*, qui n'étoit ni de la famille du Prophète, ni de la fienne; il y a bien de l'apparence qu'elle n'auroit pas rejetté fon propre gendre en faveur d'un étranger : ainfi l'on peut conclure que Prideaux a l'avantage de la vrai femblance en faveur de fon fentiment, & que *Herbelot* a celui de l'exactitude chronologique. Quoi qu'il en foit, Mahomed, peu fatisfait de la fociété d'un enfant, paroit avoir alors, & pour la premiere fois, multiplié

tiplié le nombre de ses femmes ; quoi qu'il soit certain, que c'est précisément en ce tems-là qu'il a été le plus occupé pour donner une forme à l'entreprise qu'il étoit prêt de faire éclore, & qu'il semble avoir fixé à la 40. année de son âge, comme au tems le plus convenable à la maturité de l'esprit & aux forces du corps.

Ce fut donc dans l'intervalle de la 36. à la 40. année de son âge qu'il épousa *Sewda* fille de *Hareth*, surnommé *Zama*, que l'on peut croire avoir été son Oncle, & le second des enfans de son ayeul *Abdol-Motalleb*. Ce n'est pas celle de ses femmes qu'il a le mieux aimé, puis qu'elle renonça en faveur d'*Aïscha* aux nuits que Mahomed lui devoit donner à son tour suivant l'obligation réciproque d'un mari & d'une femme légitimes. Il épousa aussi *Safia*, qui étoit Juive, & Lévite d'extraction ; ce qui lui faisoit dire, après que le don de prophétie se fût manifesté en la personne de son époux, qu'Aron étoit son pere, que Moyse étoit son oncle, & Mahomed son mari ; raisons qui la rendirent préferable à toutes les autres femmes de l'Arabie par sa liaison avec les plus grands Prophètes. Il est impossible de marquer exactement le tems des autres mariages,

ges de Mahomed, qui furent en grand nombre : tant parce qu'il étoit extrémement robuste & vigoureux, que parce que n'étant plus attaché par aucune passion bien vive, il avoit besoin de changement pour sa recréation, ou plûtôt pour le soulagement des travaux de son esprit. Il y a des Auteurs qui lui donnent jusqu'à 21. femmes differentes, desquelles 5. moururent avant lui ; 6. tomberent par leurs fautes dans le malheur de se voir répudiées ; & 10. autres resterent veuves après sa mort. D'autres réduisent le nombre de ses femmes à 15. ce qui fait juger que les premiers comptent quelques concubines esclaves au nombre des femmes légitimes, dont il eut néanmoins un très grand nombre, & beaucoup au dessus de ce que la nécessité de l'ordre lui a permis d'accorder à ses sectateurs : auxquels en recompense il a laissé entiere disposition de leurs esclaves achetées à prix d'argent ; au moyen toutefois de leur consentement à un ouvrage, qui étant destiné par la nature à donner un plaisir réciproque aux deux sexes, exige que le plus fort renonce alors à son pouvoir. Les autres femmes que Mahomed épousa vers le milieu de son âge viril furent *Om Salama*, *Om habiba*, *Maimunah*, & peut-être *Giowaira*, quoi qu'il qu'il y ait plus d'apparence que le mariage de celle-ci est posterieur aux autres de quelques années; car comme toutes ces femmes avoient dèja été à d'autres maris, elles perdirent, long-temps avant la mort du Prophète, les beautez qui l'avoient engagé d'en faire ses épouses. C'est aussi ce qui l'obligea à remplacer dans la suite cette troupe usée, dont il n'avoit point d'enfans, par de la jeunesse; laquelle au moins devoit ranimer ses plaisirs, & l'esperance de quelque postérité. Il y employa, suivant le Droit naturel, quelques esclaves concubines, & entr'autres la belle *Marie*, surnommée l'*Egyptienne*, qui paroit avoir été la plus chere à son Maître, & la plus redoutable à ses femmes, à cause de la préference qu'il sembloit donner, non seulement à ses graces, mais à sa douceur, & à sa complaisance.

Au-Reste nous aurons toujours bien de la peine à imaginer, comment il s'est pû faire, qu'un homme d'un caractère aussi sérieux qu'un Prophète; chargé de l'instruction des Peuples, de la réformation de la doctrine & des moeurs; organe & dépositaire des promesses & des menaces du Tout-puissant, Prédicateur assidu des véritez éternelles qui lui étoient révélées de moment à autre, & qui

qui devoient par conséquent occuper toute son attention journaliere, aît pû être en même tems si emporté, & si sensible à des plaisirs qui ne semblent faits que pour des personnes peu occupées, & dont l'imagination n'est pas enlevée par des perceptions incomparablement plus vives & plus animées que celles du corps. Il est d'ailleurs étonnant qu'un homme qui rouloit dans son esprit d'aussi grands desseins, qui avoit tant besoin de repos pour la méditation d'un projet, (dont les moyens devoient être infiniment compliquez, & les conséquences d'une étendue que l'esprit ne se représente qu'avec difficulté;) Qu'un tel homme, dis-je, aît choisi volontairement, & en vûe d'une satisfaction si peu convenable à son objet principal, l'agitation, le trouble, & l'inquiétude, qui ne pouvoient manquer de résulter de la compagnie d'une telle multitude de femmes, renfermées, & en même tems si interessées à savoir ce qui se passoit dans le monde au sujet de leur mari; qui s'exposoit à mille hazards, dont les moindres étoient la honte & l'infamie qui pouvoient retomber sur elles. A cela il faut joindre les troubles domestiques qui naissent des préferences données aux unes, ou aux autres de ces femmes par

le

MAHOMED. 241

le mari même ; les effets de leur jalousie mutuelle pour éprouver l'amour, la considération, la supériorité, qui sont des objets auxquels on se porte machinalement, & malgré toute contrainte. Enfin il y a tant d'indécence à un homme public, parvenu à un âge de maturité, de laisser voir une foiblesse qui en suppose tant d'autres, que la conduite de Mahomed à cet égard paroit totalement inexcusable. Cependant les Interprètes n'ont pas négligé de répondre aux objections qui se présentent naturellement sur ce sujet.

Ils disent 1°. que la grande ardeur, & l'extrème force de temperament avec laquelle Mahomed remplissoit les devoirs du mariage étoit un don de Dieu, qui le vouloit consoler par cette espèce de plaisir des disgraces auxquelles il devoit être exposé pour la cause de sa gloire. Ils disent 2°. que Dieu a voulu desabuser les hommes, par cet exemple, de l'idée absurde qu'il s'étoient faite d'une vertu de continence inutile, & même préjudiciable à la Société ; pendant qu'ils se permettent une vraye incontinence, qui y peut causer de véritables desordres ; qui enlève les filles & les femmes à leurs peres, & à leurs maris ; qui peuple les familles d'enfans étran-

R   gers,

gers, & qui couvre les violences & les injustices les plus blamables du prétexte d'une liberté de coeur & d'esprit, à laquelle toutes les autres passions se prêtent pour corrompre l'innocence, & la vertu même. 3°. Ils disent que les superstitions Chrétiennes ayant dépeuplé le Monde d'une partie de ses habitans, des deux sexes, pour faire habiter des Deserts, & des Monastères, & frustrer la Nature de la postérité qu'elle en devoit attendre; il étoit nécessaire qu'un Prophète, appellé pour ouvrir les yeux de tous les hommes, & leur faire connoître la véritable vertu, pratiquât lui-même en ce genre quelque chose d'excessif; afin de les engager à mépriser une fiction de vertu, à laquelle une vénération bizarre les soumettoit par habitude; & à estimer au contraire la Vertu solide, qui ne consiste jamais que dans son rapport avec le bien universel de la Société: lequel est aussi éloigné des entreprises que le Libertinage suggère, qu'il l'est d'une basse superstition, qui ne peut être produite que par l'ignorance, & la timidité. Enfin ils disent, que la force de l'ame est tellement relative à celle du corps, que Dieu en donnant la premiere au Prophète n'a pû lui refuser les qualitez qui sont les effets de la plus parfaite constitution des organes.

MAHOMED.

Il avoit, disent-ils, un courage au-dessus de la crainte dont tout homme vulgairement constant & ferme pourroit être ébranlé : Une génerosité qui s'étendoit à l'Etranger comme au Compatriote, parcequ'elle envisageoit toujours l'utilité la plus génerale, & qu'elle n'étoit point rétréssie dans les bornes où les sensations communes & le plus prochain interêt la resserent : Une fidélité à toute épreuve ; une discrétion qui l'assuroit de ses amis, qui ne les chicanoit jamais, & qui les lui faisoit aimer & estimer d'aussi bonne foi, qu'il desiroit lui-même d'en être aimé & estimé : Une prudence qui découvroit de loin les événemens, & qui pour les prévenir savoit pénétrer les sentimens des hommes à la simple & premiere inspection. Enfin, parceque l'énumeration deviendroit ennuïeuse, il avoit une supériorité de génie, qui savoit estimer le Vrai, & la capacité des moyens, avec une précision sans pareille. Voilà les vertus que les Arabes mettent au-dessus de la continence, du jeûne, de la discipline, & des pratiques des Monastères, & pour l'interêt desquelles il semble que Dieu a sacrifié jusqu'à la réputation de son Prophète, par rapport au trop grand amour du sexe qu'on lui reproche. Après ces mariages

riages, il est certain qu'il continua de vivre, comme auparavant, dans la familiarité de ses amis, qu'il choisit toute sa vie avec une grande distinction ; ensorte qu'on a dit de lui qu'il a eû l'avantage de ne s'y être jamais mépris. C'est sans doute à l'excellence de son jugement que l'on doit rapporter une telle fortune : mais comme nous avons à parler dans la suite du choix qu'il fut faire des premiers hommes auxquels il confia son secret, il seroit inutile de s'étendre icy sur cette matiere.

C'est toutefois l'occasion dans laquelle nos Historiens chrétiens ont imaginé lui donner des amis intimes, dont aucun contemporain n'a jamais parlé ; & d'en faire les complices du crime qu'il méditoit, & qu'il a exécuté. Ces amis sont, dans la supposition de M. Prideaux, le Moine *Sergius*, auparavant Abbé de la Laure de Bosra, sous le nom de Bahira, & le Juif *Abdias Ben-Salon* sous le nom d'Abdallah Ebn-Salem, avec lesquels on l'accuse d'avoir concerté, & mis à fin le projet qu'ils lui avoient inspiré, de renverser toute la terre par le moyen d'une Religion imaginaire ; composée du Judaïsme, du Christianisme & des passions humaines, dont les trois ensemble ont fait un mèlange artificieux

cieux qui a féduit la moitié du Monde. Mais M. Prideaux convient en même tems que le concert de ces trois Impoſteurs a été ſi bien ménagé que l'on n'en a jamais eû aucune preuve directe, ni indirecte. Il convient auſſi d'un fait certain, qui eſt, que Mahomed étoit ſans lettres, & ſans connoiſſance de tout ce que l'on peut appeller Science, ou Litterature, & qu'il en fait lui-même la premiere preuve de ſa miſſion extraordinaire. M. Prideaux ajoute, que le zèle Chrétien, animé dans les anciennes Croiſades, & néanmoins auſſi dépourvû de la connoiſſance des faits, que de celle de la doctrine que Mahomed combattoit, na pû ſe priver de la conſolation de ſe ſervir de toutes ſortes d'armes, bonnes & mauvaiſes, tant pour attaquer un tel ennemi que pour s'en défendre. Il dit encore, & je ne ſaurois m'empêcher d'y ſouſcrire, qu'avant les traductions qui nous ont été données de quelques Ouvrages Arabes par les Savans du ſiècle paſſé, tels que Golius, Eugenius, Pocok, Gabriel Etoniſſa, Echellenſis, & autres, nous connoiſſions ſi peu l'hiſtoire de Mahomed, que nous ignorions qu'il eût eû des Succeſſeurs autres que les Turcs : tant s'enfaut que nous euſſions quelque connoiſ-

fance

sance de sa vie & de ses moeurs. Ainsi crédules par zèle & par contradiction, nous avons reçu tout ce qui s'est présenté pour déposer contre lui. Mais s'il est permis d'en revenir à la plus raisonnable façon de penser, je croi pouvoir dire que Mahomed, Imposteur, ne s'est ouvert de son secret à personne ; d'autant plus qu'il auroit commis une indiscrétion très inutile, puisque le succès a presque toujours passé ses esperances, & qu'il a toujours fourni de son propre fonds cette éloquence admirable & inimitable qui entrainoit tous les coeurs après lui. Il étoit ignorant des Lettres vulgaires, je le veux croire ; mais il ne l'étoit pas assûrément de toutes les connoissances qu'un grand voyageur peut aquerir avec beaucoup d'esprit naturel ; lorsqu'il s'éforce de l'employer utilement. Il n'étoit point ignorant dans sa propre langue, dont l'usage, & non la lecture, lui avoit appris toute la finesse & les beautez. Ils n'étoit pas ignorant dans l'art de savoir rendre odieux ce qui est véritablement condamnable, & de peindre la vérité avec des couleurs simples & vives, qui ne permettent pas de la méconnoître. En effet, tout ce qu'il a dit est *Vrai*, par raport aux dogmes essentiels à la Religion ; mais il n'a n'a pas dit *tout* ce qui eſt *Vrai:* & c'eſt en cela ſeul que nôtre Religion diffère de la ſienne.

IL eſt tems après cela d'en venir à moi-même, & de me juſtifier devant le Lecteur de l'impreſſion que peut faire le ſtile Oriental & Arabe que j'employe dans ce récit. Je ſuis Chrétien comme lui, & j'en fais une profeſſion auſſi ſincère ; mais je ſuis oppoſé à deux principes ſur leſquels a roulé juſqu'à préſent nôtre controverſe avec les Muſulmans. Le premier eſt, *qu'il ne ſe trouve aucun motif raiſonnable dans tout ce qu'ils croyent ou pratiquent ; enſorte qu'il faille renoncer au ſens commun pour s'y ſoumettre.* Le ſecond, *que Mahomed aît été un impoſteur ſi groſſier, & ſi barbare, qu'il n'eſt point d'homme qui n'aît dû, & qui n'aît pû s'appercevoir de ſa tromperie, & de ſa ſéduction.* Contre ces principes je ſoutiens 1°. Que ſans la grace de la Révélation Chrétienne, qui nous éclaire bien au-delà de ce que Mahomed a voulu connoître & ſavoir, il n'y auroit ſiſtème de Doctrine ſi plauſible que le ſien, ſi conforme aux lumieres de la Raiſon, ſi conſolant pour les Juſtes, & ſi terrible aux pécheurs volontaires ou inappliquez ; & que dans les pratiques du Culte qu'il a établi, on découvre manifeſtement la

cause, & la démonstration de cet attachement invincible qu'ont les Musulmans pour leur Religion : attachement très connu par nos Missionaires, qui sont obligez d'avouer le peu de progrès qu'ils font parmi eux. 2°. Je soutiens que Mahomed, Imposteur, n'a été ni grossier ni barbare ; qu'il a conduit son entreprise avec tout l'art, toute la délicatesse, toute la constance, l'intrépidité, les grandes vûes dont Alexandre & César eussent été capables dans sa place. Il est vrai que ses moeurs ont été plus simples que celles de ces deux Conquérans ; qu'il a moins connu l'interêt, l'avarice, le luxe, & la prodigalité : au lieu desquels il a employé la Religion pour motif de ses exploits. Il n'a point non plus assujetti sa Patrie ; au contraire il ne l'a voulu gouverner que pour la rendre Maîtresse du monde, & de ses diverses richesses, desquelles & lui, & ses premiers Successeurs ont fait un usage si desinteressé qu'ils doivent être admirez à cet égard par leurs plus grands ennemis. Au-reste comme le but de cet Ouvrage n'est que mon amusement particulier, après lequel je substitue celui d'un Lecteur équitable, je ne croi pas avoir besoin de justifier mon stile, & les termes que j'emprunte des Livres
Ara-

Arabes. Un pareil Ouvrage, où nous ne pouvons prendre que peu d'interêt du côté de l'instruction, & de la connoissance des véritez dogmatiques, doit au-moins essaïer de plaire par la singularité des expressions.

Nous voici donc parvenus à cette fameuse année XLI. de la vie de Mahomed, commencée du 20. Avril 611. dans laquelle nous allons voir la métamorphose d'un homme particulier en Prophète ; illuminé par des révélations, d'autant plus singulieres qu'elles ne précédent presque jamais les événemens, & ne semblent avoir été données que pour expliquer les raisons de la Providence Divine dans leur diverse dispensation ; ou pour montrer que son motif principal est toûjours de conduire les hommes à la connoissance du Vrai, & à la pratique des bonnes oeuvres, c'est à dire de celles qui sont relatives à la Justice, & au bien géneral de la Société. Les idées que nous avons de la Prophétie sont bien differentes de celles des Arabes. Nous pensons, sur les exemples des Prophètes d'Israel, tels qu'ESAYE, JÉRÉMIE, DANIEL, & autres, qu'un Prophète connoissoit l'avenir avec autant de lumiere & de clarté,

qu'il

qu'il favoit tout ce qui devoit arriver à peu près comme Dieu le connoît lui-même. Ainfi nous jugeons qu'*Efaye* a connu les circonftances de la Vie du Meffie, de fa Mort, & de fa Paffion, & qu'il les a écrites avec autant d'évidence pour nous qui lifons fon Livre que l'auroit pû faire un cinquiéme Evangelifte. Nous voulons auffi que *Jérémie* vît toutes les circonftances de la deftruction de Jerufalem, & qu'il les ait dépeintes avec des couleurs capables de toucher les pécheurs de ce tems-là, s'ils avoient eû quelque refte de fentiment pour leur Patrie. On prétend enfin que *Daniel* a annoncé de même tout ce qui appartient aujourd'hui à l'hiftoire des Monarchies Perfannes, Grecques, & Romaines ; car nous ne connoiffons gueres mieux le paffé dans cette hiftoire, à certains égards, qu'il paroit en avoir connu l'avenir. Mais les Arabes ne regardent pas la Prophètie comme un don de Dieu, fimplement abfolu, tel que nous l'imaginons. Ils croyent qu'il eft toujours caractérifé par les talens naturels de ceux qui le reçoivent, ou felon l'application que la Providence en veut faire pour l'inftruction de ceux à qui les Prophètes font eux mêmes adreffez. Ainfi, peuvent-ils dire, lors que

que Dieu a voulu faire connoître aux Juifs la mauvaife politique de leurs Rois, qui s'empreffoient de rechercher l'alliance des Rois d'Egypte, qui d'ailleurs laiffoient corrompre les moeurs de leurs Peuples, fouffroient que l'efprit de diffolution & de vertige s'emparât de la Capitale, & qu'il empoifonât tous les coeurs jufqu'à leur faire haïr & méprifer leur Religion, & les maximes les plus importantes à tout Gouvernement : Alors Dieu paroit avoir fufcité divers hommes excellents, qu'il a remplis de l'éfpèce de difcernement néceffaire pour être touchez de l'abus de cette politique, qui alloit confondre l'Etat. Ces hommes extraordinaires reçurent auffi de la Providence, la vivacité, l'éloquence, & le patétique, avec la hardieffe convenable pour exprimer la vérité, & pour la faire fentir à ceux que le Defordre, & l'Illufion n'avoient pas encore endurcis.

PAREILLEMENT lorfque les Juifs captifs, tranfportez dans la terre de Babilone, fe croyoient perdus, & confondus pour jamais avec les Nations idolatres; Dieu fufcita Daniel pour les confoler par l'efperance d'une révolution prochaine ; Laquelle mettant l'Empire en d'autres mains, les employeroit auffi pour

pour leur rétablissement. C'est la raison pour laquelle les visions de Daniel représentent le grand événement qui détruisit peu après la Monarchie des Babiloniens, & qui transporta leur puissance aux anciens Perses. Mais comme ceux cy furent vaincus à leur tour par les Macédoniens, qui fonderent un autre Empire dans la Syrie, duquel les Juifs souffroient beaucoup, & que les Macédoniens furent eux mêmes soûmis par les Romains, lesquels disperserent la nation Juive, ruinerent son Temple, & détruisirent absolument le Culte qui y étoit pratiqué; il étoit nécessaire que ces mêmes révélations représentassent quelque chose de tout cela. Cependant comme il seroit absurde d'imaginer que le Prophète ait connu cet avenir avec la clarté dont nous jouïssons après l'événement, contentons nous de dire qu'il peut en avoir découvert une ombre très confuse; laquelle auroit été même bien inutile sans l'interprétation qu'un Ange lui en donna par l'ordre de Dieu. Ainsi nous reviendrons à croire avec les Arabes, que c'est bien moins la connoissance de l'avenir qui distingue, & constitue le Prophéte, que le talent de parler ou d'écrire avec une force capable de retirer les hommes de l'erreur,

ou

ou de les rapeller à l'attention qu'ils doivent particulierement à la Vérité & à la Justice.

Mais il y a bien une autre objection que les Arabes mèmes ont employée contre Mahomed, au tems où sa vocation étoit encore incertaine à l'égard du public. Ils lui demandoient des miracles, comme s'il eût été de l'essence d'un homme qui avoit entrepris d'instruire les autres, d'autoriser ses paroles, plûtôt par des prodiges que par des raisons. Ils citoient à la vérité leurs Traditions paternelles touchant les Prophètes qui avoient été dans leur Pays, & ils avoient de plus les exemples de *Moyse*, *d'Elie* & *d'Elisée*, parmi les Hebreux, comme celui de Jesus Christ parmi les Chrêtiens. Mais peut-on conclure de ces exemples que les véritez morales & pratiques n'ayent pas leurs démonstrations en elles mêmes? En effet, s'il a falu que le Messie operât tant de merveilles, & se ressuscitât lui même pour prouver sa Divinité, il n'a pas eu besoin de miracle pour faire recevoir sa Morale. Tout le Monde y a géneralement applaudi, & on l'admire encore aujourd'hui quoi qu'on la pratique si peu. Ainsi Mahomed, en préprêchant une semblable Morale, n'a eu d'ailleurs aucune vérité douteuse, ou suspecte à persuader, si l'on en excepte le Dogme de la Resurection, peu croïable aux hommes charnels. L'unité, & la suprême puissance de Dieu ne sont point des véritez de même espèce que celles-là : elles sont démonstratives par la simple raison humaine. Partant les Arabes, & moins encore les Chrétiens, ont-ils été en droit d'exiger des miracles de la part d'un homme, qui déclaroit & protestoit sans cesse n'avoir d'autre pouvoir que de persuader ceux qui le vouloient écouter pacifiquement, ou celui de soumettre par les armes ceux qui resisteroient à la puissance de ses raisons ; par rapport auxquelles il osoit défier les hommes, & les Anges d'entrer en lice avec lui.

CELA posé, il ne semble pas que le sentiment des Musulmans sur le titre de Prophète qu'ils donnent à Mahomed soit aussi dépourvû de prétextes qu'on le dit communément parmi nous. Il suffit, en effet, qu'ils le puissent justifier par l'exemple de ce qui s'est passé chez les Juifs en cas pareil ; puis que nous adoptons leur croïance à cet égard : & partant il n'est point nécessaire qu'ils nous desig-

MAHOMED. 255

défignent des prédictions formelles de l'avenir, faites avant l'événement. Il doit fuffire qu'ils faffent voir que Mahomed a réellement poffédé des talens extraordinaires pour le raifonnement, l'éloquence & la compofition; & qu'il les ait emploïez à l'inftruction des hommes, avec un fi grand courage qu'on a pû croire que Dieu en étoit l'auteur. Car c'eft-là ce qui conftitue le caractère de Prophète, bien plûtôt que des prédictions de l'avenir, ordinairement fi fujètes à n'être point entendues, ou à être fi mal interprétées, que l'on n'en peut tirer de démonftration qu'après leur accompliffement, lequel n'arrive fouvent que 7. ou 800. ans après la mort de ceux qui les ont prononcées. Et tels font par exemple les fameux Oracles qui prédirent *que la Sainte Vierge devoit enfanter*, ou *du fceptre des Juifs qui ne devoit fortir de leurs mains qu'à la venue du Meffie*. D'ailleurs la réfiftance que l'on a long tems apportée à fon prétendu miniftère de Prophète, ne fait point de preuve contre lui, qui ne s'étende à à tous ceux qui ont été appellez à une femblable fonction ; de qui les perfécutions fervent à préfent de titre à leur vocation, & convainquent leurs ennemis

mis d'une malignité cruelle & opiniâtre, qui n'est plus contestée. Ainsi ce que l'on peut opposer valablement à Mahomed doit se réduire, ou à la négation des Dogmes & des préceptes qu'il a établis ; (ce qui soufre déja une grande difficulté, parce qu'il demeure certain que sa Doctrine ne pêche que par son insuffisance, si on la compare à l'étendue de la foi Chrétienne ;) ou à la négation de la vérité de sa Mission, laquelle n'a véritablement d'autre preuve que ses succès, & la beauté de sa Morale. Enfin, telle opinion que l'on puisse prendre de cette Mission, ou Vocation de Mahomed à la Prophètie, en voici l'Histoire telle que les Auteurs ont voulu la donner.

Une certaine nuit de l'hyver de l'an DCXI. de l'Ere Chrétienne, le 12 de Janvier selon Elmacin, il fut soudainement réveillé d'un sommeil profond où il étoit, par l'apparition d'une lumiere très vive, dont il se sentit pénétré, sans ressentir néanmoins aucune chaleur. Le premier éblouïssement étant passé, il ouvrit les yeux, & apperçut un Ange; dont l'énorme grandeur l'épouvanta, parceque sa tête & ses pieds lui parurent

rent toucher le Ciel & Terre. Ce qu'il en reconnut dans le premier moment lui parut plus blanc que la neige la plus pure, & plus brillant que la lumiere du foleil : de forte que n'en pouvant foûtenir l'éclat, il referma les yeux, refléchiffant en lui même fur ce que ce pouvoit être, & s'il étoit bien affûré de ne point rèver. En ce moment il fe fentit faifi par les cheveux, fans violence ni douleur, & fe trouva dreffé fur fes pieds. Ce mouvement lui ouvrit les yeux, & l'Ange lui parut alors moins terrible; mais la crainte & l'éffroi le pénétrerent de nouveau lors qu'il entendit le fon de fa voix. Il retomba le vifage contre terre, les mains jointes fur fa face en la pofture d'un homme qui adore. Il entendit alors diftinctement ces paroles. *Leve toi au nom de ton Seigneur, & le mien, qui a créé toutes chofes, & qui a formé l'homme d'un peu de fang épaiffi.* Il fe trouva debout, & l'Ange lui préfenta un papier en lui difant, *Prens & lis au nom de ton Seigneur, il a donné l'écriture aux hommes pour leur apprendre ce qu'ils ignorent ; Loue ton Seigneur, exalte ton Seigneur à jamais;* Alors Mahomed reffentit en lui même une joye inconnue, & une fi grande dilatation de fon coeur, que n'en pouvant supporter l'excès, il retomba à terre sans force & sans mouvement. L'Ange lui répéta les premieres paroles, *Prens & lis*; Et Mahomed répondit; *Seigneur, je suis pauvre & ignorant, & je ne connois point les lettres, & n'ai jamais sçu lire.* A cet aveu plein d'humilité l'Ange repartit par les magnifiques & célèbres paroles qui sont devenues le formulaire de la Foi de tous les Musulmans ; Dieu, *il n'y a point d'autre* Dieu *que* Dieu, *& Mahomed est son Prophète.* Cela dit, l'Ange ne fut plus visible à ses yeux, & il demeura rempli de sentimens inexprimables, mèlez de terreur, d'esperance, & de foi. Cependant étant revenu à lui, il appella le secours de ses femmes, en leur criant, *venez, venez, envelopez moi de couvertures, envelopez moi ; je suis prêt de mourir.* Elles le trouverent en effet dans une sueur extraordinaire, & si foible qu'elles apréhenderent pour sa vie. C'est ainsi que se passa le premier entretien de l'Ange avec Mahomed.

Mais d'autres Auteurs, qui ne se contentent pas de si peu, ajoutent que l'Ange le fondit & refondit jusqu'à trois fois ; tant pour lui donner la connoissance de l'Ecriture, que pour lui communiquer le courage, la patience, & l'intelligence
des

des choses cachées qui étoit nécessaire pour sa nouvelle fonction. Les paroles de cette premiere conversation se trouvent rapportées au Chapitre 96. de l'Alcoran. Mais elles y sont dénuées de toutes les circonstances que nous aprenons seulement de ceux qui ont receuilli les discours familiers du Prophète, & ses actions particulieres : ce qui fait voir qu'en effet l'Alcoran est proprement un Livre décousu, dont les versets n'ont aucune connexité ni rapport. Quoi qu'il soit évident qu'on auroit pû leur donner une suite naturelle & raisonable, soit en vûe des événemens qui en ont été l'occasion, soit en vûe des matieres qui y sont traitées. Mais l'on a respecté l'antiquité de la collection qui en fut faite par les ordres du Calife *Abubeker*, aussitôt après la mort de Mahomed ; dans un tems où l'on songeoit seulement à empêcher qu'il n'y en eût de perdus.

Quant à la division des Chapitres, on la tient posterieure de plusieurs siècles à la premiere collection, & paroit n'être qu'un effet du hazard, parceque leur dénonciation n'est jamais prise de la matiere qu'ils contiennent, mais bien de quelque mot singulier qui s'y rencontre. C'est aussi un témoignage bien évident que

les

les Mufulmans n'ont pas travaillé à faire connoître ce livre plus beau, plus éloquent, ou mieux compofé qu'il ne l'eft naturellement: mais qu'ils fe font contentez de l'efpèce de fublimité qui s'y trouve au milieu de ce délabrement. Le Chapitre 96. paffe, en conféquence des paroles que nous venons de raporter, pour devoir être le premier de tous. Et l'on juge auffi que le 95. devroit être immédiatement à fa fuite, parce qu'il eft adreffé à *l'homme craintif, enveloppé de nattes, & de couvertures*: Ce qui femble faire allufion à l'hiftoire précédente. Cependant le Chapitre 94. intitulé *du Décret Divin*, paroit expliquer le 96. d'une maniere beaucoup plus claire.

Voici de quelle maniere le Seigneur parle. *Nous avons fait defcendre du Ciel, dans la profondeur de la nuit que nous avions choifie, l'Ange qui t'a délié la langue, & éclairé l'entendement; & nous t'apprendrons quel eft le mérite de cette nuit, préférable à mille autres nuits, à mille jours, & à mille années, puifque c'eft le tems de la defcente des Anges, Miniftres de l'Efprit de Dieu, qui a porté la vérité dans ton coeur, quand ils fe font faits entendre à ton oreille.* L'intelligence de ces paroles eft fans doute très facile, fi l'on en fait l'application à l'événement cydeffus

rap-

rapporté. Mais un Interprète célèbre leur donne une autre origine. Il dit que le Prophète, exhortant un jour ses soldats à supporter les fatigues d'une guerre nécessaire, leur parla d'un Israélite qui avoit porté les armes durant mille mois pour le service de Dieu, & la défense de sa Religion ; mais qu'un tel exemple, loin de faire impression sur eux, les porta à lui répondre, que la vie est trop courte pour se proposer d'aquerir un semblable merite. Ainsi, plûtôt rebutez qu'animez, chacun pensoit à retourner chez soi, lorsque ce nouveau verset fut communiqué au Prophète, qui le répandit aussitôt parmi le Peuple.

Mais dans la suite on en a fait une application fort éloignée de l'esprit & du sens de Mahomed ; puisque l'on a prétendu qu'il signifie, qu'une simple lecture de l'Alcoran est préferable à un service militaire de plusieurs mois, ou de plusieurs années. Or l'on conçoit assez combien un Dogme pareil pouvoit être contraire aux efforts de courage & de perseverance qui étoient nécessaires pour établir cette nouvelle Religion. Aussi ne voit-on pas qu'une telle interprétation ait été suivie jusques au tems, où la piété des Musulmans s'imagina devoir imiter celle des Chrétiens, en ce que ceux-cy récitent tous les jours certaine partie de leurs Ecritures. Mais elle ne se piqua point de les imiter dans le chant musical, & la variété des airs qu'ils y donnent ; les regardant plûtôt comme indécents dans la priere, ou comme un obstacle à la méditation que l'on doit faire des Livres saints. Ce furent les *Mollahs*, *Imans*, & autres personnes du Clergé Musulman qui inventerent le mérite de cette lecture de l'Alcoran, dont ils firent une fonction différente de la priere & de la prédication, depuis que les Califes & les Gouverneurs eurent abandonné le Ministère Ecclésiastique, qui étoit autre-fois le premier ressort de leur autorité, & que les nouveaux Ministres des Mosquées furent des hommes vils, dépourvus de tous les talens qui avoient fondé la Religion. Ces Ecclésiastiques ne purent se distinguer, ni aquerir de la consideration parmi le peuple qu'en introduisant de nouvelles pratiques de devotion, sous le spécieux prétexte de la spiritualité. Il en est arrivé à peu près autant dans le Christianisme par l'établissement de tant d'Ordres Religieux, qui renferment une infinité de personnes des deux Sexes, dont la plûpart seroient inutiles au Monde dans toute autre profession. Ainsi l'on voit que les Ecclésiastiques ont également profité, dans deux Cultes si contraires, des moyens qui se sont présentez pour pouvoir se séparer des autres Citoyens, & s'établir un mérite distinctif, même devant Dieu. Au-reste, cette premiere apparition de l'Ange fut suivie durant plus de 22. ans d'une si grande quantité d'autres semblables, & de la distribution d'un nombre si considerable de versets, qu'on en a formé un volume que les Musulmans nomment *Coran*, ou *Al-coran* quand on y joint l'*article*, pour exprimer le Livre par excellence, ou le Livre auquel nul autre n'est comparable : puisqu'il contient la pure parole de Dieu, ou l'expression de sa volonté, telle qu'elle a été revélée par l'Ange au Prophète choisi, qui devoit la faire connoître aux hommes, sans mèlange d'aucun fait humain, ni d'autre expression étrangere qui puisse en affoiblir l'autorité.

MAIS le terme de *parole de Dieu* ne doit pas être pris au sens, que ce soit une parole sortie de Lui ou de sa bouche, comme le pourroient penser des esprits grossiers pour attribuer un corps & des membres à la Divinité. Les Interprètes ont pris soin d'avertir les Musulmans à cet égard, & de prévenir l'impression qu'ils pouvoient recevoir du Dogme des Chrétiens qui personnifient cette Parole. Ils disent donc, que c'est une partie du décret éternel qu'il a plû à la bonté & à la justice de Dieu, concurrantes ensemble, de manifester aux hommes par le ministère de Mahomed, pour leur faire connoître le plus parfait usage qu'ils puissent faire de leur raison. Ils ne veulent pas non plus que ce soit une règle, ou une loi occasionelle qui n'ait commencé d'être vraïe que quand il a plû à Dieu de la manifester. Ils la nomment, au contraire, *la justice de tous les siècles*, & assûrent que la perfection d'un fidèle, en quelque tems qu'il ait vecû, a toujours été relative à cette souveraine justice, qui a perpétuellement subsisté dans le décret Divin. Mais ce sentiment n'en est pas demeuré à la simple spéculation. Comme les hommes se portent naturellement à rencherir sur la simplicité des opinions qui leur sont proposées, il est arrivé qu'au lieu de renfermer le respect dû à cette Loi, sous l'idée de Parole de Dieu, dans la nécessité absolue de sa pratique, on est venu à disputer sur la dignité de son origine, & à mettre en question, si elle étoit créée ou incréée. Mais pendant que l'on employoit les dernieres violences pour l'une ou l'autre thèse,

thèse, selon la proportion du crédit ou de l'autorité de ceux qui les soutenoient, on a totalement négligé d'y conformer ses moeurs.

L'ALCORAN, consideré commé loy suprême en cette qualité de parole de Dieu, fut pris pour arbitre du grand different survenu pour la succession de Prophète, entre *Ali* son gendre & le Calife *Moavia*. Mais l'artifice de l'Usurpateur ayant prévalu sur la candeur du légitime héritier, le Public mécontent commença à raisonner sur la maniere frauduleuse dont les Grands s'exemptoient de l'observer. Et comme la succession des *Alides* n'a jamais manqué de partisans, il y eut des Docteurs qui s'échauferent si fort l'imagination à ce sujet, qu'ils soutinrent, que le préjudice fait à *Ali* n'étoit pas une injustice ordinaire, commise au mépris d'une loi usuelle ; mais qu'elle attaquoit Dieu même, & la vérité de son Etre ; parceque l'Alcoran, qui adjuge aux enfans la succession de leurs Peres, est une loi invariable, & aussi éternelle que Dieu même, dont le décret est essentiel à son Etre, puisqu'il ne peut exister sans sa volonté. Cependant d'autres Docteurs, non moins attachez à la succession des Alides, mais qui se piquoient de ne donner que des notions claires & précises, userent bientôt de dis-

distinction pour se mettre à couvert de l'autorité despotique des Califes, qui vouloient faire recevoir l'une ou l'autre opinion selon qu'ils l'imaginoient contraire ou favorable à leur autorité ; & qui pour cet effet faisoient dresser des formulaires qu'ils contraignoient de signer, sous differentes peines de mort, d'exil, de prison, de privation de biens, &c.

Ces Docteurs convenoient que l'Alcoran, considéré comme partie du décret Divin, ne pouvoit être mis au nombre des choses créées, parce qu'étant essentiel à Dieu, il lui doit être coéternel. Mais ils disoient en même tems ; que par rapport aux hommes, auxquels il n'avoit pas toujours été connu, on ne pouvoit se dispenser d'admettre un changement, qui avoit rendu manifeste & obligatoire ce qui ne l'étoit pas auparavant ; ou bien que ce seroit nier la vérité, & la nécessité de la Mission du Prophète par le ministère duquel cette loi avoit été révélée. Toute-fois comme l'Autorité ne respecte que rarement les bonnes raisons, le Docteur *Abmad Ben Hambal* ne put éviter une correction de 50. coups de fouët, que le Calife *Motassem* lui fit donner publiquement dans la Mosquée, & même une longue prison, dont il ne fut délivré que par son Successeur,

cesseur, pour n'avoir pû fléchir, contre sa conscience, à la volonté d'un Prince qui n'entendoit pas la question, ou qui du moins ignoroit les conséquences fâcheuses que sa propre opinion pouvoit avoir.

QUAND je dis que ce Prince n'entendoit pas la question, je veux marquer qu'il lui arriva dans cette occasion ce qui est ordinaire à tous les Princes qui n'étant pas Théologiens, & ne pénétrant pas les motifs, ni les conséquences des disputes, se laissent prévenir par l'un des partis, qui rend toujours l'autre suspect à leur autorité. En effet, c'étoit si peu par zèle pour la maison d'*Ali*, que *Motassem* s'entêta de cette opinion, qu'il en a été le persécuteur déclaré pendant sa vie, & qu'il en transmit la haine à son Successeur. Mais d'autre part, les Docteurs piquez de voir que tout le fruit qu'ils retiroient de leurs études, & de leurs méditations, n'étoit que de s'exposer davantage aux violences des Princes, ne voulurent plus s'entendre avec la politique mondaine, ni concourir avec elle pour recevoir les opinions dominantes à la Cour, ou jugées nécessaires pour augmenter la soumission des peuples. Et c'est ce qui a perpétué les Sectes qui divisent encore aujourd'hui la Religion Musulmane; que l'autorité civile & militaire ont dans la suite également négligées parceque leurs differens sentimens n'influent en aucune maniere sur le Gouvernement, depuis qu'il ne s'agit plus entr'elles des droits de la succession, abandonnée, ou plûtôt demeurée vaquante, après un si grand nombre de siècles, & sur tout depuis que l'Empire est passé à des Nations étrangeres, telles que les Turcs, les Tartares, Uzbecks, & Mogols.

TELLE est donc l'idée génerale que les Musulmans ont prise de l'Alcoran révélé à Mahomed: à quoi ils ajoutent que la composition du livre entier est si sublime, si élégante, & si persuasive, qu'il n'est point de lecteur attentif qui n'en reconnoisse d'abord l'excellence & la divinité. Enfin ils n'oublient pas d'employer, en faveur de ce livre, le même argument dont Mahomed s'étoit si heureusement servi ; en disant, qu'il est au-dessus des forces ordinaires de la Nature, qu'un homme, sans lettres, nourri dans l'ignorance, & dépourvû de toutes les connoissances théologiques, (qu'un Savant auroit pû tirer en Arabie même ; soit des Mages, des Juifs, des Chrétiens; soit des autres Nations Asiatiques, Indiens, Brachmanes,
Mo-

Mogols, Chinois, ou Insulaires; soit de l'ancien Paganisme des Grecs, & des Romains) ait pû inventer par ses propres forces un sistème de Doctrine capable d'ouvrir les yeux de tout le monde, & d'anéantir ou dissiper, comme par un soufle, tout ce que l'adresse humaine, la fourbe, l'étude, l'interêt, le libertinage, & l'ambition ont pû imaginer, depuis qu'il y a des hommes, pour tromper les simples, & les engager dans des pratiques convenables à leurs differentes vûes. *C'est ici la cause de tous ceux qui ont le coeur droit,* dit l'Alcoran, au chapitre 47. *Ceux qui n'ont pas l'intention sincère, ou que l'interet de leur propre raison & celui d'une justice universelle ne touchent pas, ceux-là ne doivent rien à nôtre société. Qu'ils nous persécutent, qu'ils nous combattent, Dieu sera pour nous avec le plus grand nombre. Ceux qui ne veulent pas aujourd'hui être vos freres, seront bientôt vos esclaves. Il vous payeront un tribut amer, de leurs biens, de leurs services, de leurs enfans, & de tout ce qu'ils possedent. Vous les passerez au trenchant de l'épée: vous n'en laisserez vivre que ce qu'il vous plaira, parce qu'ils ont méprisé la Raison & la Vérité, les dons excellens que Dieu leur vouloit partager avec vous.*

Cependant Mahomed donna un si bon ordre à son domestique, que le secret important de ses apparitions ne transpira point dans le public. Pendant deux ou trois années que dura cette précaution, Mahomed parut toujours le même particulier que ses Concitoyens avoient vû & connû jusques-là ; vivant, & conversant avec eux dans une simplicité bien éloignée de ce qui se préparoit. Mais dans l'interieur de sa maison, on le trouvoit & plus sérieux & plus abstrait, & plus retenu avec ses femmes. Il s'en abstenoit assez souvent pendant des jours & des nuits entiers ; ensorte que ses femmes, & principalement *Aischa*, qui étoit la plus jeune, en conçut de l'inquiétude, dans la crainte que quelqu'amour nouveau n'en fût le véritable sujet. Toutefois Mahomed ne pensoit alors qu'à s'éloigner de toute sorte de commerce : il se cachoit dans les montagnes voisines de la ville pour s'occuper, ou de Dieu, ou des projets de son ambition, & des moyens les plus propres pour les conduire au succès dont il se flatoit. La montagne de *Thour*, étoit celle qu'il fréquentoit davantage parce qu'elle étoit la plus voisine de sa demeure ; mais il étoit aussi quelque-fois à des distances plus éloignées, & principalement à l'*Abucabis*; où la Tradition porte qu'il a eu ses plus étroites communications avec l'Ange.

Cependant comme l'inquiétude des femmes sembloit exiger de sa prudence quelque précaution particuliere, pour conserver la paix, & le silence nécessaire au secret qu'il vouloit garder, il jugea à propos d'appeller dans sa maison *Chadije* sa femme, pour lui confier cet important secret. Elle avoit été veuve assez long temps, & quoique privée d'enfans, elle n'avoit pas voulu se donner à un autre mari duquel elle n'auroit pû attendre une préference qui flate si sensiblement les femmes les plus vertueuses. Elle avoit d'ailleurs, avec beaucoup d'esprit, un courage au-dessus de son sexe, & un sentiment de piété digne de la famille dont elle étoit sortie. Mahomed éprouva pendant quelque tems la solidité de son caractère; après quoi ayant jugé y pouvoir prendre une entiere confiance, elle fut la premiere à laquelle il osa déclarer sa vocation Prophétique, avec le détail de tous les moyens qu'il avoit projetez pour rétablir la Religion & le Culte public dans la pureté dont il avoit l'idée.

Chadige, pleine d'élévation dans les fentimens, & d'une piété fuperieure à celle qui eft ordinairement pratiqueé chez le fexe tendre, goûta les propofitions du Prophète, & conçut avec évidence que le rétabliffement de la Religion ferviroit, non feulement à délivrer la Nation du joug des Etrangers, mais la mettroit en état d'afpirer à des conquêtes faciles, qui porteroient la gloire & la renommée de fon Epoux auffi loin que celle des plus illuftres Conquerans. Ainfi *Chadije*, perfuadée de l'utilité du projet, ne ceffa plus d'exhorter Mahomed à le pourfuivre & à vaincre fa propre modeftie, qui faifoit feule un fi grand obftacle à l'exécution des deffeins de Dieu.

Nos Auteurs Chrétiens, qui affectent toujours d'attribuer à l'impofture de Mahomed toute la honte dont il leur eft poffible de la charger, comparent cette féduction de *Chadije* à celle que fit le Diable dans le Paradis terreftre : prétendant que comme le ferpent fe fervit d'une femme pour porter le premier homme au mépris du commandement de Dieu, Mahomed, pour répondre à fon véritable original, avoit dû faire couler le poifon de fa mauvaife doctrine par l'organe d'une

autre

autre femme, capable d'adresse, & dinsinuation. Cependant les Auteurs Mahométans ne nous apprennent point que *Chadije* aît jamais travaillé à répandre la Doctrine du nouveau Prophète. Et véritablement, il y a peu d'apparence qu'il eût voulu choisir une femme, que son sexe obligeoit de vivre renfermée, pour en faire le premier Apôtre de sa prétendue Religion. Tout ce que l'on peut présumer de plus, est que *Chadije*, une fois persuadée, a pû jetter les premieres semences de la Doctrine de Mahomed dans le coeur des personnes qui étoient à son service, ou à celui du Prophète.

Le second prosélite de la Religion Musulmane a été *Zeïd*, fils de Hareth, cousin germain & beau frere de Mahomed, duquel il est aussi qualifié *Serviteur*, non seulement parce qu'il s'étoit intimement attaché à sa personne, mais plûtôt parceque depuis l'élévation du Prophète à la Dignité de Chef de la Nation Arabe, il a fait la charge de son Ministre: fonction qui en ces tems de simplicité ne donnoit encore à ceux qui en étoient revêtus d'autre titre que celui d'Emploié, ou de Serviteur. C'est-pourquoi l'Historien Elmacin, qui nomme exactement les *Visirs*, ou Ministres des Princes dont il a donné l'histoire, ne qualifie ceux des premiers Califes que du nom de *Serviteurs*: ce qui fait voir qu'ils étoient encore éloignez du faste des Rois de l'Orient qui les avoient précédez. Au-reste, ce *Zeïd* est fameux dans cette histoire par raport à l'injustice que Mahomed commit envers lui par l'enlèvement de sa femme, dont il étoit devenu amoureux, & qu'il l'obligea de répudier pour l'épouser ensuite. Enfin le troisiéme prosélite fut *Ali*, qui fut depuis genere de Mahomed, qui l'aimoit autant que si c'eût été son fils, tant à cause de sa hardiesse surprenante, (qui l'a porté à exécuter des choses comparables, ou superieures à tout ce qu'on lit de plus merveilleux dans l'Histoire, par raport au courage, & à la force du corps) qu'à cause de sa docilité à se soûmettre à la justice & à la raison, malgré l'impétuosité de son temperament. On a dit de lui qu'il étoit aussi véritable & aussi juste qu'il étoit courageux. Mais la simplicité de ses mœurs, & sa constance redoutable aux méchans, les engagea à pratiquer des artifices dont il se méfia trop peu, & qui le priverent de l'Empire lui, & sa posterité. On a dit de lui qu'il étoit Musulman avant que de naître, & qu'ayant empêché sa

mere

mere de se prosterner devant son idole particuliere pendant tout le tems qu'elle le porta dans son ventre, elle le mit au monde dans l'enceinte de la *Kaaba*, où elle étoit allée faire ses prieres. Mahomed disoit lui-même, par raport à cette singularité, *Ali est né pour soûtenir la vérité de Dieu comme je suis né pour la publier.* Ces trois sont reconnus sans contestation pour les premiers Musulmans ; mais les six qui les ont suivis dans la même vocation ne sont pas moins illustres.

Le premier d'entr'eux est *Abdollah*, surnommé Abubeker, beau pere du Prophète, & en même tems l'homme de toute l'Arabie qui avoit une plus grande réputation de justice, & de probité. Mahomed se rendit maître de son esprit, & le porta à l'entousiasme dont il étoit possédé lui même, en lui faisant considerer l'état de la Nation Arabe, presque assujettie par les Etrangers ; & si peu attentive à son bonheur & à sa gloire, qu'elle alloit elle même au devant du joug, tantôt vers les Perses, & tantôt vers les Romains, selon que l'un ou l'autre Peuple avoit la fortune favorable. Il lui fit envisager, comme un grand malheur, la faute d'avoir reçû les Juifs dans le sein de la Patrie ; parceque

ceque cette Nation n'étoit plus sensible qu'à l'interêt; qu'elle avoit oublié la piété & l'alliance de ses Peres avec Dieu, si ce n'est quand il s'agissoit d'usurper le bien des Arabes, & de s'approprier les plus fertiles endroits de leur Pays; que c'étoit alors qu'ils faisoient valoir leur filiation d'Abraham; mais qu'ils ne reconnoissoient les Arabes pour leurs freres qu'à la condition de calomnier leur origine, & de traiter leur Pere Ismael comme un enfant proscrit, & déshérité. L'esprit Divin, ou plûtôt l'entousiasme, se saisit alors de l'imagination de Mahomed, qui commença un nouveau discours, tel que le peut faire un homme transporté. Il y parla sous le nom d'Abraham, en disant à Dieu, *Seigneur, J'ai placé un de mes enfans dans une vallée stérile auprès de vôtre maison sacrée: Seigneur, donnez protection & immunité à ce Pays, & ne permettez pas que ni moi, ni mon fils adorions jamais des idoles, ni autre chose que vous.* Il fit voir ensuite à *Abubeker* que les malheurs de la Nation Arabe n'avoient d'autres principes que la corruption du Culte de Dieu: Que chaque particulier, & chaque famille avoient des idoles selon leur goût & leur fantaisie: Que cette abomination avoit pénétré jusques dans le le lieu Saint, où l'on voïoit, à la honte des Anges, d'Ismael, & d'Abraham, les infames idoles de *Latb* & de *Ozza*, auxquelles on rendoit des honneurs qui n'étoient dûs qu'à Dieu. Ce discours, naturelement susceptible de véhémence, & de traits, fut poussé aussi loin que Mahomed le jugea convenable à son auditeur: puis avec une modestie adroitement ménageé, il feignit de craindre d'en avoir trop dit, & de s'être laissé emporter par son zèle, quoique sans regret, d'avoir ainsi déclaré ses sentiments à un beau pere de la sagesse & de l'amour duquel il étoit assûré. Il vit toute-fois l'effet de son discours, & il eut la joye de s'en pouvoir applaudir; ayant remarqué que pendant qu'il dura, les larmes coulerent des yeux du personnage qui l'écoutoit.

Peu de jours après *Abubeker* revint visiter Mahomed, accompagné d'*Othman*, fils d'*Affan*, (l'un des plus considerables Citoyens de la Mecque, & qui dans la suite est devenu le troisiéme Successeur du Prophète; d'*Abdol-Rahman* fils d'*Aawf*; de *Zobeïr*, fils de *Awam* beau frere de Mahomed; & de *Saad* fils d'*Abu-Wakas*; tous personnages importans, & qui le sont encore devenus davan-

davantage depuis leur converfion au Mufulmanifme.

ABUBEKER, portant la parole, témoigna à fon gendre, par une foûmiffion qui fe trouve rapportée au chapitre 46. de l'Alcoran, qu'il avoit été fi touché des véritez qu'il lui avoit découvertes dans la converfation précédente, qu'il étoit réfolu d'embraffer fa Doctrine ; puis adreffant à Dieu fa priere, il dit, comme il eft rapporté au même Chapitre 46. *Seigneur, enfeigne moi par ton infpiration. Touche moi de la reconnoiffance qui eft dûe à tes bienfaits: Eclaire mes Parens qui m'ont donné la naiffance ; éclaire mes enfans à qui je l'ai pareillement donnée par ta volonté. Je m'abandonne à toi, & je defire d'être un véritable Mufulman* ; c'eft à dire, de fuivre la Religion d'Ifmael, & d'Abraham, qui étant nommé *Iflam*, communique le nom de *Moflem* à fes Sectateurs, d'où nous formons celui de *Mufulman*. Cette profeffion fut reçuë de Mahomed avec applaudiffement, comme on peut aifément l'imaginer ; & il y répondit par les paroles qui fe trouvent au même Chapitre. Dans lefquelles, après avoir loué l'affection d'*Abubeker* envers fes parens, par la confideration des peines & des foins que l'éducation

de

des enfans coute aux Peres & aux Meres pour les conduire jusqu'à la virilité; il assure le nouveau Croyant que tous ceux qui croiront en Dieu, & qui exerceront la justice n'auront ni crainte, ni tristesse, & qu'ils recevront en Paradis une recompense inexprimable & éternelle de leurs bonnes oeuvres. Il y a lieu de douter que le reste de ce Chapitre doive être pris pour la continuation du Discours que Mahomed fit en cette occasion; à cause qu'il y est parlé au verset 10. de la nouvelle conversion d'un Juif, qui est certainement posterieure. Mais on croit au contraire qu'il prononça alors une partie du Chapitre 21 qui est intitulé *les Prophètes*; & qui paroit en effet un Discours neuf, & très propre à toucher des personnes capables de réflexion, ou plus instruits que le commun du Peuple; pour lequel il semble qu'il ait destiné d'autres chapitres qui ne contiennent que des descriptions du Paradis, & de l'Enfer, des exhortations à la guerre; ou la promulgation des loix dont il jugea l'établissement nécessaire. Voici quelque traits de ce Discours.

,, Citoyens de la Mecque; l'heure
,, est venue de rendre compte de vôtre
,, raison & de vôtre courage. En vain
,, vous les avez reçus d'un Maître tout-

„ puissant, liberal, & bien-faisant, si
„ vous les traitez avec négligence, & si
„ vous ne réflechissez jamais. Je vous
„ avertis de la part de ce Maître. Je
„ suis nouvellement chargé de sa légation,
„ pour vous dire qu'il ne veut plus que
„ vous abusiez de ses dons prétieux, en
„ passant une vie inutile, & ne les em-
„ ployant qu'à des amusemens indignes
„ de lui. Ne laissez plus distraire vos
„ coeurs par des plaisirs imaginaires:
„ ouvrez vos ames, & recevez y la vé-
„ rité. Mais ce Mahomed qui vous
„ parle, n'est-il pas un homme tel que
„ vous? Etes-vous venus écouter les
„ chimères de quelque songe, des vers
„ rimez par un Poëte adroit, ou de
„ vieux contes des anciennes histoires;
„ amusements frivoles des vieillards, &
„ des enfans? Attendez vous des mira-
„ cles, ou des prestiges? Hommes A-
„ rabez, écoutez; c'est Dieu qui va
„ parler; c'est lui qui a fait le Ciel, &
„ la Terre, & qui n'ignore rien de ce
„ qui s'y passe; il connoît le fond de
„ vos coeurs. *Dis leur* * Prophète, que

---

* C'est une de ces expressions communes dans l'Alcoran, par lesquelles le nouveau Prophète faisoit entendre à ceux qui l'écoutoient qu'il ne parloit plus de lui-même, & que l'esprit de Dieu le transportoit.

„ de

„ de toutes les villes qui font peries
„ pour la dureté de leurs coeurs, nous
„ ne leur avons adreffé que des hom-
„ mes femblables aux autres, que nous
„ avions inftruits par la révélation. *Dis*
„ *leur* ; qu'ils interrogent les familles de
„ la Loi, & de l'Evangile, & qu'ils ap-
„ prenent d'elles que ces Envoyés n'ont
„ point été des Anges, ou des hommes
„ qui vécuffent fans manger. Ils n'ont
„ point été éternels fur la terre, & n'ont
„ point prolongé leurs vies au-de-là du
„ terme déterminé. *Dis leur* ; Nous n'en
„ avons pas été moins fidèles à exécuter
„ ce qu'ils ont promis de nôtre part ;
„ nous les avons toujours délivrez, &
„ nous avons perdu les prévaricateurs
„ & les endurcis. Et maintenant nous
„ t'envoyons une parole qu'ils ne peu-
„ vent par refufer d'entendre. Nous
„ parlons un langage vulgaire, qui eft
„ à la portée du plus foible, & du plus
„ fort. Combien avons nous fait perir
„ de villes injuftes, à la place desquelles
„ nous avons fait naître d'autres géné-
„ rations ? Quand ces Nations mauvai-
„ fes fentoient nôtre châtiment, elles
„ fuyoient avec viteffe des lieux qu'elle
„ croïoient frapés de nôtre colère. Mais
„ *dis leur*, que les Anges s'en moquoient.
„ Ne hâtez point vôtre fuite, Enfans
„ d'ini-

„ d'iniquité; retournez à vôtre Patrie,
„ & à vos demeures paternelles: on
„ vous interrogera sans doute avant que
„ de vous punir. Oh malhûreux que
„ nous sommes! *repondront-ils*, nous n'a-
„ vons point été aussi méchans que l'on
„ nous en accuse; & ils n'ont point ces-
„ sé de nous reprocher leur punition
„ comme une injustice, jusqu'à ce qu'ils
„ aïent été détruits & renversez comme
„ une moisson coupée. *Dis-leur*; avons
„ nous tiré du néant le Ciel, la Terre,
„ & tout ce qu'ils contiennent pour un
„ divertissement odieux, sans égard à
„ la vérité & à la justice? *Prophète*, fais
„ évanouir le mensonge, fais disparoître
„ la vanité, perce les de mille traits; les
„ flèches feront la vérité, & ce sont les
„ armes que nous te mettrons entre les
„ mains. *Dis-leur*, malheur à vous, à
„ la fausse opinion que vous avez de
„ Dieu. Les Cieux, & la Terre, sont à
„ lui, & rien de ce qu'ils contiennent ne
„ s'est encore lassé de lui obéïr. Le so-
„ leil & les astres n'ont point dédaigné
„ leur servitude: ils n'ont point appellé
„ d'autres Dieux de la terre pour res-
„ susciter les morts. *Citoyens*, ne voïez
„ vous pas, que s'il y avoit plusieurs
„ Dieux égaux en puissance il se détrui-
„ roient les uns les autres? Mais louange
„ à

,, à Dieu, Seigneur de la Gloire ; Il
,, eſt unique, & nul ne lui demandera
,, compte de ſa volonté, ni de l'uſage
,, de ſon pouvoir. C'eſt lui qui inter-
,, rogera les hommes & qui leur deman-
,, dera raiſon des Dieux qu'ils ſe ſont
,, forgez ſans raiſon. C'eſt l'avertiſſe-
,, ment que je vous donne, pareil à ce-
,, lui des Prophètes qui ont été avant
,, moi. Il n'y a point d'autre Dieu que
,, Dieu, & c'eſt lui ſeul que vous de-
,, vez adorer.

J'arrete ici cette traduction d'une pièce ſi magnifique, dans la crainte que ſa longueur ne la rendît ennuyeuſe malgré la ſingularité des penſées ; ne s'agiſſant que de lieux communs qui ſont traitez à peu-près de même maniere parmi nous. Mahomed y rapporte enſuite l'hiſtoire abrégée des differens Prophètes, avec des circonſtances qui nous ſont inconnuës. Il dit, par exemple, qu'Abraham, étant encore enfant, s'inſtruiſit de la vérité de Dieu par la contemplation du Ciel ; Qu'il demanda à ſon Pere la raiſon du Culte qu'il rendoit à ſes idoles, & que le Pere ne lui en donna d'autre que l'imitation de la Religion de ſes Ancêtres, qu'ils avoient pratiquée juſqu'à la mort : Qu'Abraham lui en avoit montré l'erreur ſans autre

fruit

fruit que d'exciter fa colère; ce qui avoit réduit le jeune enfant à la nécessité de former le deſſein de briſer ces idoles à la premiere occaſion que l'abſence de ſon Pere lui pouroit procurer. Il ajoute qu'en effet cet enfant les briſa toutes, à la reſerve de la plus grande; & que le Pere étant revenu, ſurpris de cette deſtruction, en demanda la cauſe à ſon fils; qui répondit, que puiſque c'étoient des Dieux, il pouvoit les interroger eux mêmes, & qu'ils en diroient mieux la vérité. Surquoi le Pere s'irritant davantage, le fils oſa lui reprocher qu'il ſervoit des Dieux qui ne pouvoient ni parler, ni ſe défendre. On le condamna pour ce ſujet à mourir dans une fournaiſe ardente, de laquelle Dieu le délivra, comme il délivra depuis de pareils ennemis Loth, Moyſe, & tous les Prophètes juſqu'à JESUS CHRIST, fils de Marie, né d'une Vierge, & conçu par le ſoufle du Trés HAUT, pour être un prodige à toutes les Nations.

,, Pour vous, Arabes, *reprend Ma-*
,, *homed, au verſet 92. du même Chapi-*
,, *tre 25.* vous n'êtes qu'un Peuple. Je
,, ne ſuis qu'un ſeul Dieu votre Sei-
,, gneur; & vous ne devez ſervir que
,, moi. Les Chrétiens & les Juifs ont
,, eux

,, eux mêmes divifé leur foi, & ils en
,, rendront compte au dernier jour;
,, Jour terrible! où les méchants feront
,, rapellez du néant, non pour vivre
,, comme la premiere fois fur la
,, terre, mais pour être des tifons de
,, l'Enfer, dans un lieu fi profond que
,, leur cris épouvantables ne feront en-
" tendus d'aucun endroit ". Ceçi nous repréfente un échantillon des autres Dif- cours de Mahomed; dans lefquels on trouve par-tout la même force, mais non pas la même nouveauté ; puis qu'il eft fujet aux dites & redites, & aux de- fauts de compofition ordinaires à ceux qui n'ont point affez rectifié, par l'ufage de l'éloquence, ou par une étude mé- todique, les talens naturels qui rempliſ- fent leur imagination de figures, & leurs bouches d'expreffions, les unes mi- eux choifies que les autres.

L'EFFET de ce Difcours fut de per- fuader les cinq Auditeurs nouveaux qu'Abubeker avoit conduits au préten- du Prophète: lequel, de fa part, touché d'un fuccès qui lui avoit foumis une partie des plus renommez Citoyens de la premiere Ville de l'Arabie, prit plus de confiance à la vocation qui lui avoit été manifeftée, & ne fit plus de diffi- culté de parler en Public. Ce fut d'a-
abord

bord en fa maifon, où les Curieux le venoient entendre ; enfuite dans les Places de la Ville, où le peuple s'affembloit pour l'écouter ; enfin dans le Portique du Temple, où les Pélerins & les Devots de profeffion fe trouvoient en plus grand nombre. Il ne paroit pas cependant que fes difcours fiffent d'abord un grand effet. On étoit bien aife de l'entendre parce qu'il débitoit des hiftoires inconnues, & qu'il les narroit d'une maniere agréable ; mais les peintures qu'il faifoit du Paradis, & de l'Enfer touchoient peu fes Auditeurs, parceque la Réfurrection étoit pour les Arabes un Dogme étranger, dont ils n'avoient jamais oui parler, & qui leur parut tellement incroyable, quand il leur fut propofé, que la plus-part s'en moquerent, ou le méprifèrent comme une puérilité. Il gagna donc très peu de monde dans ces premiers commencemens, mais on s'apperçut néanmoins que fes opinions n'avoient pas laiffé de fe répandre, & de faire impreffion fur les efprits, finon jufqu'au point de les foumêttre totalement, au moins jufqu'à celui de former des fcrupules dans leurs confciences & d'animer leur courage à l'amour de la liberté,

&

& à la haine des Etrangers. Mahomed se servit avantageusement du consentement que les Juifs & les Chrétiens donnoient au dogme de la Résurrection ; car il renvoyoit toujours les Arabes à leurs Livres, dans lesquels il supposoit que les premieres véritez avoient été fidélement écrites, quoi qu'elles eussent depuis été corrompues en divers endroits par des motifs d'interêt & de malice, dont il les accusoit.

IL imputoit aux Juifs la corruption du Texte de la Loi par principe de haine contre les autres Nations, ou par le motif de l'orgueil & de la vanité avec lesquels ils se préferoient à tous les Peuples du Monde ; & par celui de l'avarice qui les portoit à des usures énormes pour dépouiller les autres hommes de leurs biens, loin d'exercer la charité, & la compassion qui sont les vertus les plus nécessaires à la Société, & qui leur avoient été si recommandées par la Loi. Pareillement il imputoit aux Chrétiens la corruption du Texte de l'Evangile, par le principe des divisions extraordinaires qui règnoient entr'eux, & dont le premier effet, après les persécutions réciproques, (qui contentent les passions particulieres,) avoit été l'alteration d'un Livre,

vre, qui n'enseignant que des véritez très simples, & ne recommandant que la paix & l'union, condamnoit également les animositez & les opinions extrèmes de tous les partis.

AINSI aprés bien de prédications, & au bout de trois années, Mahomed ne se trouva gueres plus avancé que le premier jour. Il ne comptoit encore au nombre de ses véritables disciples que 39. personnes, entre lesquelles il y avoit trois femmes, avec le nommmé *Thela*, qui prétendoit avoir été présent à l'avanture de l'Abbé de *Bosra*, cy devant rapportée, & un autre fils d'*Abucaab*, que *Nophail* fils de *Haeulab*, qui se trouva Prince des Coreishites fit mettre en prison sous prétexte qu'il avoit excité quelques troubles dans la Ville. Mahomed avoit de grands ennemis parmi les Coréishites, car outre que le Peuple, (qui ne se départ que difficilement des usages pratiquez depuis long-temps,) lui étoit opposé, parce qu'il vouloit conserver ses Dieux, & continuer le même Culte & la même habitude de vie ; les Chefs de leur côté, qui vouloient gouverner cette espèce de République, avoient un interêt sensible à prévenir les desseins de Mahomed ; qui sous prétexte d'une reforréforme dans la Religion, tendoient manifeſtement à le rendre maître de tous les eſprits, pour les conduire à des fins ignorées, mais qui les excluroient infailliblement du Gouvernement. Entre ces Chefs de la Ville l'on comptoit *Abu-Sophian* fils de *Haub*, Chef des enfans d'*Ommias*; *Abu-Taleb* Chef des *Haſhémites*, & Oncle de Mahomed; *Abulabab*, & *Abugehel*, frere puis-né d'*Abutaleb*, & par conſéquent oncle du Prophéte; & *Omar*, fils d'*Alchattab* homme d'une extrème conſideration parmi le Peuple; prévenu contre les nouveautez; mais d'ailleurs judicieux, d'une inviolable fermeté pour la juſtice, & très acceſſible à tout ce qui pouvoit ſe préſenter à lui ſous le titre de vérité. Cet *Omar* eut un jour quelques paroles avec Mahomed, & les ſuites en furent ſi fâcheuſes que le premier tira ſon poignard pour en frapper le Prophète, ce qu'il auroit fait s'il n'avoit été arrêté par *Naim*, fils d'*Abdallah*, qui ſe jetta au milieu d'eux, & les empêcha de s'approcher. L'occaſion de cette quérelle fut qu'une ſoeur d'*Omar*, & le fils unique qu'elle avoit, ayant embraſſé la Religion du nouveau Prophète, Omar lui reprocha leur changement comme l'effet d'une ſéduction, de laquelle il ſe tenoit

noit offensé. Cependant cette même conversion devint l'occasion de la sienne, qui se fit de la maniere suivante. *Omar* ayant un jour trouvé son neveu lisant un livre à lui inconnu, dont le titre étoit *Thab*, il le lui arracha des mains, en supposant que c'étoit quelque ouvrage de l'imposteur qui lui avoit troublé l'imagination. Mais quand il l'eut en sa possession, il ne put s'empêcher d'y jetter les yeux, qui tomberent sur ces mots. *Nous ne t'avons point adressé la parole pour affliger la nature ni te rendre miserable; c'est un avertissement de misericorde que donne aux hommes celui qui a créé la terre qui les porte, & les Cieux qui les éclairent.*

OMAR, frappé de ces magnifiques paroles, s'informa de l'Auteur du Livre, & apprit que c'étoit en effet un Discours de Mahomed, qui se trouve aujourd'hui le 20 chapitre de l'Alcoran. Il le lut en entier, & fut autant surpris de la force des raisons qu'il crut y découvrir, que de la douceur, & des charmes de l'expression. Cependant comme il ne vouloit point se prévenir, il prit le dessein de communiquer cet ouvrage à *Valid*, fils de *Megehirab*, Poëte de son métier, & qui passoit dans la Ville pour le plus fin connoisseur

en

en matière d'éloquence, & d'érudition. L'Histoire remarque que ce *Valid* étoit natif d'*Jamamah*, où le peuple employe quelque expression en un sens different de celui qu'on lui donne dans la langue polie : ce qui fit que le Poëte se mit à rire immoderément à la seule lecture du titre, qui ne contient cependant autre chose que la formule ordinaire qui se voit à la tête de tous les Chapitres de l'Alcoran. *Au nom de* Dieu *très Clément & misericordieux.* Cette indiscrétion, causée par quelque idée ridicule qui vint à la tête du Poëte en cette occasion impatienta *Omar*, qui ne voulut pas lui en laisser lire davantage ; ainsi la chose en demeura là pour cette fois.

Mais *Valid* ayant fait ses réflexions, alla lui même trouver Mahomed, & le pria de lui montrer quelque chose de ses compositions. Le Prophète n'en fit point de difficulté, & lui récita le Chapitre intitulé l'*Adoration*, qui se trouve aujourd'hui le 41. de l'Alcoran. Le Poëte l'écouta sans émotion. Il admira la vive peinture que Mahomed lui fit du peu de charité qui se trouve d'ordinaire parmi les superstitieux, & les associateurs ; dont la Religion, toute personelle, n'imagine, dit Mahomed, des

Intercesseurs auprès de Dieu, ou des Puissances qui lui sont collaterales que dans la fausse esperance de gagner leur protection par des hommages & des devotions faciles; parceque leur propre conscience accule leur dureté & leur avarice, devant le Dieu de tous les hommes, qui n'a voulu supléer a l'inégale division des richesses que par l'humanité & la liberalité, qu'il a tant recommandées en faveur des pauvres. Mais quand il en vint à ces paroles des Versets 13 & 14. du même Chapitre. *C'est la disposition de celui qui voit tout, & qui fait tout; de celui qui m'a commandé d'avertir les Citoïens de la Mecque.* Dis leur, Prophéte, *qu'il n'y aura bientôt plus que des supplices, & des supplices sans compassion, comme ceux d'Aad & de Zhemud.* A ces mots le saisissement & l'horreur s'emparerent du Poëte; ses cheveux se dresserent sur sa tête, & son coeur étonné, ne lui fournissant que des soupirs & des larmes, il tomba aux pieds du Prophète, qui le releva en lui disant ces paroles pleines de consolation, qui se trouvent dans un autre Chapitre. *Dieu ne commande aux hommes que justice & charité, afin que le prochain ne soit pas abandonné: il vous défend les choses honteuses, l'injustice, & la violence.*

Ces

Ces menaces ne s'adressent qu'aux endurcis, & je ne suis envoyé que pour avertir le monde des moyens d'éviter la punition.

Cependant *Valid* devint Musulman, & *Omar* en apprit la nouvelle avec beaucoup de surprise. Il en voulut savoir le motif de la bouche même du nouveau converti: & le récit qu'il lui en fit ébranla sans doute ce courage, dont la fermeté devoit être bientôt le principal appui de la nouvelle doctrine. Vers la fin de la troisiéme année de la vocation du Prophète, un jour d'hiver, où le Peuple se promenoit au soleil sur la place de la Ville; Mahomed, qui y passa, apperçut *Omar* & *Abulabab* son Oncle se promenant ensemble séparément du reste des Citoyens. Il pensa d'abord que ces deux hommes, qu'il savoit être ses ennemis, s'entretenoient de lui, & complotoient quelque chose à son désavantage. Mais loin de s'en irriter, il sentit son coeur touché de compassion pour leur aveuglement; en sorte que portant sur ses yeux & sur son visage une partie de sa robe, pour dérober sa contenance aux spectateurs, il pria Dieu ardemment & jusqu'à l'effusion de quelques larmes pour la conversion de ces deux hommes, ou pour celle de l'un des deux qu'il plairoit toucher de sa grace. Il passa de la place dans sa maison, où il arriva vers l'heure de la priere, dont il s'aquita avec un souvenir assez vif de celle qu'il avoit faite au sujet de ses ennemis : après quoi il s'endormit sur des carreaux, ou *Sophas*, qui se trouverent sur son estrade.

Quoi qu'il ne dormit que d'un sommeil leger, il rêva dans ce moment qu'il se trouvoit transporté dans un jardin délicieux, rempli de fleurs & de fruits, qu'on lui dit être le Paradis. Il fut toutefois surpris d'y voir une espèce de sceau qui sert à tirer l'eau des Puits, & crut demander à quoi ce meuble pouvoit servir dans le Paradis, & à qui il appartenoit. Sur quoi il lui fut répondu qu'il étoit à son Oncle *Abulahab*, à laquelle réponse il s'écria : *Eh Seigneur! Qu'est ce qu' Abulahab peut avoir de commun avec le Paradis?* Il fut alors réveillé par un bruit que l'on fit à sa porte, & qui l'obligea de se lever. Mais il fut en même tems bien étonné d'entendre dire que c'étoit *Omar* qui le venoit visiter, accompagné d'*Achiamah* fils de son Oncle *Abulahab*. *Omar* étant entré le salua par ces paroles tirées d'un Chapitre de l'Alcoran ; *J'ai rendu la vie à celui qui étoit mort :* & Mahomed lui répondit par ces autres paroles qui se
trou-

trouvent dans le Chapitre 34. intitulé *Saba*. *Voilà le signe que Dieu donne à celui qui se convertit à lui. S'il aime l'élévation il trouvera en lui toute sorte de grandeurs, il te donnera l'Empire du Monde si tu lui demeures fidèle; mais l'Univers est peu de chose, & tu le méprijeras.* Ces paroles semblerent percer le coeur d'*Omar*. Il versa beaucoup de larmes, qui interrompirent sa profession de foi: pendant laquelle *Achiamah* embrassoit les genoux du prétendu Prophète. Alors l'ideé du songe, & son explication s'étant tout à coup présentées à l'esprit de Mahomed, il s'écria en s'adressant à ce dernier; *Pleure à jamais ton Pere, il est perdu, Dieu ne sauvera que ceux qu'il lui plait d'éclairer.*

C'est ainsi que se fit la célèbre conversion d'*Omar* & d'*Achiamah*, dont le bruit, s'étant bientôt répandu dans la Ville, combla d'abord *Aboulahab* de douleur, & de rage, & tous les Coreishites d'étonnement, & de crainte. Mahomed se trouva par le moyen de cette derniere augmentation du nombre de ses Disciples à la tête de 42. personnes, qui reconnoissoient sa vocation & son ministère. C'est l'état où il avoit pû conduire sa fortune pendant trois années de peine, & de travail assidu: ce qui

qui fait sentir combien les grandes entreprises rencontrent de difficultez dans leurs exécutions, malgré les idées de possibilité dont l'imagination les revêt avant de les commencer : Mais, d'un autre côté, il y avoit de quoi s'applaudir par rapport à la distinction personnelle de ses Disciples ; qui se trouvoient, non seulement les plus illustres de la Ville, mais en même tems les plus vertueux & les plus capables, par leur caractère, de contribuer au succès de son entreprise. Cependant, comme la conversion de la multitude étoit le point capital, il résolut de faire effort pour la gagner, en redoublant ses instructions publiques, & ne refusant à personne les entretiens particuliers que l'on vouloit avoir avec lui. Ce fut à cette occasion qu'il renouvéla dans ses discours les descriptions les plus vives de l'Enfer, & du Paradis, qu'il jugeoit être propres à toucher les coeurs timorés. Mais peu après il éprouva qu'il avoit une ressource bien plus certaine dans les discours qui recommandoient la compassion & la liberalité envers les pauvres : parce qu'ils flatoient également les riches, & les indigens ; les uns par le sentiment de la vérité, & les autres par celui de l'interêt. Toutefois il ne jugea pas que

de

de simples paroles fuſſent ſuffiſantes pour porter la conviction de ſa Doctrine auſſi loin qu'il le deſiroit. Il y joignit la pratique réelle d'une extrême liberalité, tant par lui même que par ceux d'entre ſes Diſciples qui ſe trouverent en état de l'exercer. Enfin, dans le deſſein de la rendre perpétuelle parmi ceux qui embraſſeroient ſa Religion, il en fit un précepte obligatoire; portant que tout Muſulman ſeroit tenu de diſtribuer liberalement aux pauvres, ou indigens, la dixiéme partie de ſes biens, ſoit qu'ils conſiſtaſſent en argent, en recoltes, en revenus, ou en autres profits.

On lui reproche néanmoins que ce précepte eſt conçu en des termes un peu équivoques, & qui ſemblent favoriſer le relachement qui s'eſt introduit dans la ſuite, de ne donner en aumone que le dixiéme des fruits & revenus de ſon bien, ſans toucher au capital. Mais on ne peut pas dire auſſi que ces termes excluent le ſentiment des Rigoriſtes, qui y ſoumettent tout ce que l'on poſſède; & même, de quelque maniere qu'on le prenne, on ne trouve pas que le Chriſtianiſme, ni aucune autre Religion ait jamais pris une précaution ſi formelle pour le ſoulagement des malheuheureux, que l'a fait Mahomed: puisque sans s'arrêter à une charité vague & indéterminée, (qu'il ne recommande pourtant pas moins que les autres Législateurs,) il a donné le commandement positif de distribuer le dixiéme de son bien dans toutes les années de sa vie. C'est donc à ce tems, où la force & la vigueur de ses idées se peignoient facilement à ses Auditeurs, & où la contention de son esprit devoit être la plus grande par rapport à la nécessité où il se trouvoit, ou de perir bientôt, ou de parvenir promptement au succès dont il s'étoit flaté: C'est, dis-je, à ce tems que se doivent raporter les compositions qu'il a le plus travaillées, soit pour les matieres historiques qu'elles contiennent ; soit pour l'application qu'il en fait toujours vivement aux erreurs, & aux vices de son tems ; soit enfin pour l'exposition de sa Théologie, laquelle, quoique très simple, a pû donner beaucoup d'exercice à son esprit par raport à la déduction des preuves, & la maniere de les proposer ; non-seulement à cause de son peu d'usage dans la méthode de suivre un raisonnement jusqu'à la démonstration ; mais aussi à cause de l'extrême ignorance du Peuple Arabe sur de pareilles matieres: lequel, d'ailleurs

leurs, avoit la délicatesse la plus incommode pour juger de l'éloquence, & des expressions d'un Orateur ou d'un Poëte.

MAIS puis que nous parlons ici de la Théologie de ce nouveau Prophète, il est nécessaire de remarquer encore que c'est à ce même tems qu'il en faut raporter la fixation à trois points capitaux, qu'il est important d'indiquer ici.

LE premier est de *croire la vérité*, c'est-à-dire l'existence, & l'unité de Dieu; exclusivement de toute autre Puissance qui puisse être imaginée partager, ou modifier son pouvoir & sa volonté: ce qu'il rejette en général, sous le nom d'*association*, comme l'idée la plus basse, & la plus indigne que l'on puisse avoir de la Divinité. Le second est de croire que DIEU, Créateur universel, est connoissant, puissant, & juste, pour *recompenser* la vertu & *punir* le vice, le bien & le mal: non seulement en cette vie, mais encore après la mort; parceque tous les hommes ressusciteront & comparoitront devant lui, pour recevoir le jugement très équitable qu'il portera de leurs actions. Le troisiéme de croire que DIEU, pitoyable envers les hommes qui se perdent par défaut d'inftruction qui pourroit les retirer du vice, & leur faire connoître la vérité, a dans les derniers tems, fpécialement, & perfonnellement *fufcité Mahomed*, pour être fon *Prophète*, ou fon *Envoyé*; duquel ils doivent apprendre les moyens de lui plaire, & de parvenir à la recompenfe des bons, & d'éviter la punition des méchans. C'eft à quoi fe réduifoit alors la Théologie de ce Prophète; & même l'on ne voit pas qu'il l'aît étendue davantage dans la fuite, fi ce n'eft par rapport aux Anges, & à la conftruction du Ciel, dont il n'a parlé que très groffierement, & très infuffifament. Quant aux préceptes particuliers du fiftème de morale, affirmatif & négatif, defquels il a compofé fa nouvelle Loi; il y a beaucoup d'apparence qu'il ne s'en eft avifé que fucceffivement, & à mefure que les occafions de les établir fe font préfentées.

Si la converfion d'Omar avoit fait un grand éclat parmi le peuple de la Mecque, la conduite franche & fincère avec laquelle il rendoit compte aux grands, & aux petits des motifs de fon changement, & les liberalitez qu'il faifoit avec une efpèce de profufion, ne firent pas un moindre effet pour juftifier

la

la nouvelle Religion. Le nombre des Disciples s'augmenta même si considerablement que vers le milieu de l'année 615. de Jesus Christ, qui étoit la 5. de la vocation de Mahomed, on en comptoit 114. Ce fut alors qu'*Abusofian, Aboulabab,* & *Nophail,* Prince des Coreishites en cette année, plus irritez que jamais d'un progrès qui leur faisoit craindre de se voir bientôt soumis à un homme qu'ils accusoient hautement d'imposture, ou de tomber nécessairement dans le malheur d'une guerre civile, se déterminerent à convoquer une assemblée génerale du peuple, pour y prendre en commun les résolutions qui seroient jugées les plus convenables au peril qui menaçoit la Patrie. Les Auteurs Arabes qui ont écrit la vie de Mahomed ont beaucoup parlé de la déliberation de cette Assemblée, & ne manquent pas d'en attribuer le succès à la disposition singuliere de la Providence, qui fait avorter, quand il lui plait, tous les efforts de la politique mondaine quand elle s'oppose à ses desseins. En effet, quoi qu'*Abutaleb* chef des *Haschémites,* & oncle de Mahomed, y eût déclaré qu'il n'embrasseroit jamais la doctrine de son neveu, & qu'il étoit résolu de perseverer dans les pratiques & dans les usages où il voit constament vécu, (lesquels il tenoit d'un Pere que toute la Nation avoit respecté jusqu'à sa mort,) il ne laissa pas de défendre avec chaleur les interêts de Mahomed; en soutenant qu'il s'étoit toujours conduit en bon Citoïen; qu'on ne pouvoit lui reprocher qu'une particularité d'opinions, dont on ne connoissoit encore ni le crime ni le mérite; mais qu'à en juger par la conduite de ceux que l'on disoit les avoir embrassées, il n'étoit pas possible de les condamner, puisque l'on ne remarquoit en eux qu'une augmentation des bonnes qualitez & des vertus qui les avoient fait cy devant estimer à tout le monde. Enfin, il insista sur la nécessité de garder à l'égard de ce Citoïen les règles ordinaires de la justice, qui ne permettent pas de condamner personne sans l'entendre.

Au contraire *Abusophian*, soutenu par un vieillard inconnu que les Auteurs posterieurs ont imaginé avoir été le Diable, déguisé sous cette forme, prétendit prouver que Mahomed s'étoit rendu coupable de mort en attaquant la Religion commune du Pays; en tenant des assemblées particulieres; & en s'éforçant de soulever le Peuple par des harangues publiques, & des écrits séditieux
qu'il

qu'il répandoit: desquels ne contenoient que des menaces propres à répandre la terreur, & à troubler la Société. Ces deux avis partagerent l'Assemblée, jusqu'à ce qu'*Abulabab*, frere puisné d'*Abutaleb*, désesperant de voir passer le plus rigoureux, proposa l'exil comme la seule précaution qui pût être prise pour la sûreté, & la tranquilité de la ville, au défaut de la condamnation capitale. Le vieillard inconnu soutint, au contraire, que la mort de Mahomed étoit le seul moyen qui pût garantir l'Arabie des troubles, & des guerres civiles qui étoient inévitables s'il avoit la liberté de répandre sa pernicieuse doctrine en d'autres lieux. Cependant la grande consideration que l'on avoit pour *Abutaleb*, l'emporta dans la délibération. L'on n'y résolut autre chose, sinon qu'il seroit fait une députation à Mahomed pour l'interroger sur quelques faits; & une autre aux Juifs de *Chaïbar*, pour leur demander l'usage qu'ils faisoient de certains points de doctrine que Mahomed prétendoit établir par l'autorité de leur Loi.

D'Autre part, *Abutaleb*, frappé du péril que son neveu avoit couru dans cette rencontre, jugea lui devoir un avertissement particulier; & comme son âge

&

& sa qualité d'ancien tuteur de sa jeunesse lui donnoient un droit évident sur sa personne, il l'envoïa chercher. Mahomed, présent devant son oncle, défendit sa doctrine, & s'engagea de prouver qu'il étoit plus raisonnable d'obéïr à Dieu qu'aux hommes, sur-tout à l'égard d'une révélation qui l'obligeoit d'agir, & de parler, par une force invincible. Il la compara à une évidence d'une vérité proposée, qu'il n'est pas au pouvoir de l'homme de rejetter contre le sentiment interieur de sa conscience. Sur cela *Abutaleb* prétendit l'intimider par une menace de l'abandonner à la discrétion de ses ennemis; disant qu'il étoit aussi plus raisonnable de se rendre aux sentiments communs, que de soutenir opiniâtrément des imaginations déréglées; que non content de se montrer inflexible aux remontrances de ses amis, il vouloit perdre tous ses compatriotes, en les entêtant du même caprice. Ce fut alors que Mahomed, par un trait de génerosité auquel les Historiens donnent les plus grands éloges, répondit à son oncle, qu'il choisiroit plûtôt la mort, que de s'engager envers lui par une promesse téméraire, qu'il ne dépendroit pas de lui d'accomplir, ne pouvant manquer à Dieu, qui l'avoit choisi pour le Ministère qu'il accomplissoit. CET

Cet entretien dégénerant en contestation, Mahomed se retira: mais peu après *Abutaleb* le rapela, & lui promit que malgré les efforts de ses ennemis, il le défendroit toujours de leurs poursuites, & de leurs violences. Cette derniere partie de la conversation ne se passa pas sans larmes, qui furent les témoignages réciproques de l'amitié qui étoit entre l'oncle & le neveu. Cependant *Aboulabab*, n'oubliant rien de tout ce qui pouvoit détacher son frere ainé de l'amitié qu'il portoit à Mahomed, l'attaqua par un autre endroit, qui fait connoître combien les moeurs communes des Arabes étoient corrompuës, & que ce n'est pas sans sujet que le Prophète a si souvent rebatu dans l'Alcoran l'histoire de *Lot*, & des cinq villes criminelles qui perirent par le feu. Il y avoit à la Mecque un jeune garçon, nommé *Emarat*, fils de *Valid*, qui passoit pour le plus beau & les plus accompli de l'Arabie. *Aboulabab* le fit offrir à son frere pour la recompense du sacrifice qu'il lui feroit de la personne de Mahomed: mais *Abutaleb* ne se trouva point accessible à une corruption si indigne, & il n'en fut que mieux persuadé de l'injustice de la haine & de la passion de son frere.

X.

Revenons maintenant à la députation des Mecquois vers le prétendu Prophète, & aux remontrances qui lui furent faites de leur part touchant le trouble qu'ils l'accusoient de mettre dans la ville, entre ses compatriotes, & ses freres. On lui reprochoit aussi qu'il enseignoit un Culte nouveau, contraire à la pratique immémoriale des Arabes; qui avoient toujours joint à l'adoration de Dieu celle du Ciel, & de tous les Astres dont il est orné, ainsi que celle des images. Ils disoient qu'on conservoit ces simulacres dans les Temples publics & dans les maisons particulieres, parceque l'on n'avoit jamais douté qu'une partie de la vertu, & de la puissance des Astres n'y fût renfermée; soit comme une grace faite, avec connoissance, en faveur de la nature humaine; soit comme un effet de la science de ceux qui les avoient ou fabriquées ou consacrées dans des moments propres à multiplier & à retenir leur influence, (laquelle idée est à peu près semblable à celle qu'on a aujourd'hui des Talismans.) Ils ajoutoient encore que la doctrine de la Résurrection, qu'il prétendoit établir, étoit non seulement inouïe mais absolument incroyable, contraire à l'experience de tous les siècles; pendant la durée desquels on n'avoit jamais

mais vû de morts reſſuſciter. Que l'opinion d'un Jugement futur & général des actions de tous les hommes étoit plus propre à les intimider qu'à les conduire : l'utilité commune, & le reſpect dû à la Société étant des motifs ſuffiſans pour porter les Citoïens à remplir leurs devoirs, ſans y joindre des fables & des inventions puiſées chez des Nations étrangeres accablées de ſuperſtitions. Ils lui dirent enfin que ſes liberalitez, & celles de ſes Diſciples juſtifioient ſon intention, à l'égard de ceux que leur naturel portoit à penſer favorablement des actions exterieures, mais qu'elles étoient auſſi fort ſuſpectes à ceux qui les regardoient comme une eſpèce de corruption, pratiquée pour ſurprendre les ſuffrages de la populace. Qu'ainſi, la conduite la plus convenable à un homme ſage, tel qu'il s'étoit montré juſqu'alors, étoit celle qui donneroit le moins d'occaſion au ſcandale de ſes Concitoyens, & aux accuſations de ſes ennemis, à moins qu'il n'entreprît de faire des miracles publics, ſuivant l'exemple des Prophètes précédens qui n'avoient point refuſé aux differens peuples, vers leſquels ils avoient été envoyez, cette eſpèce de démonſtration des véritez qu'ils leur annoncoient. Enforte que s'il prétendoit

tendoit enseigner la même doctrine, il devoit employer les mêmes preuves; qu'autrement il encourroit, avec justice, l'indignation génerale, & peut-être, encore plus malhûreusement, les suites d'une accusation capitale devant ses propres Concitoyens.

On voit aussi par ces propositions, de même que par les réponses qui vont suivre, que la difficulté, que se formoient alors les Arabes, n'a jamais regardé l'impossibilité d'un Jugement géneral des actions humaines, considerée par raport à l'équité, à la connoissance, & au pouvoir de celui qui le doit faire; mais que n'ayant aucune notion de la spiritualité de l'ame, ni de sa difference essentielle d'avec le corps, ils ne concevoient pas que ce Jugement pût s'accomplir sans la restitution des corps dans leur intégrité: ensorte que les mêmes hommes, qui d'une part étoient supposez ne plus exister, puis qu'ils étoient morts, & même réduits en poussiere depuis plus ou moins de tems, fussent d'autre part supposez rétablis dans leur existence propre, pour rendre compte du bien & du mal qu'ils auroient fait pendant leur vie; ce qui leur paroissoit également incroyable, & impossible. On voit au Chapitre 17.

de l'Alcoran, intitulé *le Voyage,* que les miracles qu'ils demandoient, pour fonder leur approbation de la nouvelle Doctrine, étoient, ou la naissance subite de quelque fontaine sur les montagnes voisines de la Mecque ; ou la structure de quelque jardin délicieux dans le desert ; ou la chûte de quelque morceau de la voute du Ciel ; qu'ils jugeoient être solide, n'ayant pas de meilleure idée touchant la construction de l'Univers, qu'ils en avoient d'eux mêmes & de leur propre nature. Ils demandoient encore l'apparition d'un Ange, ou de quelqu'autre substance invisible ; ou bien que le Livre sublime que Mahomed se vantoit de recevoir par les mains d'un Ange leur fût adressé à eux mêmes, afin qu'ils pussent être assurez de la vérité d'une telle révélation.

Les réponses que le prétendu Prophète fit à ces demandes se trouvent répétées en diferens versets de l'Alcoran : mais il n'y en a aucune qui paroisse si précise & si solide que celle qui est rapportée au Chapitre 6. au verset 105. & suivants, *Ils ont juré,* dit-il, *par le serment le plus sacré que s'il se faisoit l'un de ces miracles en leur présence, ils croiroient au Livre qui t'est adressé. Réponds ; Certes les miracles sont au pouvoir de Dieu ; il est le Maître* de la Nature quoique les Infidèles ne le comprennent pas. Dis leur, Celui qui fait croître les moissons sur la terre avec quelques goutes d'eau qu'il y répand des Cieux; celui qui nourrit l'homme avec du pain dont il fait de la chair & des os, n'est-il pas tout puissant pour planter un jardin dans le desert, ou pour faire couler les eaux du sein des montagnes ? Ouy certes ; il est tout puissant, car il renverse la raison des infidèles, & frappe leurs yeux d'aveuglement, afin qu'ils perseverent dans l'erreur qu'ils ont choisie, l'erreur qu'ils ont préferée à la vérité. Dis leur Prophète, que quand ils verroient descendre les Anges, que quand les morts leur parleroient, & qu'ils verroient toute la Nature découverte sous leurs yeux, il ne croiroient que par le bienfait de Dieu. Peuples, vous en voyez assez pour vous convaincre ; nous n'avons employé les prodiges que pour la terreur ou la punition des Incrédules. Ne choisissez pas votre perte comme ont fait les Associateurs. Louange soit à Dieu. Ne suis-je pas un homme tel que les autres ? M'a-t'il confié le pouvoir de faire des miracles ? Je ne suis envoyé que pour vous inviter à choisir le bien qui vous est offert, & à craindre le mal qui fera punir les méchans. Je ne vous dis que ce qui est enjoint, ce que je dois crier à force

MAHOMED. 311

de voix à ceux qui voudront m'entendre, & à ceux qui refuseront de m'écouter.

Avec cette réponse, qui fait assez connoître que Mahomed ne s'attribuoit point le pouvoir de faire des miracles, & qu'il s'en tenoit à prouver sa Doctrine par un raisonnement solide, n'ayant d'ailleurs à combattre que des erreurs d'habitude, ou d'opinion; Avec cette réponse, dis-je, les Députez retournerent à leurs Chefs, qui virent bien que tant de fermeté de la part du prétendu Prophète, & si peu de vérité à lui opposer de leur côté, leur annonçoit que la Ville, & peutêtre l'Arabie entiere se tourneroit bientôt en sa faveur. C'est pourquoi revenant à l'exécution du résultat de l'assemblée génerale précédente, ils résolurent de consulter les Juifs pour apprendre d'eux, par le moyen des livres anciens qu'ils avoient conservez, si les Prophètes qui avoient paru dans leur Nation avoient tellement enseigné l'unité de Dieu, qu'ils eussent positivement défendu de n'adorer, ou d'invoquer aucun autre object. On devoit aussi s'informer de leur Doctrine & de leur sentiment touchant la Resurrection des morts: enfin on devoit leur demander à quel signe on reconnoissoit les Prophètes, & s'ils n'étoient pas obligez

gez de prouver leur miſſion par des miracles. Cette conſultation, qui devoit être faite aux Juifs de *Chaïbar*, fut renvoyée à ceux de *Medine*, que l'on jugea plus ſavans, & plus capables de donner de juſtes ſolutions à de telles difficultez. Les Envoyés des Mecquois furent *Al-Nadar* fils d'*Al-Hareth*, & *Al-Abas* fils d'*Abumaach*, tous habiles, & capables de raporter les inſtructions ſuffiſantes ſur ces importantes matieres.

Les Juifs, ou plutôt la Sinagogue de Medine, répondit à la premiere demande; Que la Loi prononce qu'il n'y a qu'un ſeul Dieu, auquel appartient toute gloire, honneur & puiſſance; Qu'elle défend d'adorer d'autres Dieux, parce que ceux que les Nations ſe ſont eux mêmes forgez ſont des Demons, ou autres créatures incapables de leur procurer aucun bien. Sur le ſecond Article elle répondit; Que le dogme de la Réſurrection, & celui d'un Jugement final de toutes les actions des hommes ne ſe trouvoient point dans le texte de la Loi; mais qu'on ne les en croyoit pas moins véritables, parce que c'étoit une tradition des Peres, qui ne contenoit rien que de conforme à la juſtice, à la ſageſſe, & à la puiſſance de Dieu. Enfin, ſur la demande particuliere que firent

les

les Députez touchant le caractère propre qui devoit faire connoitre les Prophètes, ils répondirent ; Que de tous ceux qui avoient paru chez leur Nation, il n'y en avoit que cinq qui eussent possédé le don des miracles ; Que les autres pouvoient l'avoir, mais qu'ils ne l'avoient pas exercé ; qu'ils s'étoient contentez d'annoncer aux hommes des véritez oubliées par laps de tems, négligence, ou distraction : Qu'aucun de ces Prophètes n'avoit rien changé à la loi écrite, ni à la Doctrine révélée ; Qu'ils en avoient, au contraire, demandé l'éxécution avec un très grand soin, en menaçant les prévaricateurs de la colère de l'Eternel : Que c'étoit la pierre de touche, & la marque certaine qui les avoit toujours distinguez des Prophètes des fausses Divinitez, lesquels ont employé, en certaines occasions, jusques aux prestiges & aux miracles apparents pour empêcher les fidèles d'acquiescer à la vérité.

Ces réponses, très justes, & très convenables à des témoins si anciens de la vérité révélée, furent suivies d'un avis particulier que la Sinagogue de Médine donnoit aux Mecquois, pour sonder l'étenduë des connoissances de Mahomed, & pour éprouver la vérité des révélations
qu'il

qu'il difoit lui être fi familieres. C'eſt *Aḣmed*, fils d'*Abdal Ali*, qui en a conſervé la tradition, qui ſe trouve raportée dans ſon Apologie pour le Muſulmaniſme, citée par Maracci dans ſon Prodrome. Cette épreuve conſiſtoit en trois interrogations qui lui devoient être faites publiquement, & auxquelles il faloit l'engager de répondre dans un eſpace fort court. La premiere contenoit la vérité de l'hiſtoire des *jeunes témoins:* Ce que l'Interprète explique de l'hiſtoire des ſept dormans, qui étoit auſſi cachée, dit-il, & auſſi ignorée avant la révélation qui en fut faite au Prophète, qu'elle paroit préſentement admirable depuis qu'il l'a renduë publique par un Diſcours qui ſuivit cette interrogation.

Mais, pour entendre ce fait, il faut ſavoir que les Chrétiens de l'Orient avoient, dit-on, une tradition confuſe d'une hiſtoire de certains freres, natifs de la ville de Smirne; qui après avoir confeſſé l'Evangile devant le Magiſtrat, & avoir été renvoyez chez eux, s'étoient enſuite retirez dans une caverne éloignée, par la crainte des tourmens que l'on faiſoit alors ſouffrir à ceux qui perſeveroient dans la profeſſion du Chriſtianiſme: Qu'ils s'étoient miraculeuſement endormis dans cette caverne, & ne s'étoient

MAHOMED. 315

soient réveillez que long-temps après que les persécutions eurent cessé: ensorte que quand ils revinrent dans la ville de leur naissance, ils trouverent non seulement d'autres hommes, mais un autre langage, un autre monnoye, & un si grand changement dans tous les objets, qu'ils se crurent transportez dans un autre Monde. Or l'on ignoroit par rapport à cette histoire, 1°. si elle avoit quelque fondement de vérité; 2°. le nombre de ces freres dormans; 3°. la durée de leur sommeil. 4°. le nom de la caverne & du Pays où cet événement s'étoit passé. Mahomed répondit, comme nous l'allons voir, affirmativement & hardiment à tous ces faits; sur lesquels il ne pouvoit être démenti: & l'on ne sauroit disconvenir que cette effronterie ne soit préjudiciable à l'estime que ses autres grandes qualitez pouvoient mériter. Mais il faloit être Prophète, ou passer pour tel à quelque prix que ce pût être, & sur-tout ne pas demeurer court dans une action publique telle que celle-cy.

La seconde interrogation rouloit sur l'Histoire du *Conquerant voyageur*, auquel l'Orient, & l'Occident ont été également soumis. L'Interprète applique cette question à Alexandre le Grand,

Con-

Conquerant de la Perse & de l'Inde, qui pourtant n'a jamais rien possédé dans l'Occident. Mais il le fait sans doute parceque Mahomed, dans sa réponse, semble en avoir fait la même application, quoique sous un nom different; puisqu'il le nomme *l'homme aux deux cornes*; vraisemblablement en conséquence de ce que ce Prince se trouve ordinairement coëffé, dans les effigies qu'on en fait, de deux cornes de bellier, depuis qu'il eût pris la fantaisie de vouloir se dire fils de Jupiter Hammon: ce qui n'arriva qu'après qu'il eût fait la conquête de l'Egypte, & après qu'il eût visité son Temple; dont le Prêtre, interprète de l'Oracle, le reconnut pour fils de la Divinité qui y étoit adorée. D'autres rapportent differens motifs de cette appellation, qui est géneralement en usage dans tout l'Orient, pour signifier Alexandre Conquerant de l'Asie. Il y a pourtant encore un autre sentiment qui suppose un autre Conquerant du même Pays, plus ancien qu'Alexandre, & qui pourroit bien être le célèbre *Sesostris* Roi d'Egypte. Mais, comme ce qu'en dit Mahomed ne convient pas mieux à l'un qu'à l'autre, parce qu'il en rapporte des choses incroyables & hors de raison; cette supposition ne peut être d'aucun usage

sage pour éclaircir la difficulté. Quoiqu'il en soit, on peut assûrer qu'il n'y a rien de plus absurde que la réponse de Mahomed touchant l'histoire de l'un, ou de l'autre de ces Héros. Car sans dire un mot de ce que tout le monde connoit de leurs actions, il se contente de rapporter qu'Alexandre, qu'il nomme *Dulcarnaim*, étant parvenu à l'extrémité de l'Occident, trouva que le soleil s'enfonçoit dans un lac de bouë noire, & qu'à l'Orient il trouva qu'il s'y levoit sur des peuples qui n'avoient aucun abri pour se garantir de sa chaleur ; étant d'ailleurs exposez aux ravages, & aux incursions de deux autres peuples nommez *Jujug* & *Magug*, qui passoient entre deux Montagnes fort élevées pour venir du Nord tourmenter leurs malheureux voisins. Que *l'homme à deux cornes*, touché de compassion pour leurs misères, bâtit entre ces Montagnes une muraille de fer, de la hauteur de mille coudées, & leur ferma par ce moyen le passage, qui ne sera ouvert qu'à la fin du monde, où cette muraille sera soudainement réduite en poussière.

Enfin, la troisiéme question se devoit faire sur l'*origine* de l'*ame* spirituelle, & sur les *moyens* par lesquels elle peut animer un corps materiel, se réndre sensible,

ble, & capable de communiquer son sentiment, & sa raison aux autres par l'organe de la parole. Or l'on voit à l'occasion de cette demande, que Mahomed pouvoit éclaircir par la force de son propre jugement, & faire entendre aux autres avec le talent de la parole qu'il possédoit si éminemment : on voit, dis-je, qu'autant qu'il a employé de hardiesse, & même de témérité pour suppléer à son ignorance par raport aux autres questions ; autant il s'est ménagé à l'égard de celle-ci, n'ayant puisé que dans son bon sens, & dans sa raison la réponse qu'il y devoit faire, comme je le montrerai incontinent.

TELLES furent donc les trois réponses que la Sinagogue de Médine rendit aux Députez des Mecquois, & les avis dont il accompagnerent leurs réponses, pour témoigner le desir qu'ils avoient de contribuer à l'éclaircissement de la vérité, par raport à l'apparition inattendue d'un nouveau Prophète. Aureste les *Receuils des Traditions Musulmanes* de *Bockari* & de *Moslem* raportent le fait avec quelque difference, surtout à l'égard des interrogations que les Juifs conseilloient de faire au prétendu Prophète ; mais comme ces réponses, qui sont conservées dans l'Alcoran, ont un raport évident à la narration d'*Ahmed* je n'ai fait aucune difficulté de le suivre par préference.

CEPENDANT les ennemis de Mahomed, plus irritez que surpris du succès de cette légation, par rapport aux réponses principales, s'imaginerent que du moins, il leur seroit aisé de le surprendre par les trois questions que les plus subtils d'entre les Docteurs de Médine avoient bisarement imaginées. Ils les proposerent solemnellement un soir du septiéme mois, sous la condition que Mahomed y répondroit publiquement le lendemain avant l'heure de midi. Le même jour, le Peuple assemblé en très grand nombre dans le Portique de la sainte Maison entendit le Discours qui fait aujourd'hui le 18. Chapitre de L'Alcoran, & qui est intitulé *de la Caverne*. Ce Discours, que l'on peut soupçonner d'avoir été composé avec précipitation à cause des mauvaises solutions qu'il y donne aux deux premieres questions, n'est pas d'ailleurs dénué de grace, & de la véhémence ordinaire à ses autres prédications. Il commence par les actions de graces qu'il rend à l'Etre tout puissant, de ce qu'ayant résolu de l'employer à son service, & d'envoyer aux hommes une nouvelle révé-

révélation par son ministère, il ne l'avoit chargé d'annoncer que des choses si conformes à la raison, que ses plus grands ennemis n'avoient pû lui refuser un témoignage approbatif. Il s'encourage ensuite lui même pour résister aux assauts de la contradiction. Puis passant à l'invective contre les Juifs & les Chrétiens, il les accuse d'une ignorance profonde, qui leur cache la véritable interprétation des Livres saints; & d'une jalousie criminelle qui les a portez à les corrompre. Il touche quelque chose de la honte qu'il trouve dans l'opinion de ceux qui admettent une génération dans la Divinité, & qui donnent un fils au Créateur de toutes choses.

De là venant à la premiere question, il déclare qu'elle regarde de jeunes gens qui vivoient au tems passé; lesquels ayant rendu un témoignage puplic à la vérité, se retirerent ensuite dans une caverne spacieuse, nommée *Abrakim*, où ils s'endormirent par la volonté de Dieu jusqu'à ce que le tems des persécutions fût accompli: Que leur sommeil étoit tel que des gens extasiez, parce qu'ils avoient les yeux ouverts. Il ajoute que leur chien, qui étoit couché à l'entrée de la caverne, paroissoit vouloir la défendre contre ceux qui s'y feroient seroient présentés, quoi qu'il fût auſſi réellement endormi que ſes Maîtres: leſquels étoient au nombre de ſept, non compris le chien, qui faiſoit le huitiéme vivant ; & il en termine l'hiſtoire en aſſurant que leur ſommeil avoit duré 309 Ans, ce que les Interprètes expliquent d'années lunaires. Toute cette narration eſt chargée de figures propres à faire comprendre aux Auditeurs que la vérité de ce fait, étant totalement ignorée des hommes, lui avoit été revélée pour leur conviction.

Il paſſe enſuite à l'hiſtoire de la formation de l'homme ; qu'il dit avoir été créé d'un peu de pouſſiere, & ſe perpétuer ſur la terre par une ſemence, de laquelle la volonté de Dieu fait tirer un Sexe parfait ſelon ſon eſpèce. Il ne diſtingue point l'ame du reſte de la ſubſtance materiele, ſi ce n'eſt en ſuppoſant que Dieu l'a rendue vivante & capable de toutes ſes fonctions animales & raiſonables. Il s'étend enſuite ſur la liberalité plus que magnifique dont la bonté de Dieu a uſé envers les hommes, en leur abandonnant la terre avec toutes ſes commoditez, & ſes richeſſes, pour être leur ſéjour, & leur héritage de pere en fils. Il dit que malgré cela toutes les Nations ſe ſont égarées, &

qu'ell

qu'elles méconnoissent les titres essentiels de la Divinité: les unes lui ayant donné des compagnons, les autres des fils, & des filles; comme si son pouvoir n'étoit pas infini, ou que son existence éternelle eût besoin d'être pepétuée par la génération. Il relève ce discours par des paraboles & des allégories, qui dépeignent vivement l'inquiétude naturelle des hommes: laquelle les porte toujours à 'abandonner la vérité pour courir après des fictions, que le dérèglement de l'imagination fait naître au domage de la Raison.

PROPOSE *leur, dit-il au verset 46. l'exemple de leur propre vie: elle est comme l'eau qui tombe du Ciel, qui se joignant aux germes de la terre la rend verte & agréable aux yeux pour un peu de tems; car quand la moisson est passée, il n'y reste que des pailles sèches que le vent dissipe comme si elles n'avoient jamais été. Dis leur; Les richesses & les enfans sont la verdure de la terre, ils sont l'ornement de votre vie; mais les bonnes oeuvres en sont la moisson: elles vous assureront le prix éternel qui est destiné à ceux qui cherchent la vérité, & elles vous conserveront dès cette vie, par l'espérance dont vous serez remplis en ce jour, où nous ferons marcher les montagnes pour se précipiter dans la mer; En ce jour, où* où la terre applanie n'aura rien qui puisse vous mettre à couvert de nôtre indignation. Vous paroîtrez dépouillez de toutes choses comme au jour de vôtre premiere naissance, & vous n'aurez de Protecteurs que vos propres actions. Au Verset 55. il ajoute; Nous vous peignons la vérité telle qu'elle puisse vous étonner, ou vous plaire; mais les hommes aiment les disputes, ils recherchent l'agréable, & se munissent contre la crainte; Puissiez vous toute fois la connoître cette vérité & vous en laisser toucher! Direz vous qu'elle n'est point venue jusqu'à vous, que l'on vous a arrêté lorsque vous vouliez l'embrasser? Dites plûtot que vous rejettés le pardon qui vous est offert, & que vous attendés avec tranquilité la punition dont les méchans sont menacez. Dis leur encore; que nous n'envoyons des Prophètes aux hommes que pour les inviter par la douceur & l'esperance. Les menaces ne regardent que les méchans; les Disputeurs, qui par de vaines subtilitez cherchent à faire disparoître la vérité, & ceux qui prennent nos avertissemens en dérision. Y-a-t-il en effet des hommes plus injustes que ceux qui ayant bien compris ce qui leur est proposé touchant la vérité de Dieu, s'obstinent à la combattre, ou s'en font un sujet de raillerie; Ils périront &c.

Il reprend enfuite l'allégorie, & raconte un voyage fuppofé de Moyfe avec un Prophète inconnu ; lequel mit à bout la patience du premier par des actions dont l'apparence n'avoit aucune raifon ; mais qu'il juftifia dans la fuite par l'expofition du motif qui en avoit été le principe ; après quoi il entame l'hiftoire d'Alexandre en la maniere dont nous l'avons raportée ci deffus, & finit ce long difcours par le verfet 110. qui porte ces mots. *Enfin dis leur, Prophète, que tu es un homme comme eux, & que tu ne leur rapportes que ce qui t'a été révélé ; favoir, que* Dieu eft un*; qu'il n'a jamais eû de compagnons dans le gouvernement ni la formation de l'Univers, & qu'il n'en doit point avoir dans le culte de fes créatures.*

C'est ainfi que Mahomed fe tira, en partie par fa hardieffe, & en partie par fon bon fens, du piège dangereux que les Juifs, concourans avec fes ennemis, avoient tendu à fa prudence, fur le pié qu'il n'employoit qu'un artifice facile à démafquer par des demandes imprévûes qui l'obligeroient d'avouer fon ignorance, ou le defaut de fa révélation. Mais il en arriva tout au contraire, puis qu'elles donnerent occafion au difcours que nous venons de rap-

rapporter, dont l'effet augmenta la réputation & le succès du nouveau Prophète, jusqu'à doubler & tripler le nombre de ses Disciples, & à lui en procurer encore d'autres dans la Ville de Médine, soit parmi les Juifs, soit parmi les Arabes, qui eurent connoissance de ses réponses.

Mais quelque respect que les Musulmans conservent encore aujourd'hui pour le Chapitre où elles sont contenues, & quelque réputation qu'elles ayent procurée à leur Auteur, on peut assurer avec certitude que c'est la partie la plus foible de l'Alcoran, & qu'il n'y a que la profonde ignorance où vivoient les Arabes qui puisse excuser la bisarre vénération qu'ils ont prise pour des contes aussi frivoles que l'histoire des *Sept Dormans*, ou que celle *de la muraille batie* par Alexandre pour renfermer les peuples chimeriques de *Jujug & Magug*. Mais en recompense, il faut avouer que la maniere dont il y traite la question de *l'origine de l'ame*, est non seulement fine & délicate, mais qu'elle est encore très physique, & convenable aux tems où l'on ne distinguoit point les propriétez de l'esprit de celles de la matiere.

EN cette meme Année 615 de JESUS CHRIST, & la 5. de la vocation du prétendu Prophète, il lui arriva une autre avanture digne d'être rapportée avec toutes ses circonstances. *Kosrou* Roi des Perses, duquel nous avons dèja parlé, poursuivant contre l'Empereur *Heraclius*, Successeur de *Phocas*, la vengeance de la mort de son beaupere *Maurice*, conquit toute la Syrie contre les Romains; se rendit Maître d'Antioche Capitale de l'Orient; d'où se rabatant sur la Ville de Jérusalem, il en ruina & profana les Eglises, à la sollicitation des Juifs de Tiberiade, & de *Rahma*. Il enleva l'arbre ou le tronc de la Croix, qui y étoit révéré depuis lontems, dont, par les soins de l'Imperatrice *Helene*, on avoit fait la découverte sous le Règne de *Constantin* son fils. Ces nouvelles parvinrent jusques en Arabie, à la honte & au domage des Chrêtiens, & des monasteres, qui se trouverent, à cette occasion, insultez par les Juifs en differens lieux du Pays. Mahomed lui même en fut ému, & jugea peutêtre avec trop de précipitation qu'il pourroit amener le Prince victorieux à la foi des véritez qu'il annonçoit : ce qui donneroit à sa nouvelle Religion tout
l'éclat

l'éclat qu'il defiroit lui procurer, & la rendroit vrai-femblablement maitreffe de tout l'Orient. Il réfolut donc de tenter fortune à cet égard, & de fe fervir du prétexte d'une félicitation fur la victoire récente du Perfan, pour lui faire entendre que le moyen le plus réel de conferver fes grands avantages, étoit de mériter la protection célefte, en procurant à l'Etre fuprême un Culte pur, exempt de toutes les fuperftitions qui défiguroient la Religion dans toutes les Contrées Orientales. Il femble donc qu'il abandonna pour lors fon ancien deffein, d'employer fa propre Nation à la ruine des deux Empires; & qu'il imagina que celui des Romains, étant fur le point d'être détruit par les Perfans; la force de ceux cy alloit tellement devenir fuperieure aux autres Puiffances de l'Orient, que le projet de les foûmettre ne pourroit plus s'exécuter que par le moyen de la Religion, qui captive auffitôt les Victorieux que les Vaincus.

Pour parvenir à cette fin, il écrivit une lettre à Kofrou, & penfant la lui faire tenir à Jerufalem, ou du moins dans la Syrie pendant qu'il y goûtoit le fruit de fes victoires; celui qu'il en avoit chargé trouva que ce Prince s'étoit s'étoit dèja retiré à Madajem, Capitale de son Empire pour y faire triompher la belle *Schirein* son épouse, à l'occasion de laquelle il avoit entrepris cette guerre ainsi que nous l'avons dit plus haut. On remarque que Mahomed eut dessein de confier sa lettre & cette négociation à la capacité d'Omar fils d'Al-Chattab, dont il imagina que la hauteur, & l'inflexibilité de courage pourroient faire plus d'impression sur le Conquerant; mais qu'Omar lui même s'en excusa par le peu d'esperance qu'il conçut de cette entreprise, & qu'il conseilla d'y envoyer plutôt Saad fils d'Abuacas, qui fut celui dont il plut à Dieu de se servir dans la suite pour la ruine totale de cet Empire.

Quoi qu'il en soit, la lettre fut rendue à Kosrou dans un tems auquel, enyvré de sa prosperité, il n'étoit gueres en état de faire réflexion à la grande incertitude des fortunes humaines. Il méprisa l'Arabe qui la porta, & celui qui l'avoit écrite; desorte qu'ayant demandé fierement *quel étoit ce Mahomed qui avoit osé lui écrire*, & appris *qu'il étoit fils d'un homme pour lequel Nouschirvan son Ayeul avoit témoigné beaucoup d'estime dans un voyage qu'il avoit fait en Arabie*, il parcourut la lettre des yeux, assez

MAHOMED. 329

sez légerement, & la déchira sans y faire d'autre réponse. Le Prophète fut instruit & touché de ce mépris, mais il se contenta de dire à ses amis ; *Notre entreprise auprès du Monarque des Perses n'a point réussi : il a rejetté une grande grace. Louange soit à Dieu, qui n'abandonnera point la vérité, & déchirera son Empire comme il a déchiré ma lettre.* Toutes fois le bruit de ce méchant succès ne laissa pas de se répandre dans la Ville de la Mecque. Ses ennemis en firent valoir les conséquences ; comme si le Persan eût dû en cette occasion envahir bientôt toute l'Arabie, & que l'on vît dèja les coureurs de son Armée désoler les campagnes des environs. Surquoi Mahomed, croyant devoir une instruction au Puplic, capable de diminuer ses alarmes, en lui découvrant le secret de l'avenir, prononça à ses amis, & répandit dans la Ville un Discours qui se trouve aujourd'hu le 30. Chapitre de l'Alcoran, lequel est intitulé *les Romains.*

Ce Chapitre paroit véritablement contenir une Prophètie évidente d'un événement futur, & peu croyable au tems où il avoit été annoncé : & il seroit aujourd'hui le sujet d'une controverse importante entre les Chrétiens & les Mu-

Musulmans, si ceux-cy n'étoient avertis par le texte même de ne point disputer avec les Chrétiens & les Juifs. Cependant les Chrétiens, portez par un penchant naturel à contredire l'idée qui suppose que l'Alcoran contient des véritez prophétiques, & singulierement l'Abbé *Maracci* qui en a publié une réfutation complète, n'ont pas manqué d'attaquer cette Prophètie, peut-être avec plus de véhémence que de valables argumens. Les Musulmans, de leur côté, évitant la dispute, ainsi qu'il leur est ordonné, sont demeurez dans le silence, parce qu'en effet ils s'embarassent peu de ce que nous pouvons penser sur un sujet, dont les preuves demeurent entieres à leur égard. C'est aussi pourquoi nous ne trouvons que d'anciens Interprètes de l'Alcoran, tels que *Galaleddin* & *Zamaschari*, qui ayent fait valoir cette Prophètie comme un titre justificatif de la Mission de Mahomed. Mais d'ailleurs ils sont tombez à ce sujet dans une faute trop ordinaire à ceux qui défendent une opinion par préjugé ; ne s'étant point embarassez de faire connoitre la conformité de l'événement avec la promesse, & s'étant contentés de supposer que, puisque c'est une Prophètie,

phètie, elle a dû avoir un accompliſſement néceſſaire.

C'est à peu près par l'effet d'une ſemblable prévention que nous demeurons nous mêmes dans l'ignorance de pluſieurs véritez par rapport à l'accompliſſement d'un grand nombre de Prophèties qui ſe trouvent dans les Livres Saints, deſquelles la juſte application ſeroit auſſi utile pour la confirmation de ce que nous devons croire, que pour faire connoître le véritable uſage que Dieu vouloit que les hommes fiſſent alors de la Prophètie : lequel tendoit peut-être moins à ſoutenir une Religion dèja formée par une Loi poſitive, & par une pratique de pluſieurs ſiècles, qu'à corriger les moeurs contraires qui ſe gliſſoient dans la Société. Mais l'ignorance de l'Hiſtoire ancienne, & la pareſſe qui nous éloigne des recherches qui pourroient l'éclaircir, dans un autre goût que celui des controverſes, ſeront toujours des obſtacles ſuperieurs au deſir que l'on peut former ſur ce ſujet. De plus, il faut reconnoître, que ſi les Muſulmans ſe ſont mis ſi peu en peine de juſtifier l'accompliſſement de cette Prophètie, les Chrétiens, de leur côté, n'ont pas eu plus d'empreſſement pour faire voir qu'elle eſt véritablement de-

demeurée sans effet. Ils se sont conten‑
tez d'en parler avec dérision, sans appro‑
fondir s'il y avoit eû pour lors des guer‑
res effectives entre les Grecs & les Per‑
ses, comme l'Alcoran le suppose. C'est‑
pourquoi je pense qu'avant d'aller plus
loin dans ce récit, il est important d'exa‑
miner, & les expressions de cette pré‑
tendue Prophètie, & les diverses cir‑
constances chronologiques qui peuvent
servir à l'éclaircir.

A l'égard de la Propètie, voici pré‑
cisément ce qu'elle porte. *Les Romains
ont été vaincus dans notre voisinage, mais
après leur défaite ils vaincront à leur tour,
dans l'intervalle de 20 années Les succès
réciproques des deux ennemis seront l'ouvrage
du Tout puissant, avant ou après le terme
marqué en ce jour. Les fidèles se réjouiront,
parce qu'ils savent que la victoire n'est donnée
que par le secours du Très haut, Puissant,
Misericordieux, & juste. Ah Promesse de
Dieu! Vous serez toujours infaillible, &
vous ne trouverés de résistance ou de contra‑
diction que dans l'impuissance des méchans.*
Le reste du Chapitre est extrèmement
Prophètique, & est même singulier pour
le choix & la force des expressions, la
beauté des figures, la variété & la dig‑
nité des pensées. Mais comme il n'a
presque aucun raport avec les 7. pre‑
miers

miers versets, que l'on regarde comme Prophètiques, & que d'ailleurs l'Auteur n'y employe que des lieux communs, ordinaires dans les discours préparez pour animer la piété & la Religion, il ne sera pas nécessaire d'en dire davantage.

Quant aux faits historiques du même tems, voici ce que l'on peut receuillir des meilleurs Ecrivains, Grecs, Syriaques, & Arabes : quoique ces derniers, tels qu'*Abulfarage* & *Eutichius* ne s'accordent pas avec les autres dans toutes les particularitez de leur narration. On compte le commencement du Règne de *Kosrou* Monarque des Perses de l'an 589. de Jesus Christ: mais il ne fut paisible dans la possession de ses Etats que dix ans après; & l'Empereur *Maurice* son beaupere fut dépossédé par *Phocas* dès l'an 603. au mois de novembre. Kosrou commença la guerre contre les Romains en 604. Il reprit sur eux la Mésopotamie, tout ce qu'ils possédoient en Armenie, avec les Villes de Dara, Amida, & d'Alep, qui étoit l'ancienne Beroé. Il continua cette guerre après la mort de *Phocas*, qui arriva en Octobre 609. & conquit la Syrie en l'année 615. de Jesus Christ, que l'on compte la 27. du Règne du même Kosrou. Cette con-

conquête le rendit Maître d'*Antioche*, ancienne Capitale de l'Orient, d'*Ephese*, de *Balbeck*, ditte auparavant *Heliopolis*, de *Damas*, alors la plus grande & la plus riche Ville de l'Empire ; de *Cezarée*, & enfin de Jérusalem ; d'où il transporta la prétieuse relique de la Sainte Croix de Jesus Christ. Il y a donc beaucoup d'apparence que c'est de cette victoire célèbre, qui jetta la terreur dans toute la Chrêtienté de l'Asie, & qui se passa dans le plus proche voisinage de l'Arabie, que Mahomed a voulu parler dans le commencement de ce Chapitre, comme d'un événement qui causoit une égale surprise chez tous les Peuples, & qui les menaçoit d'un changement absolu de domination ; ce qui pourtant ne devoit pas arriver, comme il le témoigne en ce lieu.

L'année suivante l'Empereur Heraclius ne croïant pas qu'il lui fût possible de conserver l'Egypte, ni ce qui pouvoit rester au de-là de la Cilicie, songea à en retirer le plus d'argent qu'il pourroit. Plusieurs Villes se racheterent de sa domination pour se donner aux Perses ; & de tout ce qu'il ramassa en or, ou en marchandises prétieuses, il chargea une flotte dans les Ports d'Egypte ; qui devoit porter à
Cons-

Constantinople cette confiderable partie des richeffes de l'Orient. Mais la Providence en difpofa bien autrement. Les vaiffeaux furent furpris d'une tempête qui les jetta tous à la Côte de Syrie, où ils furent dépouillez de leurs differentes charges; les foldats & mariniers réduits en efclavage, & les tréfors portez dans la fuperbe Capitale de la Perfe. Ce tréfor, dû à la tempête, fut appellé par les Perfes *Badaverd*, qui fignifie à la lettre *un don fait par le vent*. Il fut enfermé, fous ce titre, dans l'une des cent voutes du Palais de *Madajem*; & l'on dit qu'il confiftoit principalement en une grande quantité d'or ployable, & maniable, comme de la pâte; ce qui a fait imaginer aux Chymiftes que c'étoit de l'or artificiel, fabriqué en Egypte, où le fecret d'en faire, qui y étoit autre-fois commun, ne s'eft perdu que par les précautions que Dioclétien avoit prifes pour en éteindre la connoiffance; en faifant brûler tous les livres qui y avoient quelque raport. C'eft peut-être en vûe de la conquête que les Mufulmans firent de ce tréfor, & de la Ville même de *Madajem*, environ 20. ans après cet événement, que Mahomed annonce la réjouïffance des fidèles, qui
devoit

devoit arriver en un certain jour qu'il n'exprime pas.

EN l'année 618. *Cosrou* ayant renouvellé ses Armées, & l'Empereur Grec ne lui opposant aucune défense, il se rendit maître des Clefs de l'Egypte. On appelloit ainsi trois Places situées le long des canaux qui avoient été tirez depuis *Damiete* jusqu'au célèbre Port de *Suès* qui est à l'extrémité de la Mer Rouge. Après quoi il s'empara de Babilone ; puis d'Alexandrie avec la même facilité ; Héraclius n'ayant point secouru cette ville par mer comme il le pouvoit faire, le Persan n'ayant point de Vaisseaux, ni aucune connoissance de la Mer. Enfin les Conquêtes venant de plus en plus faciles à ce Prince victorieux, il entra dans la *Pentapole* ; & suivant le rivage de la Mer, il parvint jusques au Golphe de la grande Syrte ; ayant chassé les Romains, & les Grecs de tous les lieux qu'il occupa. Ainsi c'est proprement à ce Prince qu'il faut rapporter la désolation & la ruïne des superbes Villes qui se trouvoient autrefois le long de cette Côte, dont il ne reste plus que de tristes vestiges qui témoignent ce qu'elles étoient.

EN 619 *Cosrou* revint de cette expédition au travers des sables de la Nubie,

com-

comme pour imiter Alexandre. Il ne songea qu'à rétablir ses troupes ; & par ce moyen se trouva l'année suivante à la tête de trois Armées : lesquelles agissant ensemble, quoi qu'en des lieux bien diferens, forcerent les passages de la Cilicie, & ceux des Rivieres qui couvroient la basse Asie ; de sorte que tout le Pays lui étoit ouvert. Il s'avanca jusqu'au Bosphore, ayant occupé toutes les grosses Villes, & pris celle de Calcédoine sous les yeux même de l'Empereur, qui renfermé dans Constantinople se trouva réduit à subir les conditions les plus dures de la paix que le Conquérant voulut bien lui accorder ; à la charge cependant d'un ajout de mille talens d'or pour l'avenir, & de payer comptant, pour les frais de la guerre, une somme immense à certains termes. Mais comme le recouvrement en étoit infiniment difficile, *Constantin*, fils aîné de l'Empereur, & son Collègue, obtint la liberté de parcourir les Villes d'Asie, de Syrie, & d'Arménie pour les engager à contribuer, chacune selon son pouvoir, aux payemens stipulez. Cependant, au lieu d'exécuter un semblable Traité, que la seule nécessité avoit forcé les Grecs de conclure, il ne pensa qu'à lever des troupes, & à former une bonne Armée pour porter lui-même la guerre dans la Perse.

Mais comme ce n'étoit pas une entreprise qui pût s'exécuter en peu de temps, le Persan demeura trois ans entiers à Calcédoine, attendant tranquillement son retour; & pendant cet intervalle, *Héraclius* paya exactement, du revenu de ses autres Etats, le tribut convenu: duquel *Cosrou* se servit pour faire subsister ses troupes. Toutes-fois s'étant à la fin lassé, & ayant eû quelques avis de ce qui se tramoit contre lui, il reconnut la faute qu'il avoit faite de ne s'être pas pourvû de Vaisseaux pour transporter son Armée dans la Grèce, & de ne s'être pas rendu maitre de Constantinople, & de la personne même de l'Empereur. Il voulut donc la reparer, en se saisissant de la Ville, ou de l'Isle de *Rhodes*, où toutes les forces navalles de l'Empereur étoient renfermées. Mais il étoit trop tard ; car les nouvelles de l'irruption des Romains dans la Perse, & des grands succès qu'ils y avoient obtenûs, obligerent Cosrou d'abandonner ses conquêtes, & d'aller au secours de ses Etats de Perse. Son fils ainé s'étoit même tourné du côté des ennemis de son Pere, sous prétexte que Cosrou avoit mal admiministré le Gouvernement de Royaume, & qu'il avoit abandonné ses sujets aux incursions de l'Etranger. Mais la principale vuë de ce fils dénaturé étoit de hâter le tems d'une succession après laquelle il aspiroit. Cet infortuné Prince s'éfforça donc de regagner la Perse à grandes journées, mais suivi par Héraclius, & coupé par Constantin, il se trouva dans la nécessité de combatre deux ennemis fort animez. Il perdit la bataille précisément en l'an 15. d'Héraclius, qui revient à l'an 625. de JESUS CHRIST; justement dix ans après la Prophètie qui avoit assuré la victoire aux Romains. Ce Monarque chicana encore deux ans contre la fortune, jusqu'à ce qu'ayant encore été arrêté par les ordres de son propre fils, il fut massacré dans sa prison, en la 38. année de son Règne, qui tombe en l'an 626. ou 27. de l'Ere Chrétienne. Les Orientaux le regardent aujourd'hui comme l'un des plus rares exemples de la bizarrerie de la fortune; puis qu'aucun Monarque n'a éprouvé tant d'adversité au commencement & à la fin de son Empire; ni qu'aucun n'a pareillement porté si loin la splendeur des richesses immenses dont il s'est trouvé le maitre.

Tels ont donc été les événemens des deux Monarchies, Perſanne & Romaine, qui paroiſſent avoir quelque rapport avec la prétendue Prophétie dont il eſt icy queſtion. J'ai cy devant montré que les Chrétiens, & les Muſulmans, ſans s'accorder dans l'opinion qu'ils en ont, (puiſque ceux-cy la croyent très véritable, & que nous au contraire la diſons, & voulons croire très fauſſe,) s'accordent en cecy; c'eſt que ni les uns ni les autres n'ont fondé leurs differentes opinions ſur la moindre eſpèce de preuves. *Zamaſcari* dit avec raiſon qu'il n'y a qu'un Prophète inſpiré qui ait pû connoître un événement futur, ſi contraire à l'attente des hommes, & à l'apparence probable des ſuccès qu'ils eſperoient : mais il ne dit point quel a été cet événement. *Gélaledin* diſpute ſur le lieu où les Romains ont été défaits, & veut prouver, par la propriété des termes de la Prophétie, que le combat a dû ſe faire en Arabie. *Ebn-abbas* prétend, au contraire, que ces mêmes termes doivent s'entendre des bords du Jourdain, c'eſt à-dire, de la Paleſtine, ou du moins du Pays de Damas. Un quatriéme Interprète en exalte les termes, parce qu'ils ſont ſans équivoque, & parfaitement intelligibles

quant

quant aux faits, & aux dattes de l'événement promis. Cependant un autre les explique du Combat de *Hadil*; & un autre encore les applique à la guerre de *Bedr*; qui font des actions particulieres de Mahomed, & qui n'ont aucun raport, ni aux paroles de cette Prophétie, ni aux dattes qui y font exprimées, ni moins encore aux affaires des Romains ou des Perses. Ainsi l'on peut justement conclure que c'est l'ignorance de l'Histoire, & de la véritable application que l'on pouvoit faire de cette Prophétie à un événement certain, & toutes fois inconnu à ces Auteurs, qui est la cause de la contrariété de leurs opinions.

Toutes fois *Maracci* n'a pas attaqué leurs sentimens avec plus de connoissance, que de bonne foi. Entêté du préjugé de la plûpart des controversistes, qui croyent que ce seroit faire préjudice aux véritez Chrétiennes & Catholiques, que d'accorder la moindre probabilité aux opinions de leurs adversaires; il n'a songé qu'à prendre avantage de la diversité qu'il a trouvée parmi celles des Interprètes, & n'a pas manqué d'en conclure que si cette Prophétie contenoit quelque vérité, on ne seroit pas incertain de son application. J'avouerai

vouerai néanmoins que ce raisonnement ne me persuade en aucune façon ; parcequ'il s'agit bien moins, dans une discussion pareille, de fermer la bouche à des adversaires, que d'examiner la vérité effective, qui doit déterminer nôtre jugement. Ainsi je me suis cru obligé d'entrer dans le détail des faits historiques, qui seuls pouvoient faire connoître l'application légitime des paroles de Mahomed. Or l'histoire nous apprend, ainsi que l'on l'a vû, que les Romains, ayant été continuellement battus par les Perses depuis l'an 615. de J. C. jusqu'à l'an 625. ils regagnerent alors leur premiere supériorité, & devinrent les Vainqueurs de leurs redoutables ennemis, par un coup tellement inespéré que la mémoire des hommes n'en conserve point de pareil. Il est encore remarquable que l'intervalle de dix années, marqué par Mahomed, entre la défaite & la victoire, se trouve justement rempli entre 615. & 625. Partant il faut reconnoître, que si le 30. Chapitre de l'Alcoran a été réellement composé, & rendu public en 615 ; on ne sauroit disconvenir de l'accomplissement de la Prophétie qui y est contenue.

Cependant je suis bien éloigné d'accorder à Mahomed, en conséquence
de

de cet aveu, un don de Prophétie, qui puisse servir à autoriser sa prétendue Mission. Car premierement, il ne s'agit ici que d'une expression hazardée, qui, n'étant point soutenue dans le même livre par d'autres Prophéties de même nature, ne peut faire de preuve intégrale. Secondement, il n'est pas extraordinaire qu'une imagination très vive, capable de fournir des idées, & des expressions toutes singulieres, étant encore échauffeé par de puissans objets, & par l'interét le plus sensible, & le plus actif, atteigne quelque-fois certaines véritez que le hazard semble lui présenter plûtôt que la réflexion.

Ainsi Mahomed, le plus grand, & le plus beau parleur de son siècle, frappé d'un entousiasme de Religion, a crû découvrir dans l'avenir un événement qui n'a en lui même rien que de possible, puisque la fortune des armes est toujours journaliere. Il l'a ensuite annoncé avec une hardiesse qui a été produite par sa persuasion fanatique. Mais la marque certaine qu'il n'a pas compté lui même sur une telle Prophétie, c'est que, après son accomplissement, il ne paroit pas qu'il en aît fait aucun usage, & qu'il aît laissé à ses Successeurs le soin de la faire valoir. Au reste, il ne faut pas oublier d'obferver icy que cette Prophétie eft la feule expreffe, & formelle qui foit contenue dans l'Alcoran ; parceque, encore que l'on en attribue quantité d'autres à Mahomed, elles ne fe trouvent rapportées que dans les Receuils de fes actions & de fes paroles, qui ont été compofez après fa mort, & qui n'ont pas la même autorité, que le livre de fes révélations.

LA VIE
DE
MAHOMED.

LIVRE TROISIÈ'ME;

Qui contient la VIE *du faux Prophète depuis la premiere Egire jusqu'à sa mort.*

IL n'eſt pas néceſſaire d'avertir le Lecteur que c'eſt icy que finit l'Ouvrage de M. le Comte de Boulainvilliers. On ne trouvera dans cette Continuation ni le même ſtyle, ni les réflexions ſingulieres des deux premiers Livres. Je me contenterai de rapporter, avec toute l'exactitude & toute la briéveté poſſibles, les differens événements de cette Hiſtoire, tels que je les ai trouvez dans *Abulfeda, Prideaux,* l'Abbé *Maracci, Herbelot,* & d'autres qui ont écrit quelque choſe de cet Impoſteur. Notre

Notre Auteur a laissé Mahomed aux prises avec les Mecquois, qui choquez de la mission qu'il disoit avoir reçûe de Dieu même, & de la doctrine qu'il enseignoit, avoient déliberé s'ils le puniroient capitalement, ou s'ils se contenteroient de le chasser de leur Ville. Le rusé Prophète trouva moyen de les appaiser pour cette fois, tant par les réponses téméraires & extravagantes qu'il donna aux trois questions qui lui avoient été proposées, que par l'intercession de son oncle *Abutaleb*. Mais quelque crédit que ce vénérable Magistrat eût à la Mecque, il ne put empêcher les *Koreïshites* de molester les disciples de son neveu, toutes-les-fois que l'occasion s'en présenta. * Ainsi exposez à tous momens aux insultes & aux railleries de leurs concitoyens, seize d'entr'eux, qui n'avoient pas famille, résolurent d'aller chercher dans un autre Païs la tranquillité qui leur étoit refusée dans leur propre Patrie. Mahomed, qui ne demandoit pas mieux que de se faire des créatures en differens endroits, & d'étendre sa Doctrine, n'eut pas de peine à leur accorder cette permission ; il l'accompagna aussi d'instructions nécessaires, & d'une lettre pour le Roi d'Ethiopie, chez qui ses disciples persécu-

tez

* L'an 5. de la Mission du Prophète, & la 45. de son age.

cez devoient chercher un azile. Ce Prince étoit Chrétien, & foit par un motif de charité, foit par déference aux recommandations du Prophète, il reçut fi bien ces fugitifs, que la nouvelle en étant venue à la Mecque, plufieurs de leurs freres prirent le même chemin ; tellement qu'il fe trouva dans la fuite un affez bon nombre de Mufulmans dans fes Etats. C'eft cette époque que les Mahométans célébrent encore aujourd'-hui fous le nom de premiere *Egire*.

MAIS les mêmes Mecquois, qui d'abord avoient voulu exiler ces premiers Profélytes de la Religion de Mahomed, ne les fçurent pas plutôt en Ethiopie qu'ils députerent deux de leurs Citoyens, *Abdollah*, & *Amru*, au Roi de ce Païs pour les reclamer. On voit dans le notes de M. *Ganier* fur * *Abulfeda* quelques particularitez de cette députation ; par exemple ; Que ces Envoyez, étant arrivez en Ethiopie, réprefenterent au Roi que ceux qu'ils venoient redemander étoient de pauvres vifionaires, qui s'étoient laiffez entêter de la Doctrine d'un homme qui prenoit le titre d'*Apôtre* de *Dieu* ; que fi ce Prince vouloit fe convaincre lui-même de l'extravagance de leurs fentimens, il n'avoit qu'à les mander, & qu'il verroit, par
le

* *Ifmael Abulfeda de vitâ Mahomedis.* p. 25. & 26.

le refus qu'ils feroient de se prosterner devant lui, combien leur Doctrine étoit superstitieuse : Que les Musulmans refuserent en effet de se prosterner devant le Roi, lui disant, qu'ils ne suivoient plus cet usage depuis que Dieu leur avoit suscité un Prophète, duquel ils avoient appris la véritable maniere de saluer leurs superieurs : Que le Roi Africain convint que cette pratique étoit conforme à la Loi & à l'Evangile. Le même Auteur ajoute qu'après une grande dispute entre les Envoyez de la Mecque & les fugitifs, au sujet de quelque point de leur doctrine, Giafar, fils d'Abutaleb, avoit parlé au Roi de l'*Alcoran,* comme d'un livre semblable à celui d'*Isa* (c'est à dire Jesus) fils de Marie. Ce qui ayant excité la curiosité du Roi Ethiopien, il fit assembler son Clergé, & lui demanda si les Livres sacrés n'annonçoient point quelque Prophète posterieur à *Jesus Christ* ; Que les Evêques & les Prêtres répondirent que J. C. lui même en avoit annoncé un qui devoit venir après lui. Que les Mecquois, ne se rebutant pas encore, assûrerent le Roi que les Disciples de Mahomed tenoient de *Jesus* & de sa Mere des discours injurieux ; & que le Roi leur ayant demandé ce qu'ils en di-

disoient, les Muzulmans lui lurent, pour se justifier, le Chapitre xix. de l'Alcoran, dont le titre est *Marie*; Enfin que le Roi fut tellement touché de la beauté de leur doctrine, qu'après s'être attendri lui & son Clergé à la lecture de divers passages de l'Alcoran, il fit profession du Musulmanisme, & s'en déclara dans la suite le zèlé défenseur.

QUOI qu'il en soit, les Envoyés de la Mecque revinrent chez eux sans avoir rien obtenu du Roi *Atzam*. Mais pour se venger des peines & des dépenses auxquelles ce voyage les avoit inutilement engagez, ils persuaderent aux Koreïshites de faire un Traité avec les autres Tribus des Arabes; par lequel elles s'obligeoient de ne contracter aucune alliance avec les descendans d'*Hashem* & d'*Abdolmotalleb*, & de n'avoir aucun commerce avec eux. Par ce décret, les parents de Mahomed, ceux même qui étoient encore opposez à ses sentiments, se virent obligez à sortir de la Mecque, & à se retirer dans une terre d'*Abutaleb*, peu éloignée de la ville. Ce fut dans cet exil que Mahomed, accompagné de quelques uns de ses disciples, passa les années 6. 7. 8. & 9. de sa Mission; & a peu près dans ce temps-là que 30. Musulmans, de ceux qui avoient passé

en

en Ethiopie, reprirent le chemin de la Mecque, sur le faux bruit qui s'étoit répandu parmi eux que les Mecquois avoient embrassé le Musulmanisme. Mais s'en étant mieux informez, à mesure qu'ils approchoient de cette Ville, ils apprirent que non seulement ils étoient toujours attachez à l'ancien Culte, mais encore qu'ils avoient proscrit les principaux de la nouvelle Secte par un Traité solemnel. Cette nouvelle obligea la plus part d'entr'eux à rebrousser chemin, & ceux qui furent assez hardis pour entrer dans la ville à s'y tenir bien cachez.

* *An X. de la Mission du Prophète.*

L'ANNE'E X. de la Mission du Prophète, les habitans de la Mecque, abrogerent le Traité qu'ils avoient fait 3. ans auparavant; & voici, selon les Auteurs Musulmans, ce qui les y détermina. Un jour Mahomed s'entretenant avec son oncle Abutaleb, lui dit entr'autres choses, que le Décret injurieux que les Koreïshites avoient fait contre la Tribu d'*Hashem*, ne subsistoit plus, & que par une miraculeuse permission de Dieu, un petit ver l'avoit rongé, & n'y avoit précisément laissé que les endroits où le nom de Dieu étoit exprimé: Sur cela, *Abutaleb* fut trouver les Koreïshites, & leur représenta que si le Décret se trouvoit effectivement rongé, ils
de-

MAHOMED. 351

devoient reconnoître la protection distinguée que Dieu accordoit à son neveu, & faire cesser les effets de leur haine contre lui. Les Mecquois furent effectivement à la *Kaaba*, où ce Traité étoit déposé, & ayant trouvé qu'il étoit effectivement tout rongé, après quelque déliberation, ils l'annulerent.

CETTE même année, Mahomed fit deux pertes qui lui furent très sensibles: son oncle *Abutaleb* & *Chadije* sa femme. Le premier étoit âgé d'environ 83. ans quand il mourut. Pendant sa maladie, Mahomed ne cessa de l'exhorter à réciter la profession de foy qui distingue encore aujourd'hui ses Sectateurs; *Il n'y a point de Dieu que* DIEU, & MAHOMED *est l'Envoyé de* DIEU. Le vieillard mourant s'excusoit de prononcer ces paroles, de peur, disoit-il, que les Koreïshites n'attribuassent son changement à la crainte de la mort. Mais quelques moments avant qu'il expirât, il passa sur cette consideration, & un de ceux qui étoient présens assûra le Prophète qu'il avoit entendu son oncle articuler les mêmes paroles qu'il lui avoit ordonné de réciter. Cette conversion, toute incertaine qu'elle parût, remplit l'ame de Mahomed de consolation, & de reconnoissance envers Dieu, qui avoit bien
vou-

voulu éclairer le meilleur & le plus puissant ami de son Prophète. *Chadije*, cette généreuse femme, qui avoit jetté les premiers fondements de la fortune de Mahomed, en lui faisant part de ses grands biens, suivit de près *Abutaleb* : & Mahomed donna à cette épouse chérie tout le regret dont un cœur tendre & reconnoissant peut être capable.

Cependant Abusophian, le plus grand ennemi du Prophète, se trouva revêtu de la principale autorité dans la ville de la Mecque par la mort d'Abutaleb ; circonstance peu favorable aux projets de Mahomed, & qui anima tellement contre lui les Koreïshites, (qui jusques-là avoient été retenus par le grand crédit d'*Abutaleb*,) qu'ils commencerent dès lors à s'opposer vigoureusement aux progrès considerables que le Musulmanisme avoit dèja faits à la Mecque & aux environs. Ils y reussirent même si bien que plusieurs des Disciples du Prophète, voyant qu'il n'y avoit rien à gagner avec lui, & qu'au contraire il y avoit tout à craindre, l'abandonnerent lui & sa nouvelle Religion.

Mahomed n'étoit pas homme à se rebuter, & les difficultez qu'il rencontroit ne servoient qu'à animer son courage, & à le rendre plus attentif. Voyant donc que les Mecquois étoient si fort prévenus contre sa doctrine, il jugea devoir céder au tems, & attendre des circonstances plus favorables pour les amener à ses sentiments. Il sortit donc de la Mecque, & s'en vint à *Taïf*, ville de l'*Hégiaz*, à 60. milles de là. Il s'étoit flaté d'y faire des Prosélytes, & de trouver chez ses habitans quelque protection contre les persécutions des Mecquois. Dans cette vûe il leur annonça sa Doctrine, dans plusieurs discours publics, lequels bien-loin de faire quelque impression sur ses auditeurs, attirerent au Prophète des railleries & des insultes, qui l'obligerent enfin à sortir de cette ville peu docile. De *Taïf* Mahomed revint à la Mecque. Il ne perdit jamais de vûe la conversion de cette ville, si importante à la réussite de ses desseins. Rien n'étoit capable d'arrêter son zèle à cet égard; Il ne cessoit d'exhorter ses concitoyens à abandonner leur Culte idolatre, & à embrasser sa Religion; dont les dogmes principaux établissoient l'unité d'un Dieu, & la vérité de sa Mission.

LES prédications de ce Docteur n'étoient pas toujours infructueuses; une entr'autres, fit entrer dans son parti six habitans de la ville d'*Yatreb*, qui fut

An. XI. de la Mission du Prophète.

depuis nommée Médine. Ces nouveaux croyans étoient de la Tribu des *Chazrégites* dont la ville, habitée par des Juifs, des Chrêtiens, & des Arabes éprouvoit les effets de la division que des Peuples d'origine & de Réligion differentes excitent ordinairement dans un Etat. Mahomed étoit trop habile pour ne pas profiter de cette mesintelligence. Il s'étudia d'abord à gagner l'affection de ces nouveaux Prosélytes, & il ne lui fut pas difficile, avec ses manieres insinuantes, d'attacher à ses interets des gens qu'il avoit déja sçu persuader. Il y réussit si bien, que ces *Yatrébites*, étant de retour chez eux, dirent mille biens de la personne de Mahomed & de sa doctrine, desorte que quand il y vint lui même il en trouva un grand nombre disposé à l'écouter favorablement. On les appella depuis *Ansariens*, c'est à dire *Auxiliaires*; parce qu'en effet ils furent d'un grand *secours* à Mahomed, & le reçurent ensuite dans leur Ville, dès qu'il ne se trouva plus en sûreté ailleurs. M. Gagnier remarque, qu'ils étoient Idolatres quand ils embrasserent le Mahométisme, & non pas Chrétiens comme M. Prideaux l'a crû.

Les progrès du Musulmanisme étoient jusques alors fort médiocres; mais
ils

ils auroient été confiderables fi le P. Prophète eût pû fatisfaire le Peuple fur l'article des miracles, qu'on ne ceffoit de lui demander pour preuve de fa Miffion. Il avoit beau alleguer fes entretiens familiers avec l'Ange Gabriel, ou dire que l'Alcoran, étant un livre au deffus de ce que les plus habiles d'entre les hommes, & les Anges mêmes étoient capables de compofer, il s'en fuivoit qu'il ne pouvoit lui être parvenu que par une révélation immédiate du Créateur: Les Mecquois en revenoient toujours aux Miracles, & en exigeoient de publics & de réels.

Enfin, on dit que preffé de tous côtés, & ne fachant plus que répondre; il imagina un prétendu voyage de la Mecque à Jérufalem, & de cette ville au Ciel, où il auroit reçu de la bouche de Dieu même la Loi qu'il vouloit établir dans le monde. Mais il y a bien peu d'apparence que Mahomed, tout Impofteur qu'il ait été, fe foit avifé d'inventer une fable fi groffiere; qui contient des abfurditez & des contradictions palpables, d'autant plus qu'on ne trouve dans l'Alcoran aucune des circonftances dont fes Interprètes accompagnent ce voyage. Le chapitre, intitulé le *Voyage nocturne*,

An. XII. de la Miffion du Prophète,

commence à la vérité par ces mots; *Au nom de Dieu clément & miſericordieux; loué ſoit celui qui a fait aller de nuit ſon Prophète du Temple de la Mecque à Jéruſalem.* Le reſte ne contient que des dogmes ſur l'unité de l'Etre ſuprême, des moralitez, des dénonciations de Jugements de Dieu contre les méchants, des reproches à ceux de la Mecque qui lui demandoient des miracles, & choſes ſemblables. Mais comme la tradition eſt reſpectée chez les Muſulmans, ce qu'on rapporte de ce prétendu voyage a trouvé créance parmi le Peuple, & eſt regardé encore aujourd'hui comme le meilleur titre que Mahomed aît eû pour fonder la Religion qu'il a établie.

CEPENDANT la plûpart des Docteurs Muſulmans n'ont point fait difficulté d'avancer qu'il faloit entendre cette hiſtoire dans un ſens myſtique, & tout au plus comme une viſion dont Dieu auroit honoré le Prophète. Des Auteurs prétendent que dès que Mahomed fut revenu de ce voyage, il le raconta publiquement, avec toutes ſes circonſtances, à tous ceux qui voulurent l'écouter, & que ce récit extravagant le décrédita ſi fort à la Mecque, que plus de 1000. perſonnes ſe détacherent

rent de son parti. Ils ajoutent que ce fut *Abubeker*, qui arriva à propos pour arrêter cette revolte, & animer par son exemple ces Disciples chancelants à recevoir une vérité qui donnoit tant de mérite à leur foi.

Supposé que cela soit, Mahomed trouva en partie de quoi se consoler de cette désertion dans la dignité de Chef qui lui fut solemnellement conferée par douze Ansariens. Ils lui jurérent, en conséquence, foi & obeïssance comme à l'Apotre de Dieu, & s'obligerent à prendre les armes pour soutenir ses interêts toutes les fois qu'il le trouveroit à propos. Il les obligea aussi à prêter serment pour leurs femmes, & à s'engager *qu'elles n'associeroient rien à Dieu, qu'elles ne déroberoient point, qu'elles ne commettroient point de fornication, & qu'elles ne tueroient point leurs enfans.* Après cette formalité, le Prophète leur donna un de ses disciples, *Mosaab* fils d'*Omar*, pour les instruire dans le Musulmanisme. Celui cy étant arrivé à Médine, fut d'abord suspect au Prince du Païs, & regardé comme un espion ; mais s'étant justifié de cette accusation, & lui ayant lû quelques versets de l'Alcoran il en fit un illustre Prosélyte, dont l'exemple entraina un grand nombre d'habitans dans le parti de Mahomed.

Ch. XIII. de la Miſſ. du Proph. Juſqu'alors Mahomed s'étoit contenté de prêcher une Doctrine, bonne ou mauvaiſe, qui n'influoit pas directement ſur le gouvernement de l'Etat : mais dans la 13. année de ſa miſſion, il changea de langage : & l'on vit ce Prophète, qui d'abord ſe diſoit n'être envoyé du Ciel que pour ramener les hommes au culte du vrai Dieu, & qui déclaroit n'avoir rien à oppoſer aux perſécutions de ſes ennemis qu'une grande patience : on vit, dis-je, ce Prophète prendre des meſures pour faire la guerre à ſa Patrie; & ſuppoſer des ordres poſitifs de la part de Dieu, d'exterminer tous ceux qui ne croiroient point en lui, ou qui ne ſe ſoumettroient pas à ſon obéïſſance. Il voulut alors s'aſſûrer de nouveau de la fidélité de ſes diſciples : & dans ce même temps, pluſieurs Anſariens étant venus à la Mecque accompagner leur Miſſionaire *Moſaab*, il exigea d'eux un nouveau ſerment, par lequel ils s'engagerent à le défendre avec le même zèle qu'ils défendroient leurs femmes & leurs enfans. Mahomed leur promit, de ſon côté, de ne les abandonner jamais : & qu'au cas qu'ils vinſſent à perdre la vie pour
l'a-

l'amour de lui, ils auroient le Paradis en recompenſe de leur valeur & de leur foi. C'eſt à cette circonſtance qu'il faut rapporter la compoſition des Chap. 9. 47. & 66. de l'Alcoran, où le Prophéte introduit Dieu, qui lui ordonne de faire main baſſe ſur tous les Incrédules, & qui s'engage à recompenſer magnifiquement ceux qui lui ſeroient fidèles, & qui combattroient pour la bonne cauſe.

APRE's la démarche que Mahomed venoit de faire avec les Anſariens, laquelle ſuppoſoit un deſſein formé de prendre les armes, il ne paroit pas qu'il fût fort en ſûreté à la Mecque. Auſſi forma-t-il dès lors le deſſein d'en ſortir: à quoi il fut encore déterminé par les ſollicitations de ſes amis, & ſur tout par celle de ſon Oncle *Al-Abbas*. Cet *Al-Abbas*, qui avoit dèja pluſieurs fois tâché de perſuader à ſon neveu de ſe retirer, mais inutilement, fut trouver les Anſariens dont nous venons de parler, & leur repréſenta, que s'ils avoient une amitié ſincère pour leur nouveau Docteur, ils devoient pourvoir à ſa ſûreté, l'emmener avec eux, & lui donner retraite dans leur ville. Ceux cy ſe trouvant fort honorez de la réſidence de cet homme extraordinaire dans leur Ville, l'inviterent d'y venir;

& à cette occasion renouvellerent encore le serment dont nous avons déja parlé. Mais avant de quitter la Mecque, Mahomed affecta d'imiter ce qu'avoit fait le Messie dans la vocation des Apôtres, & choisit d'entre les Ansariens douze personnes, qu'il revétit de l'autorité nécessaire pour gouverner & instruire ses sectateurs, & ceux qui le deviendroient. Après cette cérémonie, il leur ordonna de partir avec tous ses Disciples pour la Ville d'Yatreb. Pour lui, il demeura encore quelque temps à la Mecque avec *Abubeker* & *Ali*, & n'en partit qu'après que Dieu lui eut permis, par une révélation expresse, de sortir de cette ville.

an 1. de l'Egire.

MAIS les Koréïshites, qui ne vouloient pas que Mahomed leur échapât, résolurent de prendre un homme de chaque Tribu, & de le tuer ; de maniere qu'un chacun d'eux lui donnât un coup, afin, disoient-ils, que son sang fût également sur toutes les Tribus, & qu'on ne pût s'en venger qu'en entreprenant des les attaquer toutes. Cette résolution ayant été rapportée au Prophète, il ordonna à *Ali* de se mettre dans son lit, de se couvrir de sa robe verte pour qu'on le prît pour lui ; & fit dire à la porte qu'il étoit malade, & qu'il repoposoit. Cet artifice réussit, & Mahomed se retira dans le temps que ses ennemis attendoient son lever pour s'en défaire. Ils donnerent d'autant mieux dans le piège, qu'ayant regardé par les fentes de la porte, & vû sa robe, ils se persuaderent que c'étoit lui même. Puis s'étant présenté devant ceux qui en vouloient à sa vie, il prit une poignée de poussiere en sa main, & l'ayant jettée en l'air, il les aveugla, de maniere qu'ils ne l'apperçurent point. Ali se leva dès qu'il crut le Prophète en sûreté, & les Koréishites ayant reconnu la bévuë qu'ils avoient faite, le laisserent aller sans lui faire aucun mal. *Abubeker* pria Mahomed de lui permettre de l'accompagner; & ils partirent tous deux sous la conduite d'un Arabe idolatre, qui les conduisit à la Montagne de *Thur*, où ils demeurerent cachez l'espace de 3. jours. Ali eut ordre de rester quelques jours à la Mecque pour rendre les dépots qui avoient été confiez à Mahomed.

A peine le Prophète put il échaper aux recherches des Mecquois. Ils firent courir après lui, & un d'entr'eux ayant atteint les fugitifs, *Abubeker* se crut perdu : mais Mahomed, sans se déconcerter, appella celui qui les poursuivoit, par son nom, & incontinent son che-

cheval s'abatit. Ce Koréïshite, effrayé de cet accident, eut recours aux prieres du Prophète, qui ordonna au cheval de se relever. Mais il se ne vit pas plûtôt hors de danger qu'il recommença à poursuivre Mahomed, qui fit encore abatre son cheval, & ensuite le releva comme la premiere fois. Enfin, voyant qu'il se fatiguoit inutilement, il rebroussa chemin, & engagea ceux qui étoient venus avec lui de s'en retourner à la Mecque. C'est de cette fuite de Mahomed que commence l'*Egire*, qui est l'Epoque des Mahométans. Elle fut * établie par Omar III. à cause d'une dispute survenue entre deux personnes, à l'occasion d'un billet, de l'échéance duquel les parties ne pouvoient convenir.

MAHOMED, arrivé à Médine, coucha pour la premiere fois avec *Aischa*, qu'il avoit déja fiancée trois ans auparavant, mais qu'il n'avoit pas encore touchée à cause de sa grande jeunesse. Il se fit ensuite bâtir une maison, pour jouir de toute la liberté qui lui étoit nécessaire pour penser tranquillement à

---

* *Voyez la vie de Mahomed* par Prideaux pag. 77. & 78.

l'exécution de ses vastes projets. Il fit aussi élever une Mosquée près de Médine ; la premiere où le Culte Musulman ait été célébré ; & pour mieux unir son parti, il établit une fraternité entre ses Disciples, par laquelle chacun d'eux devoit se choisir un ami, & l'appeller son frere.

Mahomed se trouvant un peu plus en repos à Medine qu'il ne l'avoit été à la Mecque, commença à établir quelques cérémonies dans sa Religion. C'étoit un usage chez tous les peuples de l'Orient de se tourner, dans leurs prieres, vers un certain point des Cieux. Ainsi les Juifs se tournoient vers Jérusalem, les Arabes vers le Temple de la Mecque, les Sabiens vers l'étoile du Nord. Le P. Prophète se tournoit au commencement de sa Mission, du coté de Jerusalem quand il prioit. Mais il changea cette pratique, tant pour s'accommoder à l'idée de vénération que les Arabes ont toujours euë pour le Temple de la Mecque, que pour s'éloigner entiérement des cérémonies des Juifs, en ordonnant à ses sectateurs de tourner leurs faces vers la *Kaaba*, comme vers un lieu distingué entre tous les autres par la présence du Tout-puissant. Cette même année il insti-

An. 2. de l'Egire.

institua le jeûne du *Ramadhan*, en imitation du grand jeûne de *l'expiation* établi chez les Juifs; & la maniere d'appeller les fideles à la priere, du haut d'une tour de la Mosquée, par ces mots, qui lui furent envoyez du Ciel. *Dieu est Grand, Dieu est Grand; il n'y a point de Dieu que Dieu, il n'y a point de Dieu que Dieu; Mahomed est l'Apôtre de Dieu.*

Pendant que le faux Prophète sembloit n'avoir d'autres vûes que l'instruction des Peuples & leur bonheur éternel, il rouloit dans son esprit les vastes desseins que son ambition avoit formez. Et pour les mettre en exécution, il crut qu'il étoit temps de substituer la force & la violence aux raisonnements & aux discours. C'est-pourquoi il ordonna à ses Disciples de se préparer à faire la guerre, & à passer au fil de l'épée tous ceux qui ne voudroient pas embrasser sa doctrine, à moins qu'ils ne voulussent se soûmettre à payer un tribut annuel pour racheter leurs vies. Bien loin qu'un ordre si barbare rencontrât quelque opposition de la part des Arabes, dès que Mahomed leur eût fait entrevoir le grand butin qui les attendoit, ce fut à qui d'entr'eux iroit le premier & le plus souvent à cette espèce de guerre, qu'ils firent depuis sous ses ordres tout le reste de sa vie. Leur premiere capture fut une caravane qui appartenoit à des Marchands de la Mecque, dont neuf Ansariens se rendirent maitres. Cette premiere prise fut emmenée à Medine avec deux prisoniers.

Icy commencent les guerres de Mahomed, tantôt avec les Koréïshites, tantôt contre les Tribus des Juifs, dispersées dans l'Arabie ; dont la plûpart sont très peu considerables, & semblent plûtôt des courses de voleurs que des expéditions militaires, conduites avec art, & fondées sur la justice. La premiere de ces guerres est nommée *Bedr*, d'un puits qui se trouvoit dans le lieu où le combat fut livré. Le Prophète, ayant été averti qu'*Abusophian* revenoit de Syrie avec une caravane & 30 hommes, embusca de ses Troupes pour les attaquer. Mais le Koréïshite, en ayant eû vent, manda à ceux de sa Tribu le danger où il se trouvoit ; & ceux cy firent marcher en toute diligence 900. hommes d'infanterie, & 100. de cavalerie à son secours. Les forces de Mahomed étoient bien inferieures, puis que les ayant ramassées, il ne se trouva que 113. combattans pour aller à la rencontre des Idolatres. Mais cette disproportion ne fit qu'animer son courage. Il se mit en marche avec cette poignée de monde, plein de confiance dans la bravoure de ses soldats ; & ceux cy le suivirent, remplis du préjugé, que la toute puissance de Dieu suppléeroit par des armées invisibles à la foiblesse de celle de son Prophète. Ainsi il n'est pas étonnant qu'avec de telles idées, les Troupes de Mahomed ayent remporté cette victoire ; qui, quoique peu considerable en apparence, fut, pour ainsi dire, le fondement de toutes les autres ; à cause de la terreur qu'elle jetta parmi les Koréïshites, & de l'intrépidité qu'elle inspira aux soldats de Mahomed, qui crurent n'avoir plus rien à craindre puisque Dieu se déclaroit si visiblement leur défenseur.

Mais quoique Mahomed affectât de n'attendre la victoire que du Ciel, il ne négligeoit pas les règles que la prudence & l'art militaire sçavent mettre en pratique. Dèsqu'il apprit l'approche d'*Abusophian*, il fut se saisir d'un lieu, auprès duquel il y avoit de l'eau, & y ayant fait dresser sa tente, il y attendit l'ennemi à pié ferme. Les deux Armées étant en présence, 3. Koréïshites sortirent de leur camp, & défierent un

pareil

pareil nombre de Musulmans à un combat particulier. Mahomed en nomma trois des siens, dont l'adresse & la valeur lui étoient parfaitement connûes, qui tuerent les trois Idolatres. Après ce combat particulier, les deux Armées s'attaquerent vigoureusement. La victoire penchoit d'abord du côté d'*Abusophian*, mais elle se déclara à la fin en faveur de Mahomed. Il étoit resté dans sa tente à prier pour le succès de cette journée, qui devoit en quelque maniere décider de son sort, & de l'établissement de sa Religion. Mais dès qu'il vit plier ses gens, il courut à eux, se mit à leur tête, jetta du sable aux yeux de ses ennemis, & d'un air de confiance prononça ces paroles, *que leurs visages soient troublez & confondus* ; & les ayant vivement chargez, il les mit en fuite. Il n'y eut pourtant que 70. hommes de tuez, & autant de prisoniers du côté d'*Abusophian*, & 14 des gens du Prophète. Mais dans ce petit nombre de Koréïshites, il se trouva 24. Chefs des Mecquois, tous gens distinguez par leur naissance & par leur courage ; la plûpart même parents du Prophète, ou de *Chadije* sa femme.

La nouvelle de cette défaite consterna les habitans de la Mecque, qui s'és'étoient flatez de finir tout d'un coup avec Mahomed. Abulahab, si grand ennemi du Prophète, qu'il y a dans l'Alcoran un chapitre plein de malédictions contre lui, en mourut de chagrin. L'Histoire rapporte que Mahomed trouva parmi les prisoniers un nommé *Al-Nadhr*, qui s'étoit moqué de lui & de sa doctrine quelques années auparavant, & par un ressentiment peu digne d'une grande ame, il fit couper la tête à cet homme ; dont tout le crime consistoit à avoir dit, que l'Alcoran étoit plein de contes de vieilles. Okba fils d'Abumoa eut le même sort.

Mais quand on vint à partager le butin, il y eut à ce sujet de grandes disputes dans l'Armée du Prophète. Comme elle étoit composée de Mecquois, qui avoient suivi Mahomed, & d'Habitans de Médine, surnommez *Ansariens*, les uns en vouloient avoir une part plus considerable que les autres ; & pour les appaiser, il falut toute l'autorité de leur Chef, & une *Surate* qui lui fut dépéchée exprès, par laquelle Dieu ordonnoit à Mahomed de prendre la cinquiéme partie du butin, & de partager le reste également à ses soldats.

Après avoir ainsi rétabli la bonne intelligence dans son camp, il fit marcher

cher ses troupes contre quelques Juifs de la Tribu de *Kainokan* qui, à ce que prétendoit Mahomed, avoient violé un traité qu'il leur avoit accordé quelque temps auparavant. Le Prophète les tint assiégez dans leurs forts pendant 15. jours, & les pressa si vivement qu'ils se rendirent à discrétion : leurs biens furent confisquez au profit des vainqueurs, & ils auroient payé de leurs têtes l'infidélité dont on les accusoit, si un prisonier Idolatre n'avoit obtenu du Prophète, à force d'importunitez, qu'on leur laissât la vie.

ABUSOPHIAN, résolu de se vanger de l'affaire de *Bedr*, se mit en campagne avec 200. chevaux ; mais il ne trouva pas à propos d'attendre Mahomed, qui s'étoit déja mis en marche pour le combattre.

LA 3. année de l'Egire il y eut d'abord deux expéditions, l'une contre les *Solaïmites*, & les *Gastanites*, & l'autre contre les Persans. Les premiers prirent la fuite dès qu'ils surent que Mahomed venoit les attaquer ; & les autres furent défaits & mis en déroute, après un combat fort opiniatre. Mahomed avoit un fille nommée Fatime, de la conception miraculeuse de laquelle les Musulmans font plusieurs contes, & que l'Abbé *Maracci*

An 3. de l'Egire.

ruci voudroit bien faire passer pour autant d'articles de leur foi. Elle épousa dans ce temps là *Ali*, un des chefs de la petite armée des Musulmans, & l'ami fidèle de leur Prophète.

C'est dans cette année qu'arriva la fameuse bataille d'*Ohud*. Les Koréishites avoient assemblé une armée de 3000. hommes de pié, (dont 700 étoient armez de cuirasses,) & de 200 chevaux. *Abusophian* en fut nommé le Chef, & pour animer ses soldats, il avoit amené avec lui sa mere & plusieurs autres femmes, qui portoient des tambours à la maniere des Arabes. Elles accompagnoient de leurs voix le son de cet instrument militaire, en mémoire de ceux qui avoient été tuez à la bataille de *Bedr*. Le Prophète hésita long-temps s'il feroit tête à cette Armée, nombreuse au prix de la sienne, ou s'il se tiendroit renfermé dans Médine. Il prit le premier parti, & s'avança avec 900. hommes de pié à un lieu situé entre la Mecque & la Montagne d'Ohud. Là il posta son monde le plus avantageusement qu'il put, & après avoir pris 50 Archers pour le soutenir, il donna bataille. *Hamza* Oncle du Prophète, y signala son courage, tua celui qui portoit l'étendart des Idolatres, & fut lui même tué par un Esclave
A byſ-

Abiſſin en dépouillant celui qu'il venoit de vaincre.

Cependant les Archers, trop avides du pillage, ne garderent pas leurs poſtes: & en l'abandonnant, donnerent lieu à celui qui commandoit l'aile droite des Idolatres de fondre ſur les Muſulmans avec ſa cavalerie. Au milieu de la confuſion & du deſordre, le bruit ſe répandit que le Prophète avoit été tué; nouvelle qui déconcerta tellement ſes ſoldats, qu'ils donnerent jour à l'ennemi de tous côtés. Mahomed lui même fut bleſſé de deux coups de pierre, dont l'un lui caſſa quelques dents de devant, & l'autre lui fit une égratignure au viſage. On comptoit dans l'armée Muſulmane 70. h. de tuez, & 20. dans celle d'*Abuſophian*. Ainſi tout l'avantage étoit du côté de ce dernier, qui auroit pu (ce ſemble) mieux profiter du deſordre de l'armée de ſon ennemi, & de la ſuperiorité de ſes forces; au lieu que malgré cet avantage, il fit demander une trève à Mahomed pour toute l'année ſuivante.

Le premier ſoin du Chef des Muſulmans, après la retraite de l'ennemi, fut de faire chercher les corps de ceux qui avoient été tuez. Il affecta à cette occaſion une tendreſſe & une piété plus dig-

dignes d'un pere, que d'un Géneral. Il voulut se transporter lui même auprès de chacun de ces cadavres, & y reciter differentes prieres pour le repos de leurs ames. Mais il fut indigné de la maniere barbare avec laquelle la mere d'*Abusophian*, & quelques autres femmes avoient mutilé ces pauvres corps morts, & sur-tout celui de son oncle *Hamza* ; & il ne s'en consola qu'après une révélation qui l'assûroit de tirer une pareille vengeance de 30. Koreïshites.

La perte de la Bataille d'Ohud donna lieu à plusieurs murmures : On demandoit à Mahomed comment il pouvoit se faire que Dieu eût permis que les défenseurs de la vérité & de son Culte eussent été sacrifiés à leurs ennemis. D'autres regrétoient leurs parents & leurs amis, & témoignoient du repentir de s'être engagez trop légerement dans le parti du Prophète. Mahomed eut bientôt trouvé de quoi répondre aux uns & aux autres. Il dit aux premiers qu'il faloit attribuer cette disgrace aux péchez de quelques-uns de ceux qui le suivoient ; que Dieu séparoit ainsi les bons d'avec les méchans, afin qu'on pût discerner les véritables Fidèles. Et pour arrêter les plaintes des
autres

autres, il leur débita la Doctrine du *Destin*; par laquelle il leur représentoit que leurs amis seroient également morts quand ils ne se seroient pas trouvez à la bataille, puisque leurs jours, comme ceux de tous les hommes, étoient si bien comptés, qu'il n'y avoit aucune précaution à prendre pour les allonger. C'est à la croyance de cette doctrine, & à l'assurance de devenir des Martyrs, qu'on peut attribuer l'intrépidité avec laquelle les Musulmans affrontent encore aujourd'hui les plus grands dangers; & c'est cette même persuasion qui procura depuis à Mahomed & à ses Successeurs de si rapides conquêtes. Il ne se passa rien de considerable le reste de cette 3e. année de l'Egire. On rapporte seulement que les Habitans des villes d'*Edblo* & d'*Alcare* feignirent de vouloir se faire instruire dans le Musulmanisme; qu'ils envoyerent des Députés pour demander au Prophète quelqu'un de ses Disciples pour cet effet, & que Mahomed leur en ayant accordé 6. ces perfides en égorgerent une partie, & furent vendre l'autre à la Mecque.

Au commencement de la 4. année de l'Egire, Mahomed perdit encore 70. Ansariens, qu'il envoyoit, quoique malgré lui, au Prince de *Naged* pour l'in-

An. 4. de l'Egire.

viter lui & ses sujets à embrasser le Musulmanisme. Ce Prince, bien loin d'en accepter la proposition, fit ôter la vie à celui qui en étoit le porteur, marcha ensuite lui même contre ses compagnons, & les passa tous au fil de l'épée, excepté *Caab*, qui après avoir passé pour mort, en vint porter la nouvelle à Médine.

MAHOMED trouva mieux son compte avec les Juifs de *Nadhir*; car après les avoir assiégez dans leurs Forts pendant quelques jours, il les obligea de capituler, & de se retirer; sans leur permettre d'emporter de leurs effets qu'autant qu'ils en pourroient charger sur un chameau. Le reste du butin lui fut assigné en vertu d'une *Surate*, qui lui fut envoyée tout exprès du Ciel. Les Historiens rapportent la prohibition de l'usage du Vin, & celle des jeux de hazard à cette même année; mais ils ne conviennent pas à qu'elle occasion: les uns l'attribuant à une violente dispute que son excez alluma parmi les soldats de Mahomed, & les autres aux réflexions qu'il fit sur les terribles effets de cette boisson, lors qu'ayant passé le jour précédent dans une maison où tout étoit en joye, il y trouva le lendemain une grande consternation, causée par une

une batterie qui y étoit survenue. Mai il n'est pas besoin de recourir à l'un ou à l'autre de ces faits pour trouver la raison de cette défense. Le faux Prophète connoissoit assez combien les Arabes sont naturellement débauchez à cet égard, & n'ignoroit pas les suites funestes du vin, sur tout dans les Païs chauds, & dans une Armée qui est toujours en mouvement.

La défaite des 73. Ansariens dans la Province de Naged étoit trop récente pour que Mahomed l'eût si tôt oubliée. Résolu de s'en bien venger il se mit en campagne. Mais il ne trouva qu'une troupe de Gastanites qui se mirent à fuir dès qu'ils sçurent qu'il approchoit. Un d'entr'eux cependant fut assez hardi pour se glisser dans le camp de Mahomed, & sous prétexte de curiosité, pria le Prophète de lui faire voir son sabre. Mahomed n'en fit aucune difficulté; & le Gastanite l'ayant entre ses mains le dégaina dans le dessein de le tuer, mais une main invisible terrassa ce téméraire Idolatre, & sauva la vie au Prophète. Sur la fin de l'année, Mahomed fut attendre *Abusophian* au même endroit où il avoit remporté la victoire de *Bedr*, mais il s'en retourna bien tôt après à Medine, ayant appris que son ennemi avoit repris le chemin de la Mecque, après s'être avancé jusqu'à un lieu nommé *Afhaol Tariz*.

An. 5. de l'Egire. C'ETOIT sans doute pour y préparer la nombreuse Armée avec laquelle il marcha l'année suivante contre les Musulmans. Elle étoit composée de plusieurs Tribus de Juifs, de Kénanites, de Gastanites & de Koraïtes, qui tous ensemble faisoient un corps de plus de 10000. h. Une Armée si considerable jetta la terreur chez les Musulmans, & le Prophète lui même en parut tellement allarmé, qu'il jugea à propos de se retrancher. Ce fut un Persan, nommé *Salman*, qui le premier établit cet usage chez les Arabes. La construction du fossé donna, selon *Abulfeda*, lieu à quatre grands miracles. Par le premier, le Prophète amollit, avec un peu d'eau, une grosse pierre d'une dureté extraordinaire, qui empêchoit les pioniers de continuer leur ouvrage. Par le second, il rassasia avec quelques dattes sêches, qu'une jeune fille venoit de ceuillir, tous les travailleurs. Par le troisiéme les mêmes travailleurs furent rassasiez d'un peu de pain d'orge, & d'une brebis très maigre qu'un particulier avoit préparé pour Mahomed. Le quatriéme lui annonça la conquête de l'Yemen,

men, de la Syrie, de l'Asie orientale & de l'Afrique; & ce fut par trois éclairs, qui partirent d'un marteau avec lequel il frappoit la terre.

MAIS pour revenir à l'expédition d'Abusophian, qui fut depuis nommée *la guerre du fossé*; les Idolatres tinrent Mahomed & ses gens assiégez pendant vingt jours; qui se passerent en escarmouches réciproques, & si legeres que les Musulmans ne perdirent pendant tout ce temps-là que six hommes. *Amru*, qui a passé pour le meilleur homme de cheval de son temps, voulut donner un spectacle aux deux armées, & des marques de son adresse & de son courage. Il courut à toute bride sur le bord du retranchement des Musulmans, & invita le plus brave d'entr'eux à un combat singulier. Ali, quoique son neveu, accepta le défi. Avant de combattre ils jurerent qu'ils n'auroient aucun égard à la parenté, & qu'ils ne s'épargneroient point. En effet, ils combatirent si vigoureusement que la poussiere qui les couvroit, les déroboit à la vûe des deux armées. A la fin, le présomptueux Idolatre succomba à la dexterité & à la force du Musulman, & le gendre du Prophète remporta toute la gloire du combat.

La mort d'*Amru* fut l'avant coureur de la déroute entiere de l'armée d'*Abusophian*; victoire d'autant plus remarquable, selon les Musulmans, que ce fut Dieu lui même, qui pour épargner le sang des fidèles soldats de Mahomed, la leur procura par un vent impétueux, qui renversa les tentes & les ouvrages des Koreïshites, & les obligea eux & leurs Alliez à se retirer confusément, chacun dans leur Païs. Mahomed donna toute la gloire de cette victoire à Dieu, à qui il fait dire ces paroles dans un passage de l'Alcoran. *O vous qui avez cru, souvenez vous de la grace que Dieu vous fit, lorsque des Légions étant venues pour vous combattre, j'ai fait lever contr'elles un grand vent, & j'ai armé des Legions d'Anges, lesquelles vous ne voyiez pas.* Mais le rusé Prophète n'y perdoit rien, puis qu'en attribuant à l'Etre suprême les avantages qu'il remportoit sur ses ennemis, il confirmoit ses soldats dans la persuasion, que Dieu feroit en leur faveur les plus grands miracles pour leur procurer la victoire, toutes-les-fois qu'ils se présenteroient devant l'Ennemi. Mr. *Prideaux* attribue le mauvais succès d'*Abusophian* aux pratiques secrétes de Mahomed, par lesquelles, selon cet Historien, il corrompit

pit les principaux des Koreïshites, qui dans le temps qu'*Ali* & *Amru* combattoient, profiterent de l'attention des 2. Armées à ce spectacle, pour passer dans le camp de Mahomed. Mais *Abulfeda* se contente de dire que la division se mit dans l'armée d'*Abusophian*, sans parler de ces Transfuges.

Si le Chef des Koreïshites ne sçut pas profiter de l'avantage que lui donnoit la superiorité de son armée; Mahomed au contraire poussa vigoureusement sa pointe après cette déroute. Il supposa d'abord, à son ordinaire, un ordre positif du Ciel d'aller attaquer la Tribu des Coraïtes. Il prit ensuite avec son gendre les mesures convenables pour les réduire, & après avoir animé ses soldats contre ces Idolatres, il vint les attaquer dans leurs forts, les y tint assiegez pendant 25. jours, & les pressa si vivement qu'ils furent obligez de se rendre à la discrétion du vainqueur. Ces malhûreux, au nombre de 700. esperoient que le Prophète se laisseroit fléchir en leur faveur, & que se contentant de prendre leurs biens, il les relacheroit comme il avoit fait ceux de la Tribu de *Kainokan*. Mais ils se tromperent. Car Mahomed, affectant de ne vouloir point décider du traitement qu'on qu'on devoit leur faire, en chargea *Saad*, un de ses Commandans, qu'il sçavoit animé contr'eux, à cause d'une blessure qu'il avoit reçûe de l'un d'eux à la guerre du *Fossé*, dont il mourut dès qu'il eût assouvi sa vengeance. *Saad* ordonna, selon l'autorité qu'il avoit reçue du Prophète, que les hommes de cette Tribu fussent tous décollez, les femmes & leurs enfans menez en servitude, & leurs biens distribuez à l'armée. Mahomed approuva ce jugement barbare, & supposa même que Dieu l'avoit inspiré au cruel *Saad*. Parmi les esclaves, il se trouva une fille d'une grande beauté, nommée *Richana*, que Mahomed mit au nombre de ses concubines, & qui par déference pour ce maitre amoureux, embrassa bientôt après le Musulmanisme.

An. 6. de l'Egire. Il ne se passa rien de fort considerable dans la 6e. année de l'Egire. Le Prophète marcha contre les Tribus de *Labian*, & de *Mostalek*. Les premiers gagnerent les montagnes, & ceux cy furent battus. Mahomed trouva encore, parmi ces derniers, de quoi ragouter sa passion amoureuse, en la personne de *Giowaira*, fille d'un des principaux des *Mostalékites*, laquelle il épousa, & pour l'amour d'elle relacha

cha 100. Peres de famille de ses parents, qui avoient été pris dans le combat.

En revenant de cette expédition, *Aischa*, la plus jeune de ses femmes, fut soupçonnée de galanterie avec un jeune homme, nommé *Saffuan* qui la suivoit par-tout. Cet attentat parut si criminel aux amis du Prophète, qu'ils lui conseillerent de répudier cette impudique. Mais après avoir meurement réfléchi, son amour pour cette femme, quoique galante, l'emporta sur toute autre consideration; & pour fermer la bouche à ses accusateurs, il supposa une révélation du Ciel, par laquelle *Aischa* étoit pleinement justifiée, & son honneur entierement rétabli. Il fit ensuite infliger une peine de 80. coups de fouet à chacun de ceux qui lui avoient donné ce conseil, excepté à *Abdalla*, à qui son grand crédit dans l'armée épargna la honte de ce châtiment.

Comme les gens de Mahomed ne trouvoient pas toujours de l'eau pour satisfaire à l'obligation de se laver & de se purifier, le Prophète leur permit d'user de sable, ou d'une sorte de poussiere à son defaut; & il institua cette Loi à peu près dans le temps dont nous parlons.

Tou-

Toutes les entreprises du Prophète étoient suivies du plus heureux succès : dès qu'il se présentoit devant ses ennemis, il les battoit, ou les mettoit en fuite. Ainsi profitant de son bonheur, & de la confiance que les Troupes avoient en lui, il marcha avec 1400. hommes vers la ville de la Mecque. Arrivé à une journée de cette ville, il y trouva quelques Députés des Koreïshites, qui lui signifierent que les Mecquois étoient résolus de ne point lui en permettre l'entrée. *Arwa* étoit chargé de cette commission, & *Othman* reçut ordre du Prophète d'aller de sa part trouver *Abusophian*, & de lui représenter qu'il avoit entrepris ce voyage uniquement pour faire ses dévotions à la *Kaaba*, & y offrir des sacrifices. *Abusophian* ne se laissa pas éblouir par ce spécieux prétexte, & bien loin de rendre au Prophète une réponse favorable, il fit mettre aux fers le Député Musulman. Mahomed attendoit impatiemment le retour d'*Othman*; & comme on n'en entendoit point parler, il crut que les Koreïshites l'avoient mis à mort. Dans ce soupçon, il jura de ne point partir de devant la Place qu'il ne se fût vengé de cette perfidie; & pour le faire avec plus de

succès

succès & de gloire, il prit dès-lors la souveraine autorité, & se fit prêter serment en cette qualité par tous ceux de son armée.

Quoi que Mahomed n'eût qu'une poignée de monde avec lui, les Koreïshites le redoutoient. Ils résolurent donc de lui proposer un trève, & chargèrent *Sobail* fils d'*Amru* de cette négociation. Les propositions furent bien reçues du Prophète, & on convint de part & d'autre, après quelque altercation sur la forme du Traité ; Qu'il y auroit une trève de dix ans ; Que s'il se trouvoit quelqu'un parmi les Koreïshites qui voulût se joindre à Mahomed, il pourroit le faire alors en toute sûreté ; Que pareillement ceux de l'armée de Mahomed qui voudroient se retirer à la Mecque, parmi les Koreïshites, pourroient le faire librement ; mais que si dans la suite quelque habitant de la Mecque venoit à passer dans l'armée de Mahomed, celui-cy seroit obligé de le rendre : Enfin, que Mahomed & les siens pourroient aller & venir dans la ville, pourvû qu'ils y vinssent sans armes, & qu'ils n'y restassent que trois jours châque fois. Il n'y eut que les soldats de Mahomed, qui ne parurent pas contens de cette trève. Ils s'étoient flatez de trouver dans le pillage de la Mecque de quoi satisfaire leur avidité ; & se voyant frustrez d'une si belle esperance, ils ne purent s'empêcher d'en témoigner leur regret.

Mais ils trouverent, bientôt après, de quoi se dédomager dans l'expédition que leur infatigable Chef leur préparoit contre les Juifs de *Chaïbar*. Il ne fut pas pluftôt arrivé à Médine qu'il en repartit pour aller assiéger leur ville, dont il se rendit maitre, aussi bien que de tous les Forts de sa dépendance. *Abubeker*, honoré de l'étendart du Prophète, combattit vaillament pour emporter un de ses forts, mais sans succès. Omar n'y reussit pas mieux. Cet honneur étoit réservé au gendre du Prophète, quoi qu'il fût alors fort incommodé de la vûe. Mahomed lui rendit l'usage de ses yeux, lui confia son étendart, & lui ordonna d'attaquer cette Forteresse. Mais avant de l'emporter, il foutint un combat singulier avec le Juif *Marbab*, duquel il fendit la tête d'un coup de sabre: *Ali* se rendit ensuite maitre de *Chaïbar* & de ses forts après un siége de dix jours. On rapporte à cette occasion, qu'*Ali*, comme un autre *Samson*, arracha de ses mains une des portes de la ville, si pesante pourtant que 8. hommes pouvoient à peine la lever

ver de terre, & qu'il la manioit, avec la même facilité qu'il eût fait un bouclier ordinaire, pour couvrir le Prophête des flèches dont les affiégez l'accabloient. Quoi qu'il en foit, on trouva dans ces Places toute forte de provifions propres à rafraichir les gens du Prophête, qui avoient fouffert confiderablement à ce fiége, & Mahomed, en fon particulier, y acquit une nouvelle femme en la perfonne de *Safia*, fiancée pour lors à un Prince de ce Canton, mais qui ne balança pas à rompre fes engagements avec ce dernier pour s'attacher au nouveau Conquerant de l'Arabie.

FADAC, autre ville appartenant aux Juifs, eut le même fort que *Chaibar*. *Wadilkora* fut encore affiegée & prife par les Mufulmans, & fes habitans, auffibien que ceux des autres villes dont nous venons de parler, eurent la permiffion d'y refter tranquilement ; comme ils firent jufqu'au Califat d'Omar, qui les en chaffa.

An. VII. de l'Egire.

APRES cette expédition, Mahomed reprit le chemin de Médine, où il trouva ceux de fes Difciples qui, au commencement de fa Miffion s'étoient refugiez en Ethiopie, avec leur Chef *Giafar*. Il eut une joye extrême de les revoir, & en reconnoiffance du zèle qu'ils avoient

voient témoigné pour ses interets, il les mit en part du butin qu'il venoit de faire à Chaibar. *Al Nagiaſh*, Roy d'Ethiopie, qui les avoit reçus dans ses Etats, entretenoit avec le Prophete une amitié si intime, que ce Prince ne crut point déroger à sa dignité en épousant pour Mahomed une fille d'*Abuſophian*, veuve d'*Abdolla*, qui s'étoit retiré avec elle dans ses Etats, & qui y mourut Chrétien. Mahomed avoit sans doute ménagé cette alliance pour se rendre favorable le Chef des Koréishites, dans le dessein qu'il avoit de se rendre maître de la Mecque : esperant que ce Prince respecteroit en la personne d'un gendre le plus redoutable de ses ennemis.

Ce fut dans cette même année qu'une Juive nommée *Zaïnah*, voulant comme elle le dit depuis, éprouver si Mahomed avoit véritablement le don de pénétrer dans l'avenir, empoisonna une épaule de mouton destinée au souper du Prophète. Mais cette épaule ne manqua pas de l'avertir du poison qu'on y avoit mis ; quoi qu'après coup, puisqu'il en avoit déja mis un morceau dans la bouche, qu'il reprit d'abord à la vérité, mais dont le venin s'étoit si bien insinué dans le sang qu'il fut toujours languissant depuis ce temps là.

MA-

MAHOMED. 387

Mahomed ayant, comme nous avons vu, étendu ses conquêtes, & amené les Habitans de plusieurs Cantons de l'Arabie à sa Doctrine, envoya des Ambassadeurs à tous les Princes ses voisins pour les inviter à embrasser le Musulmanisme. *Cosrou*, Roi de Perse, fut le premier qui reçut cette invitation ; mais bien loin d'y répondre favorablement, ce Prince hautain déchira la lettre, indigné *de ce qu'un de ses esclaves osoit lui écrire*, & s'attira la malédiction du Prophète, qui ne répondit autre chose à ce mépris, sinon que *Dieu déchireroit le Royaume du Persan comme celui-cy avoit déchiré sa lettre*. Le second fut l'Empereur *Héraclius*, qui reçut la lettre de Mahomed avec respect, & renvoya *Dohia*, qui la lui avoit apportée, avec des présens. Le troisième fut le Prince des Coptes, *Al-Mokawkas*, qui gouvernoit l'Egypte sous *Héraclius*, & qui se fit ensuite Musulman sous le Calife *Omar*. Ce Prince reçut l'Envoyé de Mahomed avec distinction ; & connoissant le foible de son Maitre pour le Sexe, il lui remit une jeune fille de grande beauté, nommée *Marie*, qui devint quelque temps après mere d'*Ibrahim*. Il y joignit d'autres présens de joyaux, & de quelques animaux de monture, mais qui firent moins de plaifir à Mahomed que la belle *Copte*, qu'il préfera depuis à toutes ses autres femmes. Le quatriéme fut le Roy d'Abissinie qui avoit déja embrassé le Mahométisme comme on l'a dit cy dessus. Le cinquiéme fut *Al-Haret* Prince Gassanite, qui régnoit sur une partie de l'Arabie, & qui répondit qu'il iroit rendre visite au Prophète, apparemment avec une armée, puis que Mahomed s'en facha. Le sixiéme fut *Howada* Roy de l'Yemen. Ce Prince s'étoit fait Mahométan: mais il refusa d'abord de se rendre auprès du Prophète, qui l'en prioit par sa lettre. Il s'y rendit néanmoins depuis, & fit profession du Musulmanisme. Puis étant retourné dans ses États, il abandonna cette Religion, & osa reprocher à Mahomed qu'il s'étoit associé dans l'emploi Prophètique un menteur, nommé *Mozailma*. Le septiéme fut *Mondar*, qui étoit Roi d'*Alhakrain* sur le Golfe Persique. Il embrassa le Mahométisme, & remporta ensuite une grande victoire sur les Persans; & tous les Arabes de ses terrres reçurent la Religion de leur Prince.

PENDANT que la Trève duroit avec les Koreishites, Mahomed voulut aller faire ses dévotions à la *Kaaba*. Comme il étoit fort las, il n'en fit le tour

MAHOMED. 389

tour que quatre fois, à petits pas ; mais étant enfuite allé aux deux collines, *Safa* & *Merva*, il courut entre ces deux hauteurs. Il époufa dans ce voyage *Maïmuna* fille d'*All-Hareth*, & voulut que fon Oncle *All-Abbas* fit la cérémonie du mariage, qu'il revêtit pour cela d'une dignité que perfonne n'avoit poffédée avant lui.

L'ANNEE 8. de l'Egire, Mahomed envoya contre les fujets d'Heraclius qui habitoient une ville de la Syrie nommée *Muta*, (où un de fes députés avoit été tué par un Arabe de ce Canton,) un corps de 3000 hommes, auxquels il nomma trois Géneraux, fçavoir *Zaïd*, *Giafar*, & *Abdolla* ; afin que fi le premier étoit tué le fecond prît fa place, & fi celui cy l'étoit encore, le troifiéme lui fuccédât. Les Romains avoient une armée de près de 100000. hommes, s'il en faut croire les Auteurs Arabes, à oppofer à celle des Mufulmans ; & malgré cette fupériorité ils perdirent la bataille, après un combat fort opiniâtre. Ce fut *Chaleb*, fils d'*All-walid*, qui eut toute la gloire de cette action. Les trois Géneraux que Mahomed avoit nommez y ayant été tuez, celui cy fut élu en leur place, par un confentement unanime de toute l'armée, & montra

An. VIII.
de l'Egire.

par son habileté & son courage qu'il étoit véritablement digne d'un tel choix. Il revint à Médine avec ses Troupes victorieuses, & après avoir attendri Mahomed par la relation qu'il lui fit de la mort de ses trois Généraux, il en reçut le surnom d'*Epée de Dieu*, qu'il a toujours conservé depuis.

Il n'y avoit pas encore deux ans que la Trève avoit été faite, lors qu'elle fut violée par les Koréïshites, qui attaquerent une Tribu de *Cozaïtes* alliée du Prophète. *Abusophian*, pour prévenir les suites de cette querelle particuliere, alla lui même à Médine, dans l'esperance d'appaiser son gendre, & de trouver dans la personne de sa fille une intercession efficace auprès de lui. Mais après avoir inutilement pressé Mahomed de lui rendre une réponse favorable sur l'accomodement proposé, il s'en retourna à la Mecque, aussi mécontent de Mahomed, qu'indigné contre sa fille, qui à peine avoit daigné lui parler, & qui avoit osé lui reprocher *qu'il étoit Idolatre, & que son mari étoit l'Apotre de Dieu.* Le Prophète ne laissa pas échaper cette occasion, & la saisit comme un prétexte spécieux pour se rendre maitre d'une ville, qui, selon lui, ne respectoit aucun Traité. Il fit donc travailler aux
prépa-

préparatifs de cette importante expédition, & si sécrétement, qu'il arriva pour ainsi dire aux portes de la Mecque avant qu'on eût eû avis de son départ de Médine. Il ne tint pourtant pas à *Hateb*, un des Chefs de son Armée, que les Mecquois ne fussent avertis à temps de ce qui se tramoit contr'eux. Touché des violences que cette ville, qui lui avoit donné le jour, alloit souffrir de la part d'un Général irrité, & d'un Soldat avide, & fatigué d'une longue guerre, mais sur-tout du sort de ses petits enfans, qui s'y trouvoient, il donna avis aux Koréïshites du dessein de Mahomed. Et pour que sa lettre leur parvint plus sûrement, il en chargea *Sara*, sa servante, qui se mit aussi tôt en chemin. Mais Mahomed, averti de cette manœuvre par une révélation, dépêcha dans le moment *Ali* & *Zobeir*, qui arrêterent cette fille, intercepterent la lettre, & la porterent au Prophète. Il fit ensuite venir *Hateb* devant lui, & lui demanda pourquoi il s'étoit rendu coupable d'une telle trahison. *Hateb* se justifia le mieux qu'il put, & obtint du Prophète le pardon de sa faute, malgré les sollicitations d'*Omar*, qui vouloit qu'on l'en punit capitalement.

Les préparatifs de cette expédition étant achevez, Mahomed partit de Médine, & prit le chemin de la Mecque à la tête d'un Corps de 10000. hommes. Arrivé à une journée de la ville, il fit camper son armée, donna la garde du Camp à Omar, & ordonna qu'on tint allumez, pendant toute la nuit, 10000. feux, & qu'on disposât les gardes de telle maniere, que personne ne pût porter à la Place la nouvelle de sa proximité. All-Abbas, oncle du Prophète, étoit resté à la Mecque, quoi qu'attaché à la Doctrine de son neveu. Ce fut lui qui persuada à *Abusophian* d'aller trouver le Prophète, de lui rendre hommage comme à son légitime souverain, & d'embrasser sa Religion. *Abusophian* suivit ce conseil, & se mit en chemin avec *All-Abbas*, pour venir se présenter devant Mahomed. Dès qu'Omar vit cet ancien ennemi du Prophète, il courut à Mahomed pour lui demander la permission de le tuer. Mais elle lui fut refusée, & Mahomed assura le Chef des Koreïshites qu'il ne lui seroit fait aucune insulte dans son Camp. Cette premiere entrevûe fut suivie d'une seconde, dans laquelle Mahomed acheva de persuader *Abusophian* d'embrasser le Musulmanisme. Mahomed donna ensuite ſes ordres à chacun de ſes Lieutenants pour inveſtir la place. Quelques Hiſtoriens rapportent qu'elle ne ſe rendit qu'après une vigoureuſe réſiſtance, qui fut accompagnée d'un grand carnage de part & d'autre. D'autres prétendent quelle ne fit pas ſeulement mine de vouloir ſe défendre, & que les Muſulmans s'en ſeroient rendus maitres ſans coup ferir, ſi Chaleb ne ſe fût engagé avec une Troupe de Koréïſhites, qui vouloient l'empêcher d'avancer dans la plaine.

Mahomed, maitre de cette importante place, ſongea d'abord à abolir entierement le Culte des Idoles, qui y étoit pratiqué. Il renverſa pour cet effet tous les ſimulacres qui juſqu'alors avoient été les objects de la vénération des Arabes. Il ſanctifia enſuite par ſon exemple la viſitation du Temple, & celle de la *Kaaba*, en faiſant le tour de ces lieux, réputez ſaints, par ſept fois.

Le Prophète, s'étant ainſi acquité de ces fonctions religieuſes, ordonna qu'on fît mourir quelques perſonnes qui avoient témoigné le plus d'emportement contre lui. Ils étoient au nombre de dix, ſix hommes & quatre femmes : mais la plûpart racheterent leurs vies en embraſſant le Muſulmaniſme.

APRES que Mahomed eût mis ordre à tout dans la ville de la Mecque, il envoya *Chaleb* fils d'*Alwalid* avec des Troupes pour inviter les Habitans des Cantons voisins à se soumettre à son Empire & à sa Religion. Mais il lui défendit d'employer d'autres voyes que celles de la douceur & de la persuasion. Cependant Chaleb, au lieu de s'en tenir à ce qui lui étoit ordonné, saisit cette occasion pour venger la mort d'un de ses oncles, qui avoit été tué par quelqu'un de la Tribu, vers laquelle il étoit envoyé, & passa au fil de l'epée une troupe de ces malheureux *Giadimites*, quoiqu'ils fussent venus à sa rencontre, & qu'il leur eût promis, non seulement la vie, mais la possession tranquille de leurs biens, pourvû qu'ils embrassassent le Musulmanisme. Le Monarque de l'Arabie crut devoir à ses nouveaux sujets un exemple de moderation & de justice. Il desaprouva hautement le procedé de son officier, & prit Dieu à témoin de son innocence à cet égard. Il voulut de plus reparer en quelque maniere le mal qui avoit été fait, & envoya pour cet effet Ali son gendre à cette Tribu, avec ordre de payer aux parents le prix du sang qui avoit été répandu, &

de leur faire restituer toutes les dépouilles de ces malheureuses victimes.

CETTE même année, la huitiéme de l'Egire, plusieurs Tribus réunirent leurs forces sous un Chef nommé *Malec*, pour arrêter les conquêtes de Mahomed, & se soustraire à sa domination. Le Prophète sortit de la Mecque avec 12000. hommes pour les combattre. Les deux armées s'étant rencontrées dans la vallée d'*Honaina*, entre la Mecque & Taïf, Mahomed crut marcher à une victoire certaine, d'autant plus que la sienne étoit de beaucoup superieure à celle de ses ennemis; outre qu'avec des Troupes bien aguerries, & animées par la proximité de la Capitale du nouvel Empire qu'elles venoient de conquerir, il sembloit qu'il n'avoit qu'à se présenter pour les mettre en fuite. Mais il eut la mortification de voir ses troupes en déroute dès le premier choc; & tellement débandées qu'il sembloit que rien ne pût les arrêter dans leur fuite. Il mit en usage toute son habileté pour les rallier; & en étant venu à bout, il donna sur l'ennemi avec tant d'impétuosité, qu'il les mit en fuite à son tour.

MAHOMED vint ensuite assiéger Taïf. Il battit cette place pendant 20. jours sans pouvoir s'en rendre maitre,

tre, & après en avoir levé le siege, il se retira à une ville voisine où il avoit laissé le butin qu'il avoit fait quelque tems auparavant, dans la bataille d'Honaïna, sur les Tribus que commandoit *Malec*. Ces mêmes Tribus envoyerent des Ambassadeurs à Mahomed pour le prier de leur rendre leurs femmes & leurs enfans, avec tout ce qui leur avoit été pris. Il leur donna le choix, offrant de leur rendre, ou leurs femmes & leurs enfans, ou leurs troupeaux & leurs biens; & ayant choisi le premier, leurs biens furent partagez aux gens de Mahomed. Mais leur Général *Malec*, qui perdoit plus qu'aucun à un tel accommodement, passa dans le parti de Mahomed, embrassa sa Religion, & obtint la restitution de tout ce qu'on lui avoit pris.

Le partage du butin dont nous venons de parler causa encore de grandes disputes dans l'armée des Musulmans. Les *Ansariens*, qui jusqu'alors avoient été, sinon privilégiez sur les *Mogheriens*, au moins traitez également, furent exclus de celui-ci, & les principaux des Mecquois en profiterent : ce qui donna occasion aux plaintes d'un nommé *Dhull Chowaïsara*; & à une prédiction de Mahomed, par laquelle il annonça,
que

que de la race de cet Anfarien fortiroient les differentes sectes qui divifent encore aujourd'hui fa Religion.

APRES cette expédition, Mahomed revint à la Mecque, en vifita le Temple, & ayant établi Otab, fils d'Ofaid, pour Gouverneur de cette ville, & *Maad* fils de *Giabal* pour inftruire le Peuple, il reprit le chemin de Médine. Dans cette année Mahomed eut un fils de l'Egyptienne que le Roi des Coptes lui avoit envoyée, qui fut nommé Ibrahim.

L'ANNEE IX. de l'Egire eft célèbre par les differentes Ambaffades que les Princes de l'Arabie envoyerent à Mahomed, tant pour le féliciter de fes conquêtes que pour fe reconnoître fes Tributaires. Ils virent bien qu'ils n'étoient pas en état de réfifter à un ennemi fi puiffant; ainfi ils aimerent mieux fe foumettre de bonne grace, que de s'expofer à une guerre dont l'iffue ne pouvoit manquer de leur être funefte.

An. IX. *de l'Egire.*

AYANT ainfi fubjugué prefque toute l'Arabie, Mahomed déclara le deffein qu'il avoit formé de conduire fes Troupes victorieufes contre les Romains; ne trouvant pas à propos de cacher à fes foldats, comme il faifoit ordinairement, les fatigues, & les dangers auxquels

quels il prévoïoit que cette expédition devoit les exposer: c'est pourquoi ils ne l'entreprirent qu'à regret, tant à cause de l'éloignement du Païs où il faloit se transporter, qu'à cause des forces des ennemis qu'ils avoient à combattre. Mais si les soldats de Mahomed montrerent quelque répugnance à l'expédition de Syrie, les Chefs de son armée, au contraire, lui témoignerent leur zèle & leur empressement, en contribuant, chacun selon son pouvoir, à tout ce qui étoit nécessaire pour en faire la conquête. Il se mit ensuite en campagne, dans les plus fortes chaleurs de l'été, avec un Corps de 20000. hommes d'infanterie, & de 10000. de cavalerie. Après plusieurs jours de marche, il arriva devant la ville de *Tabuc*, appartenant à l'Empereur Grec; dont il se rendit maitre, & où il reçut les députations de plusieurs Princes Chrétiens, qui s'obligerent de lui payer un tribut annuel pourvû qu'il les laissât paisibles possesseurs de leurs Etats; après quoi il reprit le chemin de Médine.

Il y trouva des Envoyés de la Ville de *Taïf*, qui offroient de se soumettre à son Empire, & d'embrasser sa Religion, pourvû qu'il voulût leur permettre de continuer à rendre un Culte religieux à leur Idole favorite. Le Prophete
n'en

n'en voulut rien faire, & exigea d'eux une soumission pure & simple à sa Doctrine. Il ne voulut pas non plus les dispenser des prieres ordonnées par sa Loi, lesquelles leur paroissoient en trop grand nombre, & répondit à la proposition qui lui en fut faite, *qu'il n'y avoit rien de bon dans une Religion qui ne prescrivoit pas la priere.* Sur la fin de cette année 9ᵉ de l'Egire, Mahomed envoya *Abubeker* & *Ali* à la Mecque, pour y faire un pélerinage solemnel, & y regler les cérémonies qui devoient se pratiquer dans la suite en telles occasions.

LE Pouvoir de l'Imposteur s'étant si considerablement augmenté, la terreur de ses armes effraya tellement ceux d'entre les Arabes qui n'en avoient pas encore ressenti la force victorieuse, qu'ils vinrent tous se soumettre à ce nouveau Conquérant. Et comme son Empire & sa Religion alloient toujours de pair, l'un & l'autre acheverent de s'établir cette année-cy dans toutes les Provinces de l'Arabie, auxquelles il envoya bientôt après de ses Lieutenants pour y abolir l'ancien Culte, & les gouverner en son nom.

An. X. de *l'Egire.*

APRES avoir pris les mesures convenables pour se maintenir dans ses Conquêtes, Mahomed vint à la Mecque,

pour

pour faire ses dévotions, & le pélérinage que lui-même avoit institué. Il entra dans cette ville le 10. jour du mois *Dulhaga*, qui est celui auquel on célèbre cette solemnité. Il ajouta quelques cérémonies à celles qu'il avoit d'abord établies, addressa plusieurs exhortations aux Peuples, qui étoient accourus de toutes parts dans cette ville pour y voir leur nouveau Maitre; & s'en retourna ensuite à Medine. Ce voyage de Mahomed à la Mecque est nommé par ses sectateurs le *Pélérinage d'Adieu*, parce qu'en effet ce fut le dernier qu'il y fit.

QUOIQUE Mahomed fût parvenu à ce degré éminent de gloire & de grandeur, il se trouva d'autres Imposteurs qui voulurent l'imiter, dans l'esperance que prenant comme lui la qualité de Prophète, ils pourroient avec le temps acquerir celle de Roi. *Mosailma*, *Aswad*, *Taliha*, & d'autres jouerent le même rôle, mais ils ne jouerent pas du même bonheur que celui qu'ils s'étoient proposez pour modèle: car ils furent tous vaincus, & obligez de se soumettre à Mahomed, ou à ses Califes.

An. XI. de l'Egire.

LE Prophète s'étoit toujours ressenti du morceau empoisonné que lui avoit préparé la Juive de Chaïbar; ses douleurs

leurs redoublerent, & furent accompagnées d'un grand mal de tête & d'une grosse fièvre, qui à la fin le fit tomber en délire. Pendant les premiers jours de sa maladie, Mahomed ne discontinua point de se rendre à la Mosquée aux heures de la priere; & comme il se sentoit près de sa fin, il voulut dans un discours public donner des preuves de sa justice & de son humilité. *Hommes Arabes*, dit-il alors, *si j'ai fait donner le fouët à quelqu'un, voici mon dos que je présente pour en recevoir autant. Si j'ai blessé la réputation de quelqu'un, je consens qu'il traite la mienne de la même maniere. Si j'ai reçu de l'argent de quelqu'un injustement, voila ma bourse, qu'il prenne ce qui lui appartient. Que personne ne croye que pour cela il s'attirera ma haine; certes ce n'est pas ma coutume, ni mon naturel d'en user ainsi.* Après ce discours, Mahomed descendit de la Tribune pour faire la priere du midi. L'ayant finie, & fait une mention particuliere de ceux qui avoient été tuez à la bataille d'Ohud, comme il alloit remonter dans la Tribune pour continuer son discours, il fut interrompu par un particulier qui répétoit trois drachmes qu'il disoit lui être duës. Mahomed les lui rendit sur le champ, ajoutant qu'il étoit

étoit beaucoup plus aisé de souffrir le deshonneur de ce monde que celui de l'autre.

Mahomed sentant son mal empirer, voulut donner ses ordres, avant mourir, à ses fidèles Ansariens. Il fit venir les principaux d'entr'eux devant lui, & leur recommanda ces deux choses. 1º. de ne souffrir aucun Idolatre dans la presqu'Isle de l'Arabie: 2º. d'accorder à ceux qui embrasseroient sa Religion les mêmes privilèges, dont ils jouissoient eux mêmes. Etant tombé bien tôt après en délire, il demanda une plume & de l'encre pour écrire un Livre, dont la lecture devoit préserver ses Disciples de jamais tomber dans l'erreur. Mais Omar ne voulut pas qu'on lui en apportât, disant *que l'Alcoran suffisoit, & que le Prophète étoit si malade qu'il ne sçavoit ce qu'il disoit.*

Enfin Mahomed mourut après 14. ou 15. jours de maladie, entre la 63. & la 64. année de sa vie, un samedi, second jour de la semaine chez les Musulmans, dans le mois *Rabié* premier. *Ali* & *All-Abbas* laverent son corps, le revêtirent de trois habits, & l'enterrerent deux jours après, à Médine, dans la chambre de sa femme *Aïsba*, où il avoit voulu mourir.

Sa mort remplit la plûpart de ses Sectateurs de consternation & de crainte. Ils ne vouloient pas croire qu'il fût mort, ni permettre qu'on l'enterrât. *Omar*, qui étoit de cet avis, s'emporta même jusques là, qu'il tira son sabre, & jura qu'il ôteroit la vie au premier qui oseroit dire que Mahomed étoit mort. Mais *Abubeker* ne voulut pas laisser plus longtemps *Omar* & la populace dans l'erreur. Il sortit du lieu où étoit le corps de Mahomed, & s'adressant à eux; *Adorez-vous Mahomed*, leur dit-il, *ou le Dieu de Mahomed? Si vous adorez le Dieu de Mahomed, il est immortel & vivra éternellement ; mais pour Mahomed, je vous assure qu'il est mort.* Il leur prouva ensuite par divers passages de l'Alcoran que Mahomed devoit mourir aussi-bien que les autres hommes. Cette dispute finie, il en survint une autre, sur le lieu où on enterreroit le Prophète. Les Moghériens vouloient que son corps fût transporté à la Mecque, les Ansariens qu'il restât à Médine, & d'autres qu'on fût l'enterrer à Jerusalem, la ville des Prophètes. Mais *Abubeker* assura qu'il avoit souvent oui dire à Mahomed *qu'il faloit enterrer les Prophètes au même lieu qu'ils mouroient.* Ce sentiment prévalut,
&

& Mahomed fut enterré à Médine, comme nous l'avons déja dit.

Ainſi finit la vie de ce célèbre Impoſteur, qui de ſimple marchand de caravane devint le Monarque de l'Arabie; & fonda un Empire, lequel, après s'être élevé, dans l'eſpace d'environ 80. ans, à un degré éminent de gloire & de grandeur, fut à la vérité détruit, mais dont les débris ont formé trois puiſſantes Monarchies qui ſub- ſubſiſtent encore aujourd'hui.

www.ingramcontent.com/pod-product-compliance
Lightning Source LLC
Chambersburg PA
CBHW072047240426
43671CB00030BA/1355